Arnoldshainer Texte – Band 47

Schriften aus der Arbeit der Evangelischen Akademie Arnoldshain

Arnoldshainer Texte

Schriften aus der Arbeit der Evangelischen Akademie Arnoldshain

Herausgegeben von Jens Harms, Doron Kiesel, Dietrich Neuhaus, Karl-Martin Schönhals, Leonore Siegele-Wenschkewitz, Ulrich O. Sievering, Dietrich Stuhrmann, Waldemar Wucher

Arnoldshainer Texte – Band 47

Ulrich O. Sievering (Hrsg.)

Behandlungsvollzug – Evolutionäre Zwischenstufe oder historische Sackgasse?

Problem Strafhaft – Alternative Sanktionen

HAAG + HERCHEN Verlag

CIP-Kurztitelaufnahme der Deutschen Bibliothek

Behandlungsvollzug – Evolutionäre Zwischenstufe oder historische Sackgasse? : Problem Strafhaft – Alternative Sanktionen / Ulrich O. Sievering (Hrsg.) – Frankfurt am Main : Haag und Herchen, 1987.
(Arnoldshainer Texte ; Bd. 47)
ISBN 3-89228-110-6

NE: Sievering, Ulrich O. [Hrsg.] ; GT

ISSN 0720-9177
ISBN 3-89228-110-6

Produktion: R. G. Fischer Verlagsbüro, Frankfurt am Main
Herstellung: Boscolo & Mohr, Karlsruhe
Printed in Germany

Verlagsnummer 1110

INHALT **SEITE**

Behandlung - Betreuung

Vorwort und Einführung

- Die Disziplinierung der Gewalt als Zivilisationsprozeß -

Ulrich O. Sievering

Mit dem Inkrafttreten des Strafvollzugsgesetzes im Jahre 1976 waren langjährige Bemühungen um eine Strafvollzugsreform zum Abschluß gekommen. Mit seinem sogenannten Lebach-Urteil von 1973 hatte das Bundesverfassungsgericht den Gesetzgeber daran erinnert, daß der Strafvollzug in der Bundesrepublik Deutschland nur dann eine verfassungsmäßige Legitimation besitzt, wenn er den rechtsstaatlichen *und* den sozialstaatlichen Imperativ des Grundgesetzes erfüllt[1]. Bekanntlich fordert der erste die Regelung des Strafvollzuges durch ein Gesetz. Der zweite verlangt die Orientierung der Vollzugspraxis an der Menschenwürde als der Fundamentalnorm der bundesrepublikanischen Verfassung. Auf der Grundlage von Art. 2 Abs. 1 i.V.m. Art. 1 Abs. 1 GG (aus der Sicht des Täters) und auf der des Sozialstaatsprinzips (aus der Sicht der Gesellschaft) hatte das Bundesverfassungsgericht den Auftrag eines verfassungskonformen Strafvollzuges wie folgt formuliert: "Dem Gefangenen sollen Fähigkeiten und Willen zu verantwortlicher Lebensführung vermittelt werden, er soll es lernen, sich unter den Bedingungen einer freien Gesellschaft ohne Rechtsbruch zu behaupten, ihre Chancen wahrzunehmen und ihre Risiken zu bestehen."[2] Mit diesem Urteil hatte das Bundesverfassungsgericht die historische Forderung nach einer Humanisierung des Strafvollzuges systematisch begründet und kraft seiner Kompetenz von der Ebene sozialphilosophischer Postulate und politischer Programmatik auf die des - die Praxis bindenden - positiven Rechts herunter buchstabiert. Mit dem Strafvollzugsgesetz von 1976 war also nicht allein der "alte" Strafvollzug auf eine gesetzliche Grundlage gestellt, sondern darüber hinaus das Programm für einen "neuen" Strafvollzug formuliert worden - einem Strafvollzug, der dem

Rechts- *und* Sozialstaatsgebot des Grundgesetzes gerecht werden sollte. Hier lag jener reformpolitische Gehalt, der das Gesetz als Manifestation eines revolutionären Fortschritts in der Geschichte der strafrechtlichen Sanktion erscheinen ließ: Der mit ihm kodifizierte Übergang vom **schuldvergeltenden Verwahrvollzug** zum **resozialisierenden Behandlungsvollzug**. Allein der Entzug der Freiheit sollte noch Strafe sein! Hingegen deren Vollzug auf zukünftig straffreies Leben in Freiheit vorbereiten![3] Folgerichtig heißt seitdem die für den Vollzug der Freiheitsstrafe in der Bundesrepublik zuständige Institution nicht mehr **Strafanstalt**, sondern **Justizvollzugsanstalt**. Begrifflich wird nicht länger auf die traditionelle Straffunktion dieser Institution verwiesen, sondern auf deren rechtsstaatlich-justizielle Legitimation. Doch so elementar dieser Schritt aus der historischen Perspektive der deutschen Kriminalgeschichte und aus dem systematischen Blickwinkel der bundesrepublikanischen Verfassung auch gewesen ist, vom Standpunkt der Betroffenen und der Vollzugspraktiker änderte sich wenig; vom Standpunkt vieler Engagierter änderte sich zu viel in die falsche Richtung. Die personelle und sächliche Anpassung der Vollzugswirklichkeit an den neuen Vollzugsauftrag stieß bald auf wachsende ökonomische Restriktionen. Auf der anderen Seite ging, obwohl das Bundesverfassungsgericht bereits im Jahre 1967 festgestellt hatte: "Der Staat hat nicht die Aufgabe, seine Bürger zu 'bessern' und deshalb auch nicht das Recht, ihnen die Freiheit zu entziehen, nur um sie zu 'bessern', ohne daß sie sich selbst oder andere gefährden, wenn sie in Freiheit blieben."[4], vom Resozialsierungsauftrag des neuen Justizvollzuges als unbeabsichtigte Nebenfolge eine Sogwirkung auf die Verhängung der Freiheitsstrafe in der strafrichterlichen Zumessungspraxis aus. Der Resozialisierungsauftrag (ver-)führte nun auch dort zur Verhängung der Freiheitsstrafe, wo die negativen Sozialisationseffekte des alten Strafvollzuges den Strafrichter zur Zurückhaltung veranlaßt hatten. So wurde der Resozialisierungsauftrag des Justizvollzuges mitursächlich für eine tendenzielle Überbelegung der Justizvollzugsanstalten. Mit anderen Worten: Unter den geltenden justiziellen und ökonomischen Rahmenbedingungen richtete sich der Resozialisierungsauftrag des neuen Justizvollzuges kontraproduktiv gegen seine eigene Verwirklichung als Behandlungsvollzug.

Doch inwieweit mit dem Resozialisierungsauftrag des neuen Justizvollzuges eine realistische und zukunftsweisende Funktionsbestimmung überhaupt formuliert worden ist, ist bis heute umstritten und wird mittlerweile selbst von vielen bezweifelt, die, von den Ideen "Therapie statt Strafe", "Behandeln statt Verwahren" und "Resozialisierung des Strafgefangenen gleich Humanisierung des Strafvollzuges", das Strafvollzugsgesetz gefordert, seine Entstehung gefördert und sein Inkrafttreten als Ausdruck eines neuen Rechtsbewußtseins in Hinblick auf Straffälligkeit und Kriminalität gefeiert haben. Zwischenzeitlich ist - nach einer Phase der Enttäuschung darüber, daß die Vollzugspraxis sich dem vermeintlich mit dem Strafvollzugsgesetz angestrebten sozialtherapeutischen Behandlungsvollzug als Regelvollzug[5] kaum annähert, Ernüchterung eingetreten - Ernüchterung sowohl hinsichtlich des ursprünglichen Ziels "Behandlungsvollzug" als auch in Bezug auf die von der Parteiendemokratie prinzipiell gesetzten Grenzen der politischen Umsetzbarkeit und faktischen Realisierbarkeit des ethischen Postulates "Humanisierung". In der Folge der zwangsläufigen Erkenntnis, daß politische Praxis, die zu einem Gesetz führt, noch nicht identisch ist mit der Lebenspraxis, die mit dem Gesetz intendiert ist, ist die Einsicht gewachsen, daß das Strafvollzugsgesetz lediglich die verfassungsrechtlich notwendige aber nicht automatisch auch die praktisch hinreichende Bedingung für eine Humanisierung der Vollzugswirklichkeit sein konnte. Die Erfahrung, daß in der wertpluralistischen Demokratie des Grundgesetzes "Humanität" ein gesellschaftlich, parteipolitisch und verfassungsgerichtlich relativer Begriff ist, dessen Konkretisierung abhängt von seinen politischen Möglichkeitsbedingungen, und daß Strafvollzugs*rechts* reform und Strafvollzugsreform peinlichst zu unterscheiden sind, hat mit wachsendem zeitlichen Abstand vom Inkrafttreten des Strafvollzugsgesetzes die Blickrichtung von der **Humanisierbarkeit des Strafvollzuges** gewendet auf die **(In-) Humanität der Freiheitsstrafe.** Man sieht, daß das Problem menschenwürdiger Kriminalsanktion nicht bzw. nur zu einem ganz geringen Teil auf der Ebene des Strafvollzuges selbst gelöst werden kann. Das der Strafhaft vorgelagerte Strafrecht, das den Strafvollzug erst erforderlich macht, rückt ins Visier der Kritik. Dabei steht sowohl die materielle Verhältnismäßigkeit zwischen Rechtsbruch und Strafe als auch das normative Verständnis der zugrundeliegenden **Schuld-Strafe-Relation** bzw. **Zurechenbarkeit-Sanktion-Relation** auf dem Prüfstand.

Erinnert wird daran, daß die Wurzeln des Strafrechts in der Bundesrepublik Deutschland zurückreichen in die Zeit der geschlossenen und statischen Ag-

rargesellschaft und des autoritären Obrigkeitsstaates; daß von daher mit dem historischen Übergang zur offenen und dynamischen Gesellschaft und zum demokratischen Verfassungsstaat jene überkommenen Auffassungen über die Quellen der Straffälligkeit und über die Prinzipien, die das Recht des Staates zu strafen begründen, prinzipiell problematisch geworden sind.
Die mechanistische Prämisse des Klassischen Rationalismus, daß universale ethische Werte und allgemeingültige soziale Normen das moralische Bewußtsein des einzelnen prägen und dessen Handeln kausal anleiten, hat keine Entsprechung mehr - wenn sie in der Geschichte überhaupt je eine gehabt hat - in der Lebenswirklichkeit der modernen Gesellschaft. Die Dynamik des sozialen Wandels und des mit ihm einhergehenden multikulturellen Ausdifferenzierungsprozesses hat die Identifikation von Recht und Gesetz mit der Idee einer innerweltlichen Gerechtigkeit fragwürdig werden lassen. An ihre Stelle ist die realistische Idee des sozialen Friedens getreten. Die idealistische Vorstellung von (Natur-) Recht und (Sitten-) Gesetz als der Gesellschaft objektiv vorgegebene Ordnungen treffen im modernen Bewußtsein auf keine Plausibilitäts-struktur. Recht und Gesetz werden als Produkte des realen gesellschaftlichen Prozesses betrachtet, zu dessen Steuerung sie positiv konstruiert und qua **staatlichem Gewaltmonopol** politisch inkraftgesetzt, d.h. mit normativer Geltung ausgestattet werden. Bei dieser funktionalistisch-instrumentalistischen Entzauberung von Recht und Gesetz - ihre Betrachtung als politisch-positiv gesetzte relative Friedensordnung anstelle einer idealen absoluten Gerechtigkeitsordnung - handelt es sich um die folgerichtige Konsequenz der mit der liberalen Demokratie zum institutionellen Ausdruck gekommenen Anerkennung der individuellen Freiheit und der Selbstverständlichkeit **sozialer Konflikte**. Denn wurde in der statischen, obrigkeitsstaatlich verfaßten Gesellschaft der soziale Konflikt als die durch Strafandrohung zu unterdrückende Ausnahme angesehen, so ist er im modernen Verfassungsstaat der offenen Gesellschaft als anhand von menschenrechtsverträglichen Kriminalsanktionen zu steuernder Regelfall zu betrachten. Entsprechend hat sich der Zweck der Strafe und damit die Bedeutung des Begriffs "Strafe" verändert. Wie das Bundesverfassungsgericht in seinen oben zitierten Urteilen deutlich gemacht hat, geht es um die Vermeidung zukünftiger Straftaten und nicht um die strafrechtlich oktroyierte Sühne vergangenen Rechtsbruches. Die begriffliche Differenzierung zwischen dem normativen und vergangenheits-o-

rientierten Begriff "**Strafe**" der klassischen Strafrechtstheorie und dem empirischen und zukunftsorientierten Begriff "**Sanktion**" der modernen Kriminologie besitzt hier ihre paradigmatische Begründung und praktische Relevanz.
Aus der klassischen Perspektive stellt Strafe die sittlich gebotene Reaktion auf ein schuldhaftes Versagen dar. Der strafrechtliche Schuldvorwurf ist hier Ausdruck eines moralischen Unwerturteils, aufgrund dessen Strafe zum Zwecke der Sühne verhängt wird. Heute wird die Zugehörigkeit des Schuldvorwurfs auf der einen Seite und des moralischen Urteils auf der anderen zu prinzipiell verschiedenen Normensystemen anerkannt und die moralische durch die funktionale Straflegitimation ersetzt.[6] Darü-ber hinaus erweist sich vom modernen empirischen Standpunkt aus die Auffassung als irrational und im Ergebnis inhuman, Straffälligkeit könne monokausal, d.h. unter jedwedem Absehen der zum Rechtsbruch führenden psychischen und sozioökonomischen Randbedingungen auf die Schuld des Rechtsbrechers zurückgeführt und diese zum ausschließlichen Grund von Strafe werden - ohne daß die Menschenwürde ver-letzt würde. Im Gegensatz dazu verweist die moderne Kriminologie mit Nachdruck da-rauf, daß Straffälligkeit die Folge eines aus gesellschaftlichen Opportunitätsgründen mit Strafe historisch vorgängig sanktionierten Verhaltens ist; Straffälligkeit also keineswegs auf eine einzige Ursache "Schuld" zurückgeführt werden kann, sondern unterschiedliche Quellen hat, die nicht alle in gleicher Weise der Verantwortlichkeit des Rechtsbrechers zurechenbar sind. Infolgedessen ersetzt die kriminologische Betrachtungsweise den Begriff der (absoluten) **Schuld** durch den der (relativen) **Zurechenbarkeit.**
Der rechtsstaatliche Imperativ, wie er in Art. 103 (2) GG und in § 1 StGB seinen Niederschlag gefunden hat "nullum crimen sine lege, nulla poena sine lege", läßt heute keinen Zweifel mehr daran: Straffälligkeit ist das Ergebnis der Kriminalisierung eines aktuellen konkreten Verhaltens durch dessen Subsumtion unter *vorgängig* gebildeten Verhaltenstypen - den sog. Straftatbeständen. Hierbei handelt es sich um Typen abweichenden Verhaltens, deren Abweichung von den gesellschaftlich anerkannten Standards für den Bestand des sozialen Friedens mehrheitlich so gefährdend betrachtet werden, daß ihre Sanktionierung strafrechtlich institutionalisiert wird. Mit anderen Worten, abweichendes Verhalten, welches staatlich sanktioniert werden soll, bedingt die Existenz einer gesetzlich kodifizierten Strafnorm, die die Abweichung ei-

nes mit Strafe bewährten Verhaltens intersubjektiv messen läßt. Damit geht im demokratischen Rechtsstaat der (konkreten) Straffälligkeit (oder Kriminalität) die (abstrakte) Kriminalisierung von gesellschaftlich unerwünschten Verhaltensweisen grundsätzlich voraus. Kriminalität ist lediglich das subsumtionslogische Ergebnis eines durch Kriminalisierung definierten abweichenden Verhaltens. Indem dergestalt die Kriminalisierung des potentiell abweichenden Verhaltens dessen Realisation vorausgeht, stellt Krimininali-sierung eine **Quelle** von Straffälligkeit dar. Entsprechend ist die **Ursache** von Straffälligkeit das historisch-zeitliche Zusammentreffen von kriminalisiertem Verhalten mit einem als solchen definierten.

Kriminalisierung von Verhaltenstypen auf der normativen Ebene der Rechtsetzung und Straffälligkeit auf der faktischen Ebene des Verhaltens von Tätern bedingen sich als stochastisch-kausale, historisch zufällige Ereignisse. Von daher ist also weder die Schuld des Rechtsbrechers, mit der die einen die Verschärfung des Strafrechts zu begründen suchen, noch die Schuld der Gesellschaft, die die anderen als Argument für eine völlige Abschaffung des Strafrechts anführen, für die Erklärung von Straffälligkeit und für die Rechtfertigung staatlichen Strafens angemessen. Die Beschreibung des Verhältnisses von abweichendem Verhalten und Kriminalität auf der Grundlage des positiven Schuldkonzeptes, durch das dem Rechtsbrecher entweder die Alleinverantwortung für sein Verhalten zugeschrieben oder ihm jedwede Verantwortlichkeit für sein Verhalten abgesprochen und er so letzten Endes seiner Menschenwürde beraubt wird, hat sowohl empirisch als auch ethisch seine Überzeugungskraft verloren. An die Stelle des positiven tritt das negative Schuldkonzept, durch welches der Rechtsbrecher nicht aus seiner prinzipiellen Verantwortlichkeit für sein Verhalten entlassen wird, aber die Strafzumessung an der bei der Straftat faktisch zurechenbaren Verantwortlichkeit orientiert bleibt, und die so verstandene Schuld eine strafbegrenzende Funktion hat. Schuld verliert hier ihre Rechtfertigungsfunktion für die Verhängung absoluter Strafen und wird zum Kritierium einer an der konkreten Verantwortlichkeit des Rechtsbrechers orientierten Strafzumessung. Doch das negative Schuldkonzept unterscheidet sich vom positiven nicht allein durch die subjektive Straf*zu*rechnung gegenüber einer pseudoobjektiven Straf*be*rechnung, sondern die Orientierung an der Lebenswirklichkeit unterwirft das negative Schuldkonzept der Dynamik des sozialen und kulturellen Wandels. Mit anderen Worten, im säkularen Verfassungsstaat fordert die jeder Straftat vorausgehende Kriminalisierung von Verhaltensweisen durch das Strafrecht zur *prinzipiellen Bestimmung* dessen heraus, welche Funktion Strafe erfüllen kann und darf sowie zur *permanenten Prüfung* der Verhältnismäßigkeit zwischen kriminalisiertem Verhalten und angedrohter Strafe in Anbetracht des ständigen Wandels von Werten und Normen, der Sozialstrukturen und der Kriminalprävention.

Vor diesem Hintergrund erscheint es folgerichtig, daß nach der von vielen als gescheitert angesehenen Strafvollzugsreform das Strafrecht problematisiert und der Strafvollzug über die Kritik der Freiheitsstrafe ins Visier eines neuen reformpolitischen Engagements gerückt wird. Strategisch sollen nicht länger aus der *Froschperspektive der Strafvollzugspraxis* die Folgeprobleme des Strafrechts angegangen werden. Vielmehr wird nun versucht, aus Verfassungs- und der *Vogelperspektive des Verfassungs- und Strafrechts* dem Strafvollzug die Voraussetzung zu entziehen, die ihn (scheinbar) notwendig macht. Nicht zuletzt unter Bezugnahme auf die konkrete Vollzugspraxis konzentriert sich das Augenmerk darauf, die normativ-deduktive Ableitung von Legitimation und Funktion des Strafrechts aus Ethik, Staats- und Strafrechtstheorie empirisch-lebenspraktisch zu sättigen. Es wird nach der Möglichkeit einer Kriminalpolitik gefragt, die nicht länger auf das Instrumentarium der klassischen Rechtspolitik beschränkt ist, sondern Teil von Sozialpolitik ist. **Kriminalpolitik als Sozialpolitik** lautet die Forderung.

Die Stoßrichtung dieses neuen reformpolitischen Engagements zielt gegen die Freiheitsstrafe. Es geht nicht um die Abschaffung jedweden staatlichen Strafens, nicht um die generelle Abschaffung des Strafrechts, sondern präzise um die Abschaffung der Freiheitsentziehung als Strafe. Die Strafe als metaphysische Rechtfertigung für Freiheitsentziehung wird abgelehnt. Hier artikulieren sich also jene, die nicht einsehen können, daß das Verfassungsverbot der Todesstrafe in Art. 102 GG das historisch "letzte Wort" sein soll. Für sie hat die Forderung des Justizreformers der Weimarer Republik Gustav Radbruch nach etwas Besserem als Strafvollzug, anstelle einer Verbesserung des Strafvollzuges den Charakter eines Imperativs des Grundgesetzes. Das ethische Postulat Gustav Radbruchs findet seine Entsprechung in den Befunden der empirischen Sozialisationstheorie, die das Paradoxon der vom Strafvollzugsgesetz dem Justizvollzug zugewiesenen Aufgabe, in als Strafe verhängter

Unfreiheit zu einer Lebensführung in Freiheit befähigen zu sollen, aufzeigt. Die hier ethisch und empirisch motiviert ansetzen sind davon geleitet,

- daß erstens die Freiheitsentziehung nicht Regel- sondern Ultima-ratio-Sanktion zu sein hat;
- daß zweitens die Freiheitsentziehung als Kriminalsanktion nicht durch den in der Vergangenheit liegenden formalen Rechtsbruch gerechtfertigt ist, sondern allein durch die zukünftige mit hoher Wahrscheinlichkeit gegebene materielle Gefährlichkeit des Straftäters für die öffentliche Sicherheit;
- daß drittens bei der Abwägung zwischen strafhaftbedingter Persönlichkeitsgefährdung und der Gefährdung der öffentlichen Sicherheit der Verhältnismäßigkeitsgrundsatz zu beachten ist.

Dergestalt steht zehn Jahre nach der Strafvollzugs*rechts* reform, mit der der paradigmatische Wechsel vom schuldvergeltenden Verwahrvollzug zum resozialisierenden Behandlungsvollzug rechtsförmlich festgeschrieben wurde, ein neuer historischer Themenwechsel auf der Tagesordnung. Hat die Kritik am klassischen Verwahrvollzug (begünstigt von zwischenzeitlich geltenden verfassungsrechtlichen Rahmenbedingungen) den modernen Behandlungsvollzug hervorgebracht, so erscheint dieser heute als die historisch notwendige Voraussetzung der Sensibilisierung für die Fragwürdigkeit der Freiheitsstrafe, die auch unter der Chiffre "Resozialisierung" eine in die Menschenwürde eingreifende Freiheitsentziehung geblieben ist; deren Aufgabenstellung sich heute als lern- und sozialisationstheoretisch paradox und praktisch als kontraproduktiv darstellt.

Aus dieser Perspektive des Weges von der Kritik des Strafvollzugs über die Kritik des Justizvollzugs zur Kritik der Freiheitsstrafe tritt der moderne Behandlungsvollzug als eine historisch notwendige **evolutionäre Zwischenstufe** auf dem Weg zur menschenwürdigen Kriminalsanktion in den Blick. Vom gegenüberliegenden Standpunkt erscheint der derzeitige Justizvollzug als eine **historische Sackgasse**, aus der es nur ein Zurück zur klassischen Rechtfertigung der Freiheitsstrafe und ihres Vollzuges als Strafe oder zur Verneinung jedweden strafrechtlichen Sanktionierens möglich ist. In den letzteren Fällen würde der zivilisatorische Fortschritt, der in der Disziplinierung der Gewalt durch die Institution des demokratischen Rechtsstaates und des gesetzlich kodifizierten Strafrechts seinen Ausdruck findet, verspielt. Diese Konstellation der die aktuelle Strafvollzugsdiskussion bestimmenden kriminalpolitischen Perspektiven - evolutionäre Zwischenstufe hier, historische Sackgasse dort - hat dem hier vorgelegten Sammelband seinen Namen gegeben. Er faßt die Vorträge der Arnoldshainer Tagungen zusammen:

- **Quellen der Straffälligkeit und das Recht zu strafen** (11. - 13. November 1983)
- **Brauchen wir einen besseren Strafvollzug oder Besseres als Strafvollzug** (9. - 11. März 1984)
- **Behandlungsvollzug: Zwischenstufe oder Sackgasse? Problem Strafhaft - Voraussetzungen und Möglichkeiten alternativer Sanktionen -** (26. - 28. November 1984)

Die erst in den letzten Jahren stärkere Beachtung findende interaktionistische Zivilisationstheorie von Norbert Elias ist der "rote Faden" der hier zusammengestellten Beiträge. In seiner Analyse des abendländischen Zivilisationsprozesses beschreibt Elias dessen Dynamik als einen psychisch-sozialen Interaktionsprozeß zwischen individueller Internalisierung der gesellschaftlichen Werte und Normen und deren kollektiven Institutionalisierung. Zivilisation ist hiernach die historisch von einer Gesellschaft erreichte Kulturstufe, die durch intrinsisch kontrollierte Triebregulierung der einzelnen Mitglieder und deren Akzeptanz institutionalisierter Konfliktregelung befriedet ist. Ein wesentliches Merkmal von Zivilisation ist nach der Eliasschen Analyse die (rechts-) staatliche Verfaßtheit von Gesellschaft.[7] Zivilisation ist damit **Disziplinierung der Gewalt** auf beiden Seiten, sowohl auf der des individuellen Verhaltens als auch auf der der (straf-) rechtlichen Antizipation und (straf-) richterlichen Reaktion. Und Zivilisation ist kein einmal erreichter soziokultureller Zustand. Ihre historische Ausprägung folgt dem Rhythmus der psycho-sozialen Evolution von Internalisierung und Institutionalisierung. Das heißt: Zivilisation ist auf dem Niveau der liberalen Demokratie Ergebnis mehrheitlicher Interessenlagen und deren politischer Umsetzung.

Im ersten Beitrag lädt **Thomas Feltes** zum "Ausbruch aus dem Gedankengefängnis" ein, in welchem sich die aktuelle Diskussion um Strafrecht und Strafvollzug seines Erachtens befindet. Rechtsethnologisch ansetzend stellt Feltes der strafrechtlichen Konfliktregelung der modernen Zivilisation die "pri -

mitiver" Völker gegenüber und gewinnt so die historische Distanz, aus der die staatlich institutionalisierte Konfliktregelung als eine neben anderen Möglichkeiten in das Blickfeld rückt. Erinnert wird daran, daß die moderne strafrechtliche Konfliktregelung eine sekundäre gegenüber den Formen darstellt, die auf der Ebene des gesellschaftlichen Zusammenlebens kultiviert sein können und bereits vor dem Aufkommen von Staat und Gesetzesrecht existiert haben. Indem die Konfliktregelungsfunktion der Strafe als ihr eigentlicher gesellschaftlicher Zweck in Erinnerung gebracht wird, ermöglicht die rechtsethnologisch gewonnene historische Distanzierung zugleich eine systematische, die das Blickfeld über den Bereich der strafrechtlichen auf den der außerstrafrechtlichen Sanktionsformen ausdehnt und den Stellenwert des Strafverfahrens in einem neuen Licht erscheinen läßt.
Der Beitrag steckt den Problemhorizont dieses Sammelbandes ab und will das Bewußtsein für die problematische Selbstverständlichkeit schärfen, mit der heute die Regelung sozialer Konflikte vom strafrechtlichen Bereich erwartet wird; er will Problembewußtsein also auch dahingehend erzeugen, ob derzeitige strafrechtliche Konfliktregelungen "resozialisiert" werden können und sollten.

Das Verhältnis zwischen sozialem Konflikt und staatlichem Gewaltmonopol ist ebenso das Thema des anschließenden Beitrags. Legt Feltes den Schwerpunkt auf die Betrachtung des sozialen Konflikts aus der Perspektive der strafrechtlichen Sanktion, so beschreibt **Heinz Cornel** in seinem ersten Beitrag deren verschiedenartige Rechtfertigung im Verlauf des abendländischen Zivilisationsprozesses. Indem die strafrechtliche Sanktion als Ergebnis der Interaktion von Theorieentwicklung, sozialem und politischem Prozeß auf der jeweiligen Kulturstufe bzw. auf dem durch sie erreichten Zivilisationsniveau beschrieben werden, wird die historische Relativität deutlich, der jeder dogmatischen Verteidigung eines bestehenden Sanktionssystems (langfristig) entgegensteht. Nachdem er dergestalt die objektiven Quellen von Straffälligkeit in den Blick gerückt hat, beschreibt **Heinz Cornel** in seinem zweiten Beitrag die frühkindliche Entwicklung als eine der subjektiven Quellen von Straffälligkeit. Gemeinsam geben Cornels Beiträge so - wenn auch nur andeutungsweise[8] - einen Einblick in die komplementär-interaktionistische Beziehungsstruktur zwischen den gesellschaftlich-instituti-onalen und den individuell-personalen Quellen der Straffälligkeit.

Die Folgerungen aus den dargelegten Sachverhalten - historische Relativität der Rechtfertigung von Strafe und (zeitliche) Komplementarität von verschiedenartigen Quellen anstelle (räumlicher) Kausalität eines einzigen Grundes - für ein zeitgemäßes christliches Schuldverständnis sowie die aus ihm zu ziehenden sozialethischen Konsequenzen für die strafrechtliche Sanktion im demokratischen Rechtsstaat beschreibt im Anschluß daran **Manfred Schick.** Damit schlägt er zugleich die Brücke von der zivilisationstheoretischen Betrachtung des Verhältnisses von Strafe und Straffälligkeit zur politisch-praktischen Situation in der Bundesrepublik Deutschland, d.h. zur Frage nach den hier geltenden verfassungsmäßigen Grundlagen der *Freiheits* strafe, ihres Vollzuges und ihrer tendenziellen Ersetzung.

Zunächst spitzt **Dieter Rössner** die allgemeine Betrachtung der Kriminalstrafe auf die der Freiheitsstrafe zu und diskutierte ihre Fragwürdigkeit aus normativer und theoretischer Sicht. Der Beitrag schließt mit einem Ausblick auf Möglichkeiten der Auflockerung des derzeit starren strafrechtlichen Sanktionssystems.

Rössners Überlegungen werden empirisch untermauert im Beitrag von **Frieder Dünkel**, der anhand umfangreichen Datenmaterials die faktisch bestehende Kluft zwischen Anspruch und Wirklichkeit des Justizvollzugs in der Bundesrepublik darlegt. Dünkel beschreibt die Entwicklung - auch international vergleichend - des bundesdeutschen Justizvollzuges und der Untersuchungshaft ab Ende der 60er Jahre und plädiert abschließend für das Festhalten am helfenden und betreuenden Behandlungsvollzug - solange an der Freiheitsstrafe festgehalten wird!

Der Beitrag von **Michael Voß** kann als Synthese aus den vorangehenden normativ-theoretischen und empirischen Analysen gelesen werden. Nach einem statistischen Rückblick auf die letzten 100 Jahre bezüglich des Gebrauchs der Freiheitsstrafe in (der Bundesrepublik) Deutschland setzt sich Voß zunächst mit den Zieldivergenzen zwischen Strafrecht und Strafvollzugsrecht und den sich daraus ergebenden Problemen für die richterliche Strafzumessung auseinander. In seinen kriminalpolitischen Schlußfolgerungen empfiehlt Voß wegen der auch im Behandlungsvollzug nicht vermeidbaren schädigenden Wirkungen der Freiheitsstrafe die Aufgabe der Behandlungsillusion, die seines Erachtens als Behandlungsideologie lediglich der Rechtfertigung langer Freiheitsstrafen dient. Dagegen könne, so Voß, durch kurze Freiheitsstrafen die Freiheitsstrafe einen wirklichen Ultima-ratio-Charakter erhalten, der zur Entwicklung alternativer Sanktionsformen herausfordere.

Michael Walter greift mit seinem Beitrag die Frage nach dem Sinn einer als Strafe verhängten Behandlung wieder auf. Er diskutiert die Möglichkeit, die Freiheitsstrafe aufgeben zu können, ohne das Behandlungskonzept aufgeben zu müssen. Walter zeigt, daß die als Strafe verhängte Behandlung - sofern sie nicht auf Hilfe, sondern auf Persönlichkeitsveränderung (die immer als Persönlichkeitsverbesserung gedacht wird) zielt - ihre Problematik nicht automatisch deshalb verliert, weil sie ambulant vollzogen wird. Seine Überlegungen zusammenfassend formuliert Walter Elemente einer Kriminalpolitik, die sowohl die Grenzen des klassischen Strafrechts als auch die des traditionellen Behandlungsmodells überschreitet. Vom situativen Kontext der Straftat ausgehend , sollten nach Walter die Adressaten eines zeitgemäßen, integrierten Behandlungskonzepts Täter und Opfer sowie die Strafjustiz sein.

Im letzten Beitrag dieses Bandes gibt **Hans-Claus Leder** eine Übersicht zum Stand der kriminologischen und devianzsoziologischen Diskussion. Dabei richtet Leder den Blick über ambulante Alternativen zur Freiheitsstrafe hinaus auf die prinzipiell immer vorzugswürdigere Möglichkeit der außerstrafrechtlichen Konfliktregelung.

Der Herausgeber ist allen Autoren zu Dank für die Überarbeitung ihrer Manuskripte verpflichtet.

Schmitten-Arnoldshain, Februar 1987

Anmerkungen

1 vgl. **BVerfGE** 35, S. 202 ff.

2 ebd. S. 236

3 vgl. **§ 2 StvollzG**: "Im Vollzug der Freiheitsstrafe soll der Gefangene fähig werden, künftig in sozialer Verantwortung ein Leben ohne Straftaten zu füh - ren (Vollzugsziel)."

4 **BVerfGE** 22, S. 219 f.

5 Der idealistische Kern und die Problematik dieser Auffassung macht die Situation des strafgefangenen Ausländers in exemplarischer Weise deutlich. Da auch für diesen der verfassungsrechtliche Grundrechtsschutz gilt, wird durch ihn die Frage viel nachdrücklicher als beim deutschen Strafgefangenen aufgeworfen, inwieweit "Behandlung" im Sinne einer Haftschädigung vermei - dende *Hilfe/Betreuung* oder im Sinne einer in die Persönlichkeit des Strafge - fangenen eingreifende *Therapie* zu verstehen ist.
Vgl. hierzu **Schäfer, K. H./Sievering, U. O. (Hrsg.):** Ausländerrecht con - tra Resozialisierung? - Beiträge zur Problematik straffällig gewordener Ausl - änder in der Bundesrepublik Deutschland, Arnoldshainer Texte, Band 21, Frankfurt 1984
Vgl. zum Verhältnis von *Chancenverbesserung durch Hilfe bzw. Betreuung* und *Persönlichkeitsveränderung durch Therapie* **Krüger, U.**: Behandeln statt strafen, in: Monatsschrift für Kriminologie und Strafrechtsreform, Köln 1977, S. 218 ff.: "Pragmatisch orientierte Hilfestellung, wie unmittelbare Lö - sung sozialer, beruflicher, schulischer und finanzieller Probleme ist eher ge - eignet, Erfolge im Sinne einer Resozialisierung zu gewährleisten, als psycho - logisch und besonders psychoanalytisch orientierte Therapie" (S. 221).

6 Vgl. **Ellscheid G./Hassemer W.**: Strafe ohne Vorwurf, in: K. Lüders - sen/F. Sack (Hrsg.): Seminar Abweichendes Verhalten II - Die gesellschaftli - che Reaktion auf Kriminalität, Frankfurt 1975, S. 266 - 292

7 vgl. **Elias, N.**: Über den Prozeß der Zivilisation - Soziogenetische und psychogenetische Untersuchungen, Bd. 1: Wandlungen des Verhaltens in den weltlichen Oberschichten des Abendlandes, Frankfurt 1976 und Bd. 2: Wandlungen der Geellschaft - Entwurf zu einer Theorie der Zivilisation, 2. Aufl., Frankfurt 1977

[8] Ein Manuskript der vorgetragenen kognitionspsychologischen und sozialisationstheoretischen Überlegungen über *"Die Entwicklung vom abweichenden Verhalten zur kriminellen Karriere* " stand leider nicht zur Verfügung.

Staatliches Gewaltmonopol

-

Sozialer Konflikt

Gesellschaft ohne Strafe

- Die Konfliktregelung bei "primitiven" Völkern als Beispiel für unsere Strafrechtskultur -

Thomas Feltes

"Einen Streit zum Gericht von San Cristobal bringen, ist das gleiche, wie wenn man ihn in die Hände der Götter gibt. In beiden Fällen haben die Parteien wenig Einfluß auf das Ergebnis. Wie die Götter diskutieren die Anwälte und Richter die Angelegenheit in einer unverständlichen Sprache unter sich und setzen ihre Entscheidung mit Gewalt durch... Der Zincanteco, der sich an die strafrechtlichen Autoritäten wendet, hat kaum eine Chance zu wissen, ob er oder sein Feind im Gefängnis landen wird".

(Zitat eines mexikanischen Indianers[1])

Ist eine Gesellschaft ohne Strafe denkbar? Braucht eine Gesellschaft Strafgerichte? Braucht sie Institutionen zum Vollzug von Strafen? Gibt es Alternativen zum Bestrafen? Und: Warum strafen wir?
Diesen Fragen soll in diesem Beitrag nachgegangen werden, wobei Erkenntnisse und Beobachtungen der Rechtsethnologie herangezogen werden. Es soll versucht werden, diese Beobachtungen für unsere Strafrechtskultur und insbesondere für unser Straf**verfahren** nutzbar zu machen.

Dabei sollen zwei Ziele verfolgt werden: Zum einen soll der Leser motiviert werden, einmal über die Grenzen sowohl unseres Landes als auch unseres Strafsystems hinauszudenken. Verlassen wir unser "Gedankengefängnis"[2] einmal, um uns an Beispielen aus der Rechtsethnologie zu verdeutlichen, ob und wie primitive Völker es schaffen, ohne Gericht, ohne fixierte Normen und - wenn man so will - ohne Strafe auszukommen.

Ich will weiterhin versuchen - und das ist dann das zweite Ziel - Arten der Konfliktbewältigung bei diesen sog. primitiven Völkern daraufhin abzuklopfen, ob und unter welchen Voraussetzungen sie eine Bereicherung für unsere Strafrechtskultur sein könnten.

Zwischen diesen beiden Teilen meines Beitrags wird - stichwortartig - dargestellt, worin die Unterschiede zwischen den sog. primitiven Gesellschaften und unserer komplexen, marktwirtschaftlich orientierten Gesellschaft liegen und welche Auswirkungen diese Unterschiede auf soziale Kontrolle, auf den Umgang miteinander und insbesondere auf den Umgang mit abweichendem Verhalten haben. Vielleicht dient auch das dazu, hier und da einmal unseren Normalitätsbegriff, d.h. das, was wir für üblich halten, in Frage zu stellen. Auch Rechtsethnologen mußten umdenken, nachdem sie bemerkten, daß sie mit Kategorien ihres eigenen Rechtssystems andere Kulturen weder erkennen noch verstehen konnten. Sie mußten sich auf die andere Kultur einlassen und so tauchten völlig neue Aspekte und Einsichten auf. Vielleicht gewinnen wir neue Aspekte und Einsichten durch die Konfrontation mit für uns auf den ersten Blick abwegig erscheinenden Konfliktregelungsmechanismen, lernen unser eigenes Strafsystem besser erkennen und bekommen Anregungen, über die Funktion von Strafen und Bestrafen neu nachzudenken.

Nun werden Sie vielleicht fragen, welchen Sinn es hat, sich mit diesen "primitiven" Gesellschaften zu beschäftigen. Immer noch gibt es Bevölkerungsgruppen, deren Rechtssystem Ethnologen eine Untersuchung wert ist.

Eine 1978 veröffentlichte Studie beschäftigt sich z.B. mit Recht und Rechtsanwendung in Neu Guinea, Island, Türkei, Libanon, Ghana, Sardinien, Mexiko. In diesem Band befindet sich auch eine 1970/71 durchgeführte Studie über "Litigious Marginals" ("Streitende Randgruppen") in **Bayern**. Daraus - zur Veranschaulichung und als Beispiel dafür, daß Rechtsethnologie noch aktuell ist - einige Zitate:

Ein Streit in einem bayerischen "Gastzimmer" bahnt sich an:

Karl and his friend sat down at one of the other tables. He began slowly and softly at first, berating Xaver, building up in audibility and voice tone until his comments could clearly be heard by everyone in the room. Finally, he shouted across the room: "You had no right to do what you did, and you know it, you Saubär (literally, sow-bear)!"
Xaver, continuing to stare into his beer, responded quietly, "It's none of your business."
"What do you mean, it's none of my business?" Karl demanded. "You're a saubär!"
"What did you say?" Xaver demanded, turning to Karl for the first time, his face in a snarl.
At this point, one of the men at the stammtisch, Franz, intervened, turning to Karl, lifting his head and chin high in censure, and saying, "Hey! Wait a minute." But his remark failed to stop Karl.
"I said, hammel! saubär! You Dreckhammel (filthy castrated ram)!"

The German term Gastzimmer has no precise English equivalent. The term ist used here to refer exclusively to the public drinking room within the public house. The plural is indicated herein simply by the addition of an "s" to the German form.

Interessant hierbei ist zum einen die Tatsache, daß amerikanische Ethnologen ein bayerisches Dorf aussuchen, und zum anderen, daß sie dort ein zumindest z.T. noch funktionierendes System sozialer Kontrolle **ohne** Institutionen beschreiben: Konfliktregelung **ohne** (staatliches) Strafen.
Im folgenden wird nicht die Straf**norm** im Vordergrund stehen (also die Frage, welches Verhalten unter Strafe gestellt wird), sondern das Straf**verfahren**, d.h. die Frage, wie mit Konflikten (Straftaten) umgegangen wird. Ich werde auch auf die Abgrenzung von Norm, Sitte, Moral und Recht **nicht** eingehen, weil dies m.E. im wesentlichen Definitionsfragen sind, die sich erübrigen, wenn man - als übergreifender Begriff - von **nicht gebilligtem sozialen Verhalten** ausgeht, die Definition der jeweiligen Kultur überläßt und sich nur mit dem Umgang, der Lösung des Konfliktes beschäftigt. Und da spielt es dann, und auch dies zeigen ethnologische Untersuchungen, keine Rolle mehr, ob das Verhalten Diebstahl, Ehebruch, Mord oder Verletzung religiöser oder gesellschaftlicher Tabus war bzw. als solches definiert wird. Jede Gesellschaft definiert ihren Bereich abweichenden Verhaltens selbst, und selbstverständlich ist der Bereich dieses definierten Verhaltens ein Spiegelbild gesellschaftlicher Kultur. Wichtiger erscheint es mir aber, einmal der Frage nachzugehen, was nach der Definition eines Verhaltens als abweichend geschieht - wie die Gesellschaft mit Abweichung umgeht.

Rechtsethnologische Untersuchungen haben im übrigen auch gezeigt, daß Normen bei der Steitregelung oft nur eine untergeordnete Rolle spielen - und dies deckt sich im übrigen auch mit neueren rechtssoziologischen Untersuchungen aus unserem Kulturbereich zur Anzeigeerstattung[3)] - auf beides wird später einzugehen sein.

Die Tatsache, daß die Rechtswirklichkeit wichtiger ist als die Rechtstheorie, ist wohl auch zuerst von den Ethnologen und später von den Rechtssoziologen erkannt worden. Bronislaw Malinowski formuliert bereits 1928:

"Recht sollte man der Funktion und nicht der Form nach definieren, d.h. wir sollten unser Augenmerk auf die Strukturen richten, auf die soziologischen Wirklichkeiten, auf die kulturellen Mechanismen, deren Funktion die Durchsetzung des Rechts ist". 4)

Malinowski hat auch als erster die "teilnehmende Beobachtung" angewendet, indem er sein Zelt mitten unter Südsee-Insulanern auf den Trobriand-Inseln aufschlug und die Bevölkerung, ihre Kultur und insbesondere Konflikte und ihre Bewältigung beobachtete. Er besorgte sich seine Informationen nicht wie andere bis dahin durch Interviews und über Dolmetschervermittlung[5)]. Malinowski hat damit eine völlig neue Richtung in der Erforschung sozialer Kontrolle eingeschlagen.

Zu Beginn möchte ich noch kurz einige Begriffe klären und schon jetzt eine vorläufige Antwort auf die oben gestellte Frage geben.
Strafe im Sinne von Rache hat es wohl schon immer gegeben. Selbst bei den ältesten (und primitivsten?) Sammler-und Jägervölkern läßt sie sich finden[6)].

Andererseits haben aber auch z.B. die Begriffe Strafe, Vergeltung, Gegengabe, Bezahlung in primitiven Kulturen oft die gleiche Bedeutung (z.B. bei den Kayapó-Indianern das Wort pai[7)]).
Damit haben wir zwei der wichtigsten Funktionen von Strafen oder von Reaktionen auf abweichendes Verhalten:

- (Persönliche) Rache ("Auge um Auge, Zahn um Zahn") und
- (Schadens)Ausgleich.

Ich möchte hier einmal die - zugegeben etwas kühne - Behauptung aufstellen, daß dies **auch heute noch** die wesentlichen Funktionen von 'Strafe' sind.
Mit beiden Reaktionen verbunden ist dort wie hier die Hoffnung, daß die Furcht vor Rache, vor Bloßstellung oder auch vor "Bezahlung" den Täter von weiteren Taten abhalten würde (wir nennen das heute Spezialprävention). Insbesondere hatten aber auch die Bestrafungs-oder Konfliktregelungs**zeremonien** das Ziel, andere Gruppenmitglieder zu normtreuem Verhalten anzuhalten (das, was wir heute als Generalprävention bezeichnen). Dieser Aspekt ist heute allerdings nahezu in Vergessenheit geraten. Präventiv sollen die (abstrakte) Strafdrohung und der Vollzug bzw. die Vollstreckung der Strafe wirken; weniger das Strafverfahren selbst, obwohl dies eine ganz entscheidende Bedeutung bei der Konfliktregelung in primitiven Gesellschaften besitzt und m.E. auch bei uns wieder besitzen sollte.

Um Begriffe zu klären und einen ersten Überblick über die Sanktionsentwicklung zu geben, möchte ich Ihnen folgendes Schaubild vorstellen (**s. Skizze 1**): Die Kultur von **Sammler- und Jägervölkern** zeichnete sich dadurch aus, daß nicht (nur) [7a] der Einzelne für sein Verhalten, sondern das Kollektiv für ihn und sein Verhalten zur Rechenschaft gezogen wurde. Rache, auch als Fehde über längere Zeit hinweg, war die Reaktion auf abweichendes Verhalten. In besonderen Fällen wurde auch schon bereits damals zur "Freiheitsstrafe" gegriffen. Die Friedlosigkeitsstellung, d.h. der Ausschluß aus der Gesellschaft[8], wurde dann gewählt, wenn ein Mitglied nicht mehr tragbar war.

Bodenbau und Viehzucht brachten sowohl dem einzelnen als auch dem Kollektiv Besitz und damit die Möglichkeit, Buße und Kompensation zu geben und auch zu verlangen. Für Sachbeschädigungen konnte mit Muschelgeld bezahlt werden, und ein Ehebruch konnte beispielsweise mit der Übergabe von

Skizze 1

Sammler-und Jägervölker (Kollektivhaftung)	------------->	Rache, z.T. auch Ausschluß ("Friedlosigkeit")
Bodenbau und Viehzucht (Besitz)	------------->	Buße Kompensation
'Hochkulturen' (Schuldprinzip)	------------->	öffentliche Strafe - Körperstrafe - Freiheitsstrafe - Geldstrafe

Skizze 2

1. Verbale, dualistische Konfliktregelung
2. Nonverbale, dualistische Konfliktregelung
3. Vermittlung durch selbstgewählte Schlichter (ohne Schiedsspruch oder Sanktion)
4. Schadensersatzsystem
5. Nicht-professionelle Vermittlungsinstanz mit
   a) fiktiver Sanktionsgewalt
   b) tatsächlicher Sanktionsgewalt
6. Professionelle Sanktionsinstanz

zwei Schweinen kompensiert werden. Erst bei den sog. **Hochkulturen** finden wir dann so etwas wie öffentliche Strafe. Die reine Schadensabwehr tritt zurück, der Staat greift zu Körper-,Freiheits-oder Geldstrafen, sein Strafmonopol dient dazu, den konkreten wie mögliche abstrakte Täter von ihren Taten abzuhalten. Während früher noch so etwas wie eine Erfolgshaftung gegeben war (d.h. nur der Erfolg einer Handlung spielte dafür eine Rolle, ob Rache oder Buße geübt wurde), so tritt jetzt das Schuldprinzip ein: Nur wer einen Schaden **verschuldet** hat, muß auch dafür einstehen. Wer, aus welchen Gründen auch immer, schuldlos ist, kann nicht bestraft werden.

Generell können wir folgendes festhalten:[9]
Eine Sühne wird verlangt bei der Verletzung sakraler Vorschriften; die Buße tritt unter Parteien in Form einer (Geld)Leistung ein; sie ist nicht unbedingt identisch mit Schadensersatz oder Schadensausgleich; die Strafe setzt eine gerichtliche Autorität voraus, sie bedeutet Vergeltung der Gemeinschaft am Täter und eine Züchtigung oder Leistung an die Obrigkeit.

I. Konfliktlösungen in primitiven Gesellschaften

Generell zeichnet sich das Rechtssystem primitiver Gesellschaften dadurch aus, daß keine Trennung zwischen öffentlichem, d.h. Strafrecht und privatem Recht stattfindet. Es werden keine Unterschiede zwischen einem Strafverfahren und der Geltendmachung eines zivilrechtlichen Schadensersatzanspruches gemacht: **Ein** Verfahren und **eine** Buße, die sowohl Widergutmachung, Strafe als z.T. auch Gerichtsgebühr sein kann[10].

Insgesamt sind mir 6 verschiedene Arten der Konfliktregelung aufgefallen (s. Skizze 2):

1. Ausschließlich verbale, dualistische (partnerschaftl.) Konfliktregelung
2. Nonverbale, dualistische Konfliktregelung
3. Vermittlung durch gewählte Schlichter (ohne Schiedsspruch oder Sanktion)
4. Explizites Schadensersatzsystem
5. Nichtprofessionelle Vermittlungsinstanz mit
   a) fiktiver
   b) tatsächlicher Sanktionsgewalt
6. Professionelle Sanktionsinstanz

1. Als Beispiel für eine **verbale Konfliktregelung** können Strafreden, Beichtzeremonien und Gesangswettstreite genommen werden. Die Strafrede des Gobernador vor den versammelten Bewohnern wird bei den Tarahumara-Indianern im Norden Mexikos angewendet.[11)] Ein Beichtzeremoniell unter Mitwirkung von Schamanen, bei dem die Betroffenen ihre Straftaten öffentlich, d.h. vor den Bewohnern kundtun, wird von den Eskimos überliefert.[12)] Ebenso bei den Eskimos ist ein Sängerwettstreit üblich (gewesen), der z.B. in Alaska und Grönland für alle Streitigkeiten (außer Mord) Verwendung fand und bei dem sich die beiden betroffenen Personen Beleidigungen, Schmähungen u.ä. gegenseitig zusingen (unter Gelächter und Applaus der übrigen Bewohner, die als Jury fungieren).[13)]
   Bei diesem Gesangswettstreit werden persönliche, moralische oder auch körperliche Gebrechen oder Abweichungen des jeweils anderen auch aus der Vergangenheit dem Publikum möglichst drastisch geschildert, das dann Partei für einen der beiden ergreift und durch Beifall den Sieger erklärt. Dies kann auch derjenige sein, der als "Normverletzer" diesen Gesangswettstreit provoziert hatte.

Diese Gesangswettstreite sind auch in Neuguinea[14] und in der Karibik (der Calypso soll ähnlichen Ursprung gehabt haben)[15] üblich. Die "Strafe" besteht in der Mißbilligung und Verächtlichmachung des Unterlegenen durch die Gruppe.

Zwei Punkte möchte ich hier festhalten: Zum einen die Tatsache, daß auf eine 'Tat' nicht notwendig eine 'Strafe' folgt, sondern das Ganze als **Konflikt** begriffen wird, der gelöst werden muß; und diese Lösung kann auch so aussehen, daß der durch die Tat eigentlich **'Geschädigte'** von der Gruppe (durch Verächtlichmachung) **'bestraft' wird.** Zum anderen die Art der Bestrafung durch die Gruppe. Welche Vor-und Nachteile hat dieses Strafzeremoniell gegenüber dem der bei uns üblichen Bestrafung durch Gerichte und Institutionen? Stigmatisierend wirkt sicherlich beides, und die Anonymität staatlichen Strafens hat für den Betroffenen den Vorteil, daß er u.U. als 'Unbescholtener' weiterleben kann, wenn sein soziales Umfeld nichts vom Strafverfahren erfährt. Aber was ist, wenn es davon erfährt - z.B. weil durch Freiheitsentzug ein Verbergen nicht möglich ist? Sind dann die 'informellen' Sanktionen, die Ausgrenzungsmechanismen der Gruppe nicht noch stärker als wenn die Gruppe alles Verhalten, alle (Straf-) Taten erfahren würde und selbst regulieren würde? Wäre das auch nicht viel ehrlicher als das Abschieben nicht nur des Vollzugs der Strafe sondern auch der Bestrafung selbst (des Strafzeremoniells) an (anonyme) Institutionen, das durchaus vergleichbar ist mit unserem Umgang mit abweichendem Verhalten generell: Mit der Ausgrenzung von psychisch Auffälligen in Irrenhäusern, von Randgruppen in Ghettos, von Ausländern, von alten Menschen in Altersheimen u.s.w. Was wird dabei eigentlich alles verdrängt und welche Chancen gesellschaftlichen Lebens werden dadurch vergeben?

Früher wurde an dem Ort, an dem "Recht gesprochen" wurde (d.h. an dem Konflikte gelöst wurden) - dem Dorfplatz, unter der Dorflinde[15a], auf dem Tieplatz - auch getanzt und Geselligkeit gepflegt.

2. Als **nonverbale, dualistische Konfliktregelung**, die ausschließlich auf die beiden Betroffenen bezogen ist, kann das von den Eskimos überlieferte Kopfstoßen oder der dort übliche Boxkampf angesehen werden, dessen Sieger auch hier die Ehre und dessen Verlierer die Mißbilligung der Gemeinschaft erfährt.[16] Auch hier spielt wieder die auslösende "Tat" eine untergeordnete Rolle.

3. Als nächste Stufe wäre die **Vermittlung durch selbstgewählte Schlichter** zu nennen, die selbst weder einen Schiedsspruch noch eine Sanktion verhängen können. Dieses Schlichtungsverfahren kommt (z.B.bei den Ifugao)[17] auf Ersuchen der geschädigten Partei zustande. Die Tätigkeit des Vermittlers dauert solange, bis eine Einigung herbeigeführt worden ist. Während dieser Zeit herrscht "Burgfriede". Kommt eine Einigung zustande, so ist sie für beide Seiten bindend.

4. Diese Vermittler helfen in der Regel einem **ausgeprägten Schadensersatzsystem** zur Durchsetzung. So ist ebenfalls bei den Ifugao genau festgelegt, welche und wieviele Teile eines Haushaltes (z.B. Werkzeuge und Kochtöpfe) bei einem Ehebruch üblicherweise als Schadensersatz zu zahlen sind.[18] Auch die Komantschen[19] und die Cheyenne[20] kennen ein solches Schadensersatzsystem, bei dem häufig auch Nahrungsmittel ausgetauscht werden. Dieses System kann sogar soweit gehen, daß ein Mörder für Frau und Kinder des Opfers sorgen muß.[21]

Tribute in Form von Nahrungsmittelabgaben waren sowohl bei den nordamerikanischen[22] als auch bei den mexikanischen Indianern[23] üblich. Die Nahrungsmittel wurden z.T. dem Geschädigten, z.T. auch der Gemeinschaft zur Verfügung gestellt oder einfach dem jeweiligen Normbrecher durch das Opfer oder durch eine Stammespolizei weggenommen.[24]

Ausgleichszahlungen in Form von Geld sind aus Indonesien[25] und Kamerun[26] berichtet.

5. Auf einer nächsten Stufe finden wir **gewählte** oder ähnliche zustandegekommene **Vermittlungsinstanzen**, die mit fiktiver oder tatsächlicher Sanktionsgewalt ausgestattet sind. Häuptlinge, die mit richterlicher Funktion lokal oder auch überlokal vermitteln, finden wir in Altperu[27], Kamerun[28] und Indonesien[29]. Solche, die sich zusätzlich noch eines Ältestenrates bedienen, in Kamerun[30] und z.B. bei den Achanti[31]. Diese Vermittlungsinstanzen zeichnen sich dadurch aus, daß für sie die "Rechtsprechung" nur eines ihrer Tätigkeitsbereiche war. Ansonsten waren sie für vielerlei politische und gesellschaftliche Zeremonien und Entscheidungen zuständig. Als "Sanktion" konnten sie sowohl die Strafe der Götter oder Vorfahren herbeirufen oder aber auch tatsächliche Strafen (Körperstrafen oder auch Ausgleichszahlungen) verhängen.

6. Mit der Zeit und inbesondere aufgrund der Tatsache, daß für diese Vermittlung bezahlt wurde bzw. bezahlt werden mußte, verselbständigten sich diese Vermittlungsinstanzen. So wurden "öffentliche Bußen" (z.B. das Loskaufen bei einem Todesurteil[32])möglich und Häuptlinge wie andere Schlichter erkannten die Möglichkeit, an Missetätern zu verdienen. Allmählich wird aus der Schlichtung eine selbständige Bestrafung, die häufig nur dazu dient, den

Häuptlingen (und später den Regierungen) Einnahmen zu verschaffen. Besonders anerkannt wird nun nicht mehr derjenige, der einen Streit schlichtet, sondern derjenige, der es schafft, möglichst viele Bußen zu verhängen. Spontan fällt mir hierzu die heutige Regelung bei der Staatsanwaltschaft ein, nach der nur angeklagte und nicht auch eingestellte Verfahren für die Arbeitsverteilung ("Pensenschlüssel") zählen.
Hoebel beschreibt dies in seinem "Recht der Naturvölker (1954/1968) so: "Die Amtsträger in den staatlichen Institutionen der Achanti hatten vergessen, daß diese Institutionen zum Wohle der Allgemeinheit geschaffen worden waren. Stattdessen hatten sie sich daran gewöhnt, zu glauben, daß diese Institutionen existierten, um ihrem eigenen Besten dienlich zu sein... Die Ältesten der Achanti waren zu skrupellosen Rechtsverdrehern und Raffkes geworden".[33)] So wurde aus dem Privatrecht ein Strafrecht, das nun auch mit mehreren Instanzen und sogar Anwälten komplettiert wurde.[34)]
Mit der Zeit bilden sich dadurch auch unterschiedliche Sichtweisen heraus. "Was in den Augen der Bevölkerung zivilrechtliche Streitigkeiten sind, ist in den Augen des Gerichts häufig ein strafrechtliches Delikt".[35)] Steht für das Opfer die Kompensation im Mittelpunkt, so interessiert das Gericht hauptsächlich die Gefängnisstrafe, die unter Umständen durch eine Geldstrafe an das Gericht ersetzt werden kann. Dabei werden Gefängnisstrafen von den Tätern und auch von der Bevölkerung oft als Belohnung und nicht unbedingt als Schande angesehen[36)] (s. Skizze 3).

Skizze 3

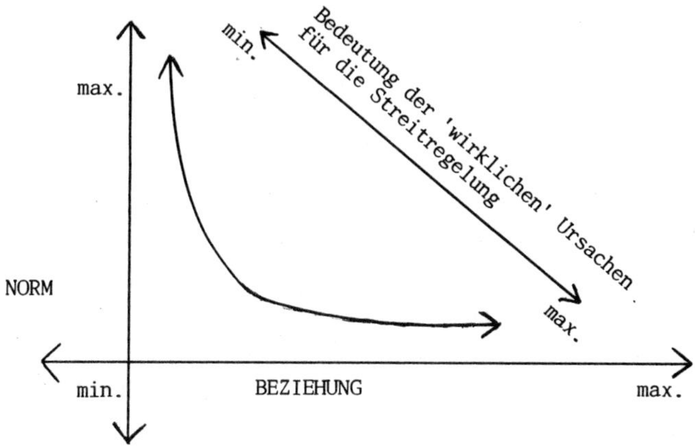

Bei den tatsächlichen Schlichtungen (und nicht bei den Pseudo-Schlichtungen durch die Gerichte) fällt folgendes auf:

- Der **Erfolg der Vermittlung** oder der Schlichtung wird dadurch begünstigt, daß im Hintergrund etwas "Böses" steht. Dieses "Böse" kann die Mißbilligung der Gemeinschaft, der Götter oder der Verlust von finanziellen Vorteilen sein; es kann aber auch die Kolonialmacht sein, die mit einem von ihr aufgezwungenen Gerichtssystem im Hintergrund steht und darauf wartet einzugreifen, wenn sich die Betroffenen nicht selbst einigen.
- Normen spielen bei der Verhandlung eine untergeordnete Rolle. Mit ihnen wird zwar argumentiert, aber sie werden "gebogen" für den jeweiligen Fall. **Wichtig** bei Verhandlung **ist die** bisherige und künftige **Beziehung der Beteiligten.**[37)]

- Je größer die Bedeutung dieser Beziehung für die Beteiligten ist, um so größer ist auch das Interesse an einer Streitschlichtung. Umgekehrt bedeutet eine **geringe Beziehung** einen **starken Rückgriff auf Normen.** Die wirklichen Ursachen eines Konfliktes spielen dann eine untergeordnete Rolle (s. Skizze). So wird berichtet, daß zum Teil in weniger als 50% der untersuchten Fälle die "Lösung" des Konfliktes den Rechtsregeln entsprach.[38]
  Der Unterschied zwischen Vermittlung und gerichtlicher Entscheidung läßt sich sehr gut durch das Zitat eines mexikanischen Zapotec-Indios dokumentieren: "Ziel ist es, einen Kompromiß für die Differenzen zwischen den Parteien zu finden; das Minimax-Prinzip (ein wenig geben, ein wenig erhalten) ist eher vorherrschend als das Nullsummen-Spiel (Gewinn oder Verlust)".[39]

II. Unterschiede zwischen primitiven und komplexen Gesellschaften und die Voraussetzungen für straflose Konfliktregelungen

Die ethnologischen Untersuchungen der primitiven Gesellschaften haben gezeigt, daß die Rechtssicherheit und damit das Faktum, daß dort ohne Gerichte und ohne Strafen in unserem Sinne auszukommen war, insbesondere durch folgendes gewährleistet wurde:[40]

1. Reziprozität, d.h. gegenseitige Abhängigkeit, gegenseitige Beziehungen
2. Personen oder Gruppen als Instanzen der Konfliktbeteiligung
3. die faktische Kraft des Normativen bzw. der Tradition

Insbesondere die Reziprozität als Geflecht wechselseitiger Rechte und Pflichten begründet ein starkes Interesse der Beteiligten an der Beilegung des Streites und ermöglicht ein Zustandekommen und den Erfolg von Verhandlungen.[41] Malinowski, der die Bedeutung der Re-

ziprozität als erster erkannte, beschreibt folgendes Beispiel: Auf Trobriant sorgt ein Mann nicht für seinen eigenen Haushalt, seine Frau und Kinder, sondern seine Arbeit dient dem Lebensunterhalt seiner Schwester und ihres Gatten, während seine eigenen Bedürfnisse durch den Bruder seiner Frau gedeckt werden.[42)]
An diesem Beispiel läßt sich unschwer erkennen, welche Verwicklungen und Verbindungen geschaffen werden. Sobald irgendeine dieser Beziehungen gestört wird, werden auch alle übrigen nachteilig beeinflußt. Dadurch haben alle Beteiligten ein starkes Interesse daran, Konflikte möglichst bald und möglichst wirkungsvoll zu bereinigen. Fehlen diese Reziprozitätsfaktoren (z.B. auch die Kreuzbindungen) so wird häufig von gewalttätiger Selbsthilfe berichtet.

Wer Beziehungen aufrechterhalten will, geht nicht vor Gericht. Für die Zinacantecas ist ein Gang zum Gericht wie ein Aufbruch in den Krieg.[43)]
Auch in unserer marktwirtschaftlich orientierten Gesellschaft gibt es Bereiche, in denen die Aufrechterhaltung guter (Geschäfts-)Beziehungen den Gang zum Gericht verhindert. Für den Bereich der Wirtschaftskriminalität hat dies Sutherland bereits 1949 nachgewiesen,[44)] und eine Betreibsjustiz hält auch heute viele Fälle, die strafrechtlich von Bedeutung sind, von der Justiz fern.[45)]
Ist diese Reziprozität dagegen nicht vorhanden - wie in den meisten gesellschaftlichen Bereichen heutzutage - so ist eine Schlichtung unwahrscheinlich, der Wunsch nach Entscheidung überwiegt. Allerdings nicht unbedingt der Wunsch nach Bestrafung - und dies dürfte einer der grundlegenden Fehlschlüsse der Strafrechtstheorie sein.

So wichtig diese Reziprozität auch sein mag,[46] so bedeutungsvoll haben sich zwei weitere Faktoren gezeigt:
- die relative Gleichheit der Kontrahenten und
- die Alltagskommunikation.

Die Alltagskommunikation wird immer wieder als Basis für eine offene Kommunikation im Konfliktfall und damit als Voraussetzung für eine Konfliktlösung beschrieben.[47] Häufig sind diese primitiven Gesellschaften so aufgebaut, daß die Kommunikation unumgänglich ist. In sehr kleinen Gruppen können die Mitglieder ungehindert miteinander sprechen und sind so in der Lage zu wissen, was jeder denkt und tut. "Solche Gruppen können ihre normative Basis auf ein Minimum beschränken und die meisten Probleme durch besondere Verständigung und Übereinkunft lösen, wenn sich jeweils die Notwendigkeit ergibt".[48]

Wo niemand die Macht hat, einen verbindlichen Entscheid zu fällen und durchzusetzen, da spielen Normen eine untergeordnete Rolle. Der einzelne kann sich nicht ohne weiteres alleine auf seine Rechte zurückziehen, er muß vielmehr kompromiß- und verhandlungsbereit sein. Bei Konflikten muß eine für beide Parteien annehmbare Lösung gefunden werden, beide Parteien müssen sich umeinander kümmern, müssen den anderen, seine Argumente wie seine Probleme annehmen.[49] Dies bedeutet aber Kommunikation und damit wieder Stabilisierung der Gemeinschaft (und die Stärkung der Voraussetzungen für Konfliktlösungen). Machtungleichheit, zumal wenn sie mit einer institutionalsierten Rechtsprechung verbunden ist, führt dazu, daß die Bildung von Kompromissen wenig gefördert wird. Von einem Richter wird erwartet, daß er entscheidet und nicht, daß er vermittelt. Zudem geben dann die Rechtsspezialisten (die Anwälte und Richter) der Sache ihren eigenen Zuschnitt und die Form,

in der die Auseinandersetzung abläuft entzieht sich ebenso wie ihr Verlauf der Kontrolle der streitenden Parteien.[50)]
Allerdings hat die Ethnologie lange Zeit den Machtaspekt vernachlässigt. Erst in letzter Zeit wurde deutlich gemacht, daß auch bei primitiven Gesellschaften Macht eine zum Teil entscheidende Rolle bei der Konfliktbeilegung spielt.[51)] Das Faktum **Macht** kann das Faktum **Norm** in den Hintergrund drängen und Recht (Normen) kann dazu benutzt werden, private Interessen durchzusetzen, wenn man die Macht dazu hat.

So kann der Anstieg der Formalisierung von Strafverfahren (und damit die gesunkene Schlichtungsbereitschaft) als Ausdruck von stärkerem Machtungleichgewicht angesehen werden.[52)]
Mit zunehmender Komplexität einer Gesellschaft verstärkt sich die Formalisierung der Streitbeilegung und die "Normfixiertheit".

Während in der Rechtsethnologie noch beobachtet wurde, daß staatliche Gerichtsbarkeit die einfache und private Streitregelung begünstigt,[53)] steht diese Beobachtung im Widerspruch zu gegenwärtig zu beobachtenden Tendenzen der Verrechtlichung und Formalisierung von Streitregelungen im strafrechtlichen Bereich, obowhl eine ausgeprägte staatliche Gerichtsbarkeit vorhanden ist, die auch optimal funktioniert. Grund dafür könnte die ebenfalls von den Rechtsethnologen beobachtete Tatsache sein, daß die privaten Streitregelungen um so besser funktionierten, je schlechter und unbefriedigender für alle Beteiligten die staatliche Gerichtsbarkeit arbeitete.

"Der Indianer der Prärie muß früher, als der weiße Mann ihn noch nicht entmündigt hatte, etwas gehabt haben, das ihn davon abhielt, Unrecht zu tun".[54)]
Dieses Zitat eines Cheyenne-Indianers macht deutlich, daß mit der Formalisierung der Konfliktregelung auch etwas mit dem Rechtsbewußtsein der Betroffenen passiert sein muß. Wo die Rechtsnorm im Hintergrund und die Beziehung im Vordergrund steht, da kann leichter vermittelt und durch Zahlung einer Buße z.B. ein Streit schneller geschlichtet werden als in einer Gesellschaft, in der Individualismus sehr leicht zur Rechthaberei führt. Wo in einer (kapitalistischen) Gesellschaft die obsiegende Partei einen Vorteil materieller oder ideeller Art davonträgt, da stachelt diese Hoffnung nicht nur zum Prozeß, sondern auch dazu an, bei seinen eigenen Forderungen zu beharren. So wird die Bereitschaft zu privater Konfliktschlichtung geschmälert. Gleichzeitig ziehen die professionalisierten Instanzen Konflikte an sich, "stehlen", sie den Beteiligten, wie Nils Christie dies formulierte.[55)]
Selbst dort, wo eine Bereitschaft zur Konfliktlösung vorhanden ist oder wo gänzlich andere Interessen des Geschädigten als die einer strafrechtlichen Sanktion vorliegen,[56)] beharrt der Staat auf seinem Strafmonopol. Dies alles mit dem Ergebnis, daß nicht nur die Vorteile von Konfliktschlichtungen aufgegeben werden, sondern zudem weitere Probleme wie Stigmatisierung und Kriminalisierung durch Strafverfahren auftreten.

Zusammenfassend können folgende **Vorteile von Schlichtungseinrichtungen**, wie wir sie z.B. in primitiven Gesellschaften vorfinden, aufgezeigt werden:[57)]

1. Die Institution besitzt keine Zwangsgewalt, daher besteht ein hoher Einigungs-bzw. Zustimmungszwang der Parteien.
2. Sie sind unspezialisiert, undifferenziert, unbürokratisch.
3. Die Parteien sind aktive Teilnehmer am Verfahren.
4. Das Schlichtungsverfahren selbst ist leicht zugänglich.
5. Die Normen sind allgemein bekannt, flexibel und vage.
6. Die Beziehungen der Parteien sollen auch für die Zukunft beibehalten werden.
7. Das Schlichtungsverfahren ist ein Kommunikations- und Lernprozeß für die Parteien.[58)]
8. Die Schlichtung wird in der Alltagssprache durchgeführt.
9. Die Schlichter sind keine Profis und leben nicht davon.
10. Sie sind nicht an Gesetze, Präzedenzfälle und Instanzenentscheidungen gebunden.

Einige dieser Vorteile werden nun vom Leser vor dem Hintergrund unserer Strafrechtskultur und der von uns verinnerlichten (angeblichen) "Vorteile" eher als Nachteile interpretiert werden. Ob dies wirklich so ist, d.h. ob die Errungenschaften unseres Strafsystems tatsächlich einen Fortschritt gegenüber den Konfliktregelungssystemen primitiver Gesellschaften darstellen, soll nun in einem letzten Teil meines Beitrages diskutiert werden.

III. **Konsequenzen für unsere Strafrechtskultur**

Was können wir nun aus diesen rechtsethnologischen Beobachtungen lernen bzw. was davon ist für unsere Strafrechtskultur übertragbar? Ich will hier stichwortartig einige Aspekte nennen.

Konflikte als gesellschaftlich positive Werte

Die Rechtswissenschaft und unser Strafrechtssystem bewertet Konflikte negativ. Konflikte müssen abgeschafft, gesellschaftliches Verhalten muß "friedlich" verlaufen. Das Recht als "friedensbildende Kraft" steht über allem. Dabei wird übersehen (und dies hat die Rechtsethnologie auch gezeigt), daß der Konflikt ein normaler, unvermeidbarer Bestandteil des gesellschaftlichen Lebens ist, der weder durch noch so rigide Strafdrohungen beseitigt noch durch politische Entscheidungen aus der Welt geschafft werden kann. Zudem - und dies erscheint besonders bedeutsam - hat er positive Funktionen: Er fördert die Kommunikation (der Konflikt "vergesellschaftet"), bestehende soziale Formen werden im Konfliktfall neu geordnet, bei der Bewältigung des Konfliktes entsteht ein Lernprozeß, der u.a. zur Verstärkung und zur Bewußtmachung von gesellschaftlichen Normen dient.[59)]

Rechtsethnologische Untersuchungen haben gezeigt, daß Streitregelung und/oder Streitschlichtung ausschließlich in Verbindung mit Selbsthilfe **oder** Gerichten erfolgt.[60)] Damit ist das Argument, daß ein Ausbau der informellen Konfliktregelung Selbsthilfe provozieren würde (vorgebracht z.B. von v. Throtha und v. Hirsch) nicht haltbar. Allerdings müssen die Voraussetzungen für informelle Konfliktregelung (neu) geschaffen

werden. Dazu gehört insbesondere die Reziprozität unter den Beteiligten, deren Bedeutung oben aufgezeigt worden ist und die Machtgleichheit. Zudem muß der Teufelskreis, der darin besteht, daß bessere Gerichte ein geringeres Interesse an vorgerichtlicher Streitregelung bewirken, durchbrochen werden. Können diese Voraussetzungen nicht oder nur teilweise geschaffen werden, so ist zumindest zu gewährleisten, daß Macht (d.h. in unserem System wirtschaftliche Macht) im Gerichtsverfahren keine Rolle (mehr) spielt. Vielleicht könnte ja auch das erreicht werden, was bei den Zapotecen (mex. Indianer im Staat Oaxaca) üblich ist:
Die soziale Ausgleichsfunktion des Rechts wird dadurch gewährleistet, daß die Reichen, die stehlen, härter bestraft werden als die Armen.
"Den weißen Mann von überflüssigem Besitz an Handelswaren, Konserven oder Tabak, die er in knauseriger Weise ganz unnötig einschließt, zu befreien, bildet ein Kapitel für sich und ist natürlich nicht als eine Übertretung von Recht, Moral oder anständigen Manieren zu betrachten". (B. Malinowski [61])

Die eigentlichen Funktionen des Strafverfahrens und der Bestrafung müssen wieder in den Vordergrund gerückt werden:
- Normverdeutlichung (Generalprävention)
- Wiedergutmachung (Schadensausgleich)
- Schlichtung
- gegenseitige Normversicherung

a) Begriffe wie "Prävention", oder auch Therapie und Behandlung im Vollzug verwischen die tatsächliche Funktion von Bestrafung für die Gesellschaft (Rache, Normtreue verdeutlichen).

b) Die Präventivwirkung des Strafverfahrens wird vernachlässigt.

c) Die Norm und die Tatsache der Normverletzung treten bei der Konflikt**schlichtung** häufig in den Hintergrund, weil andere Interessen überwiegen

d) Der Automatismus Tat - Strafe ist nicht notwendigerweise gegeben, eine Konfliktschlichtung ist auch anders möglich (Minimax-Prinzip statt Nullsummenspiel).

e) Die Institutionalisierung von Konfliktbewältigung entbindet von Verantwortlichkeit: den Täter ebenso wie sein soziales Umfeld und das Opfer. Sie "klaut" Konflikte und damit Lern-und Normstabilisierungsmöglichkeiten.

Anmerkungen

1) Spittler 1980, S. 26

2) Quensel 1984, S. 55 ff.

3) Rosellen 1983, S. 798 ff.; Hanak 1983

4) Zitiert nach Roberts 1981, S. 204

5) Malinowski 1979 Bd. 1, S. 29 ff.

6) Schott 1966, S. 192

7) Lukesch 1973, S. 163

7a) Malinowski 1949, S. 11 f.; der Einzelne war auch verantwortlich, ausgetragen wurde der Konflikt aber immer in und mit der Gruppe

8) Trimborn 1938, S. 461

9) Thurnwald 1939, S. 302

10) Ertle 1971, S. 307; Thurnwald 1939, S. 302; Trimborn 1925, S. 207

11) Deimel 1980, S. 18

12) Hoebel 1968, S. 89 ff.; Hoebel 1940, S. 668 f.

13) Hoebel a.a.O.

14) Schott 1979, S. 39 f.

15) Schott a.a.O.

15a) Frölich 1938

16) Hoebel 1968, S. 89 ff.

17) ders. S. 127 ff., S. 158

18) ders. S. 174

19) ders. S. 159 ff.

20) ders. S. 178 ff.

21) Farb 1971, S. 66 ff.

22) Hoebel 1968, S. 183 ff.

23) Deimel 1980, S. 18

24) Hoebel 1968, S. 191

25) Riedel 1885, S. 63 ff.

26) Hartmann 1927, S. 49

27) Trimborn 1925, S. 208

28) Harttmann 1927, S. 28 f.

29) Riedel 1885, S. 63

30) Harttmann 1927, S. 48 f.

31) Hoebel 1968, S. 274

32) ders. S. 292

33) ders. S. 293

34) ders. 311

35) Spittler 1980, S. 25

36) ders. a.a.O.

37) ders. S. 8 ff.

38) Ertle 1971, S. 317

39) zitiert nach Spittler 1980, S. 9

40) Schott 1979, S. 36

41) Spittler 1980, S. 18

42) Roberts 1981, S. 39

43) Collier 1973

44) Sutherland 1949

45) Metzger-Pregizer 1984
dazu zuerst Thurnwald bei Schott 1949, S. 36 f.

46) s. auch Sigrist 1979, S. 113 ff.

47) Roberts 1981, S. 20, 43; Spittler 1980, S. 152

48) Roberts 1981, S. 31

49) ders. S. 143, S. 20 f.

50) ders. S. 21

51) vgl. die Beiträge bei Hamnett 1977

52) Spittler 1980, S. 20 Anm. 105

53) ders. S. 4, 6,29

54) nach Hoebel 1968, S. 12

55) Christie 1981, Christie 1983

56) s. Anm. 3) sowie Feltes 1985

57) Spittler 1980, S. 6 ff., Hanak 1980

58) s. aber Felstiner/Williams 1980, S. 195 ff.

59) Feltes 1979

60) Spittler 1980, S. 4 ff.

61) Malinowski 1949

LITERATUR

Christie,N.: Limits to Pain. Oslo/Bergen/Tromsø 1981

Christie,N.: Die versteckte Botschaft des Neo-Klassizismus, in: KrimJ 1983, S. 14 ff.

Collier,J.F.: Law and Social Change in Zinacantan. Stanford 1973

Deimel,C.: Tarahumara. Indianer im Norden Mexikos. Frankfurt 1980

Ertle,D.: Ethnologische Rechtsforschung. In: Trimborn, Hartmut (Hrsg.) Lehrbuch der Völkerkunde, Stuttgart 1971, S. 296 ff.

Farb;P.: Die Indianer. Entwicklung und Vernichtung eines Volkes. Wien 1971

Felstiner, W.L.F.,Williams,L.A.: Mediation as an Alternative to Criminal Prosecution:Ideology and Limitations. In: Jahrbuch für Rechtssoziologie und Rechtstheorie, hrsg. von E. Blankenburg, E. Klausa, H. Rottleuthner, Bd. 6, Opladen 1980, S. 195 ff.

Feltes,T.: Jugend, Konflikt und Recht. Zur Theorie eines konfliktorientierten Jugendrechts, Vechta 1979

Feltes,T.: Konfliktbereinigung zwischen Täter und Opfer - Institutionaliesierungoder Reprivatisierung? In: Verbrechensopfer, Sozialarbeit und Justiz, hrsg. von H. Janssen und H.J. Kerner, Köln 1985, S. 407 ff.

Frölich,K.: Stätten mittelalterlicher Rechtspflege auf westdeutschem Boden, besonders in Hessen und den Nachbargebieten. Tübingen 1938

ders.: Alte Dorfplätze und andere Stätten bäuerlicher Rechtspflege, Tübingen 1938

Hamnett,I.(Hrsg.): Social Anthropology and Law. London, New York, San Francisco 1977

Hanak,G.: Über die Mobilisierung der Polizei in problematischen Situationen. (Institut für Rechts-und Kriminalsoziologie) Wien 1983

Hanak,G.: Die Vermittlung als Alternative zur strafrechtlichen Konfliktregelung, in: KrimSozBibl 4/1980, S. 5 ff.

Harttmann,H.: Ethnographische Studie über die Baja. in: Zeitschrift für Ethnologie, Bd. 59, 1927, S. 1 ff.

Hirsch,A.v.: "Limits to pain". Eine (ziemlich) neoklassische Perspektive. in: KrimJ 1983, S. 57 ff.

Hoebel,E.A.: Law-Ways of the primitive Eskimos. In: Journal of Criminal Law and Criminology, Vo. 31, 1940, S. 663 f.

Hoebel,E.A.: Das Recht der Naturvölker, Freiburg 1968

Lukesch,A.: Aspekte aus der indianischen Gefühlswelt (Kayapó-Ge) in: Zeitschrift für Ethnologie, Bd. 97 1972, S. 257 ff.

Malinowski,B.: Sitte und Verbrechen bei den Naturvölkern, Wien 1949

Malinowski,B.: Schriften in vier Bänden, Frankfurt 1979-1981

Metzger-Pregizer,G.: Betriebsjustiz. In: Kleines Kriminologisches Wörterbuch, hrsg. von G. Kaiser u.a., Heidelberg/Stuttgart (utb) 1984

Quensel,S.: Gibt es eine Alternative zum Strafvollzug? In: R. Driebold (Hrsg.) Strafvollzug. Erfahrungen, Modelle, Alternativen, Göttingen 1983, S. 55 ff.

Riedel,J.G.F.: Galela und Tobeloresen. In: Zeitschrift für Ethnologie, Bd. 17, 1885, S. 58 ff.

Roberts,S.: Ordnung und Konflikt, Stuttgart 1981

Rosellen,R.: Soziale Kontrolle durch Anzeigeerstatter. Eine empirische Untersuchung zu den situativen Bedingungen, Motiven und Zielen privater Strafanzeigen, in: H.J. Kerner, H. Kury, K. Sessar (Hrsg.) Deutsche Forschungen zur Kriminalitätsentstehung und Kriminalitätskontrolle, Bd. 6/2, Köln u.a. 1983, S. 798 ff.

Schott, R.: Ethnologische Forschungen in: Handwörterbuch der Kriminologie, hrsg. von R. Sieverts, 2. Aufl. Berlin 1966, S. 191 ff.

Schott,R.: Anarchie und Tradition. Über Frühformen des Rechts in schriftlosen Gesellschaften. In: Begründungen des Rechts, hrsg. von U. Nembach, Göttingen 1979, S.22 ff.

Spittler,G.: Streitregelung im Schatten des Leviathan. In: Zeitschrift für Rechtssoziologie 1980, S. 4 ff.

Spittler,G.: Konfliktaustragung in akephalen Gesellschaften: Selbsthilfe und Verhandlung. In: Jahrbuch für Rechtssoziologie und Rechtstheorie, hrsg. von E. Blankenburg, E. Klausa, H. Rottleuthner, Bd. 6, Opladen 1980 (a), S. 142 ff.

Sutherland,E.: White Collar Crime. New York 1949

Trotha,T.v.: "Limits to Pain". Diskussionsbeitrag zu einer Abhandlung von Nils Christie, in: KrimJ 1983, S. 34 ff.

Thurnwald,R.: Ethnologische Rechtsforschung. In: Lehrbuch der Völkerkunde, hrsg. von R. Thurnwald, 2.Aufl., Stuttgart 1939, S. 280 ff.

Trimborn,H.: Straftat und Sühne in Alt-Peru. In: Zeitschrift für Ethnologie, Bd. 57, 1925, S. 194 ff.

Trimborn,H.: Die Stellung des Cauca-Tals in der Rechtsgeschichte. In: Zeitschrift für Ethnologie Bd. 70, 1938, S. 457 ff.

Die Legitimation der strafrechtlichen Sanktion

- Ihre Geschichte im Lichte der Wechselbeziehung zwischen Rechtsphilosophie, gesellschaftlicher Entwicklung und Politik -

Heinz Cornel

Das Thema klingt, wenn nicht sehr trocken, so doch zumindest recht akademisch abgehoben, so daß sich vielleicht mancher Leser denkt, "mag sein, daß sich Universitätsseminare dafür interessieren, aber welche Relevanz hat das für mich?"
Darstellungen historischer Entwicklungen bringen es mit sich, daß sie mit den Ereignissen, Strukturen, Ideologien und deren Wechselbeziehung beginnen müssen, die am weitesten von der heutigen Situation entfernt sind. Ich kann deshalb, neben der Bitte um Geduld, nur dadurch um Interesse für mein Thema werben, daß ich durch diese einleitenden Worte die Größe des theoretischen Bogens, den ich zu schlagen beabsichtige, begründe und mitteile, wo er enden soll: bei der aktuellen kriminalpolitischen Diskussion um die Abschaffung des Strafrechts oder zumindest der Freiheitsstrafe.
Zu diesem Zweck sollen die Strafsysteme des ausgehenden Mittelalters, mit ihren Strafen an Leib und Leben ebenso vor dem Hintergrund der ökonomischen Situation und im Zusammenhang mit den ideologischen und philisophischen Begründungen betrachtet werden, wie die Säkularisierung und Aufklärung des Strafrechts und die Neuerungen des 19. und 20. Jahrhunderts. Die Ursachen der Entstehung der Gefängnisse und Zuchthäuser sollen dabei ebenso zur Sprache kommen, wie der Wechsel der Legitimation dieser repressiven Reaktion auf abweichendes Verhalten.

Die Betrachtung dieses Wechselspiels der Geschichte kann uns zum einen die Tatsache in das Gedächtnis rufen, daß heutige Formen und Strukturen, wie etwa die Freiheitsstrafe, gewachsene und damit auch keine ewig bleibenden sind, und uns zum anderen ganz konkret die Frage stellen, ob denn die Wirkungsfaktoren, die die Freiheitsstrafe hervorbrachten, noch von Bedeutung sind. Falls dem nicht so ist, ist wohl dennoch nicht zu erwarten, daß das Gefängnis sich selbst auflöst - eine aktive Kriminalpolitik mit diesem Ziel wird aber um so erfolgreicher sein, je mehr sie dieses Ziel nicht nur als theoretischen Traum, sondern als konkrete Utopie betrachtet.

Im Altertum war die Unterbringung in einem Gefängnis als Kriminalstrafe unbekannt oder aber explizit verboten (38, 960 f.; 20, 3 ff.)[1]. Dies änderte sich auch während des Mittelalters nicht. Bis ins vierzehnte Jahrhundert waren staatliche Strafsysteme wenig verbreitet. Das private Fehde- und Sühnerecht war Hauptmittel der Konfliktregulation (41, 15). Es herrschte ein relativer Wohlstand unter der Landbevölkerung und die soziale Hierarchie des Feudalismus wurde vor allem im Hochmittelalter kaum in Zweifel gezogen, wobei Kirche und Religion eine wichtige Rolle spielten.

---

1) Die Zahl vor dem Komma bezeichnet jeweils den Autor entsprechend der Literaturliste, während die zweite Zahl die betreffende Seite dieses Werks nennt. Soll auf mehrere Werke verwiesen werden, so sind die Angaben durch ein Semikolon getrennt.

Die Eigentumsdelinquenz war gering und auch als Mittel zur Aufrechterhaltung der feudalistischen Klassenherrschaft wurden Strafen kaum eingesetzt. Der Geschädigte hatte das Recht auf private Rache, jedoch war es üblich, durch Zahlung des sogenannten Wehrgeldes dieser Rache zu entgehen.

Im Laufe des dreizehnten Jahrhunderts verstärkte sich der Einfluß der Feudalherren auf das Strafsystem. Zunächst kontrollierten sie nur die privaten Schlichtungen, wodurch diejenigen, die die Geldbuße nicht zahlen konnten, der privaten Rache nicht ausgesetzt, sondern meist öffentlich gezüchtigt wurden. Man kann diese Entwicklung als eine erste Tendenz zu einer öffentlichen Strafjustiz bezeichnen, die sich durch die zahlreichen 'Gottes- und Landfrieden' ausdrückte, die neben Strafen an Haut und Haar, Leib und Leben, vereinzelt auch Gefängnis bei Wasser und Brot androhten (44, 57; 5,319). Diese Gefängnisstrafen galten als eine Art der körperlichen Züchtigung und wurden als Methoden zu unblutigen Unschädlichmachung begriffen, zumal die Gefängnisse oft aus dunklen, feuchten, ungezieferverseuchten Verliesen bestanden (44, 65; 25, 8).

Im Laufe des vierzehnten und fünfzehnten Jahrhunderts brachte der Feudaladel - zunächst vor allem in Italien, Frankreich und England, mit fünfzig bis hundert Jahren Verzug auch in Deutschland - das Gerichtswesen völlig unter seine Kontrolle. Als im fünfzehnten und sechzehnten Jahrhundert die Bevölkerung unter anderem durch den Rückgang der weitverbreiteten Seuchen stärker denn je wuchs, andererseits aber das Land im wesentlichen besiedelt war, sank der Lebensstandard sehr rasch. Die relative 'Überbevölkerung' führte dazu, daß die Nahrung knapp und viele Bauern arbeitslos waren. Da kein Boden mehr brachliegen konnte - wie im Zuge der Dreifelderwirtschaft üblich und

nötig - sanken die Erträge. So konnte der Adel durch die vielen arbeitslosen Bauern den Lebensstandard der für Pacht den Boden bearbeitenden Bauern herabsetzen. Der Hunger der einen war Quelle des Reichtums der anderen. Daraus entstanden unter anderem die Bauernkriege. Die Verelendung der Masse der Bauern, die dann auch auf die Städte überging, führte einerseits dazu, daß sich die Anzahl der Delikte - vor allem solche gegen das Eigentum - erhöhte, andererseits aber die Verurteilten so gut wie nie fähig waren, die Geldstrafen, die von den Feudalherren immer höher angesetzt wurden, zu zahlen (21, 73). Der bekannte Rechtsphilosoph, Strafrechtler und ehemalige Reichsjustizminister Gustav Radbruch sprach in diesem Zusammenhang von der ersten proletarischen Massenkriminalität (44, 187). Aufgrund der Uneinbringbarkeit der Geldstrafen und zur Abschreckung wurde das kodifizierte Recht von den verschiedenen Gottes- und Landfrieden des elften Jahrhunderts bis hin zu Constitutio Criminalis Carolina aus dem Jahre 1532 und den dazugehörigen Polizeiordnungen des sechzehnten Jahrhunderts zunehmend brutaler. Dies zeigen die Verschärfungen der Leibesstrafen, die Einführung verschiedenster Foltern und Verstümmelungen und immer differenzierterer Methoden und Riten bei der Vollstreckung der Todesstrafe, sowie die Ausdehnung der Androhung dieser Art auf immer mehr Delikte.
So grausam diese Qualifizierungen der Strafen waren, so sehr muß man sich hüten, von diesen unkritisch direkt auf die Praxis des Strafrechts zu schließen. Es steht jedoch außer Zweifel, daß diese Strafen nicht nur angedroht, sondern auch vollstreckt wurden, zumal sie sonst sehr schnell ihre abschreckende Wirkung, die man sich versprach, verloren hätten.
Der Entzug der Freiheit als Strafe hatte auch in dieser gesamten Periode keine Bedeutung. Ein Gefängnisaufenthalt

als Strafe, mit regelmäßiger Ernährung und einer Schlafgelegenheit, hätte selbst bei strengster Disziplin und Unterdrückung eine Verbesserung der hoffnungslosen, elenden Existenz dieser Menschen bedeutet und wäre selbst bei härtester Arbeit der Gefangenen nicht finanzierbar gewesen, da das Fehlen von Arbeit die direkte Ursache für die Delinquenz war. In einer solchen Situation war es nicht möglich, die wachsende Bevölkerung zu beschäftigen und zu ernähren - auch nicht durch Zwangsarbeit in den Gefängnissen. Selbst die Abschreckung durch die angedrohten Greueltaten jener Zeit konnte nur individuell funktionieren, konnte diesen oder jenen dazu bewegen, verstärkt nach Arbeit zu suchen und sich bzw. seine Arbeitskraft noch billiger zu verkaufen. Insgesamt blieben aber immer Tausende ohne Arbeit, Nahrung und Unterkunft.

Langfristig hatten diese Strafmaßnahmen die Funktion, Arbeitsdisziplin im entstehenden Proletariat zu verankern - eine notwendige Voraussetzung der Lohnarbeit. Kurzfristig konnte es in einer Zeit, in der aus ökonomischen Gründen der Preis der Arbeitskraft gering war, und deshalb auch das Menschenleben eines Arbeitslosen nicht hoch eingeschätzt wurde, dazu führen, daß zur Ausrottung der Bettelei Bettler ausgerottet wurden.

Abgesehen von religiösen Begründungen, wie beispielsweise die der Teufelsaustreibung, gab es keine expliziten Straflegitimationen zu diesen Terrormaßnahmen. Es gehörte geradezu zur staatlichen Macht und Willkür, daß sie sich nicht legitimieren mußte. Rechtsphilosophie beschränkte sich auf Theologie und diese war weniger eine Wissenschaft, als ein Medium, die einheitliche Machtausübung durch die Kirche im Verbund mit dem Feudaladel aufrechtzuerhalten. Daran änderte auch der Protestantismus Lutherscher Prägung, der sich insbesondere in durch Rom besonders ausgebeuteten ökonomisch zurückgebliebenen Ländern ausbreitete, nichts.

Luther wandte sich zwar gegen diese materielle und ideologische Abhängigkeit und löste sich von dieser, eine grundsätzliche Ablehnung der Feudalstruktur lag ihm aber fern (35, 445). Der Schlüssel zum Verständnis von Luthers Auffassung des staatlichen Strafens ist seine Einteilung in geistliche und weltliche Sphäre (34, 251; 36, 440).
Die Erstgenannte ist die des Glaubens, in der es weder Zwang noch Ungleichheit geben kann, während in der zweiten Sphäre der unbedingte Gehorsam gegen die Obrigkeit an erster Stelle steht. Luther erklärt die Notwendigkeit der Obrigkeit, samt ihrer Henker, Folterinstrumente und der qualifizierten Todesstrafe nicht nur mit der Boshaftigkeit der Welt, er befürwortet solche Maßnahmen explizit, "denn die Hand, die solches Schwert führt und würgt, ist auch alsdann nicht mehr Menschenhand, sondern Gotteshand und nicht der Mensch, sondern Gott hängt, rädert, enthauptet, würgt und führt Krieg. Es sind alles seine Werke und seine Gerichte" (33, 626). Die Frage der Legitimation solcher Maßnahmen, oder, wie wir heute sagen würden, der Menschenrechte, ist für Luther von keinerlei Interesse. Er fordert Gehorsam und Untertänigkeit gegen jede auch noch so ungerechte Obrigkeit (37, 382) und meint, es sei besser, "das die Tyrannen hundertmal ihnen (den Bauern, H.C.) unrecht tun, denn das sie den Tyrannen einmal unrecht tun" (33, 635).

Luther soll hier keineswegs als besonders reaktionär hingestellt werden. Gerade im Lutherjahr scheint es mir jedoch wichtig, zu zeigen, daß er als ein Produkt seiner Zeit, einer Zeit des Umbruchs, bezüglich seiner Staats- und Strafauffassung dem Mittelalter näherstand als der Neuzeit.

Die Verarmung großer Teile der Bevölkerung und die deshalb extrem niedrigen Löhne in Handwerk und Handel waren zusammen mit der Entdeckung neuer Märkte und Völker, denen man u.a. beträchtliche Mengen Gold raubte, die besten Bedingungen für die ursprüngliche Akkumulation des Kapitals in Europa und damit den Aufstieg des Bürgertums. Die sich ausweitende Produktion und der Handel führten Anfang des siebzehnten Jahrhundert zu einem großen Bedarf an Arbeitskräften, zur weitgehenden Auflösung der Heere von Vagabunden, Bettlern und Dieben uns schließlich zu einem akuten Arbeitskräftemangel, der Anlaß und Grundlage für die Entstehung der mit harter Arbeit verbundenen Freiheitsstrafe war. Für den mitteleuropäischen Bereich, in dem der 30-jährige Krieg wütete, der die Überlebenden in ungeheures Elend und Armut stürzte, setzte diese Entwicklung erst mit einer gewissen Verzögerung ein, die Greuel des Krieges führten aber auch hier zu einem beträchtlichen Arbeitskräftemangel. Neben den verschiedensten Versuchen, den Arbeitskräftemangel langfristig durch Heben der Geburten- und Einwanderungsrate und Verbot der Auswanderung zu beseitigen, machte man sich nicht nur die Arbeitskraft der verbliebenen Delinquenten, sondern auch die vieler Waisen zunutze. Den mit der ökonomischen Entwicklung einhergehenden Wandel der Kriminalpolitik kennzeichnet das folgende Zitat eines zeitgenössischen Nationalökonomen: "...was nutzt ein Dieb, der um 50 Gulden gehängt worden ist, sich oder diesem, den er bestohlen, da er doch im Werkhaus in einem Jahr wohl viermal soviel wieder verdienen kann?" (2, 245). Dieser Wandel konnte infolge der Verselbständigung und Verfestigung der Strafideologien nicht zur einer Abschaffung der Todesstrafe führen. Es gab weiterhin grausame Rituale der Hinrichtung, deren Bedeutung nicht unterschätzt werden kann. Zweifellos wurde aber die Anwendung der

Todesstrafe eingeschränkt und wurden insbesondere die schweren Leibesstrafen zunehmend durch Gefängnisstrafen ersetzt. Zunächst in den Niederlanden und in England, später auch in den Hansestädten und schließlich in ganz Deutschland wurden im Laufe des siebzehnten und achtzehnten Jahrhunderts Dutzende von Zucht- und Arbeitshäusern eingerichtet. Aus ihrer Funktion zur Verankerung von Arbeitsdisziplin im anwachsenden Proletariat bei gleichzeitiger Leistung eines wichtigen Beitrags zur Mechanisierung und beginnenden Industralisierung wurde keinerlei Hehl gemacht (11; 27, 139 ff.). Die Zuchthäuser waren aber nicht nur im Rahmen merkantilistischer Politik gesamtwirtschaftlich notwendig, sondern erwirtschafteten in der Regel - zumindest im siebzehnten und in der ersten Hälfte des 18. Jahrhunderts- über die Mittel zur Unterbringung, Bewachung und Ernährung hinaus noch Gewinn (11,141; 2, 244 ff.; 27, 142 f.).

Wenn wir uns nun wieder der Betrachtung der Straftheorien jener Zeit zuwenden, so können wir feststellen, daß von willkürlichen Leibes- und Lebensstrafen Abschied genommen wurde und weniger die Vergeltung und Rache, als vielmehr vornehmlich der Zweck des Vollzugs der Strafe selbst betont wurde. So nahm beispielsweise schon der Calvinismus gegen Folter, die 'übertriebene Anwendung der Todesstrafe', etwa bei Diebstählen, und für die Einführung der mit Arbeit verbundenen Freiheitsstrafe Stellung (48, 45 f. und 50).

Während sich der Protestantismus von einzelnen Inhalten der katholischen Theologie löste, begannen sich im siebzehnten Jahrhundert zunehmend philosophische Strömungen von der Theologie selbst zu lösen. Es setzen die Bewegungen zu Säkularisierung und Rationalisierung ein, die durch die Aufklärung im achtzehnten Jahrhundert ihren Höhepunkt fanden.

So meint beispielsweise Grotius, der sein Naturrecht aus den Anlagen und Trieben des Menschen entwickeln will: "... die Vernunft gebietet aber nichts vorzunehmen, was dem anderen schade, wenn man nicht einen guten Zweck dabei habe. In dem bloßen Schmerz des Feindes ansich betrachtet ist aber nichts Gutes..." (17, 329). Ähnlich argumentieren auch Hobbes, Samuel von Pufendorf, Thomasius und Christian Wolff, die, wenn auch von verschiedenen Voraussetzungen ausgehend, alle den Zweck der Strafe betonen (20a, 104; 45, 177 ff.).

Auch die Aufklärer Montesquieu (39, 296; 10, 59 ff.), Voltaire (44, 217), Beccaria (1, 216 ff. und 231) und Hommel (1, IV ff.) setzten sich für maßvolle Strafen, wobei die Nützlichkeit ein wichtiger Aspekt sein sollte, gegen Folterungen, für eine Einschränkung oder Abschaffung der Todesstrafe, teils sogar für Erziehung als vorbeugende Maßnahme ein.

Durch das schnelle Anwachsen der Bevölkerung und die verstärkte Mechanisierung der Arbeit schwand der Arbeitskräftemangel in Deutschland gegen Ende des achzehnten Jahrhunderts und führte zu drastischen Lohnsenkungen und damit zum Absinken des Lebensstandards(7, 335; 28,212 ff.). In dieser Situation setzte das Edikt über die Bauernbefreiung ab 1810 in Preußen Millionen Bauern frei, was für viele nichts anderes hieß, als zu Gutstagelöhnern degradiert oder vom Land verjagt zu werden.

Der sogenannte Pauperismus führte in der ersten Hälfte des neunzehnten Jahrhunderts zu einem starken Ansteigen der Kriminalität (26, VIII; 4,45). Es ergab sich die paradoxe Situation, daß zu dem Zeitpunkt, als die Gesetze die mit Arbeit verbundene Freiheitsstrafe konsequent und in größerem Ausmaß einführten, so beispielsweise in Bayern, Preußen, Oldenburg und Österreich-Ungarn, die ökonomischen

Bedingungen dieser Gefängnisstrafe nicht mehr in gleicher Weise gegeben waren. Der Widerspruch zwischen der gesetzlichen Fixierung der mit Arbeit verbundenen Freiheitsstrafe, deren ökonomische Grundlage, der Arbeitskräftemangel längst vorbei war, und den ökonomischen Gegebenheiten, die wegen der niedrigen Löhne und der hohen Zahl der Arbeitslosen die Bedeutung der Gefangenenarbeit für die Gesamtproduktion sinken und diese selbst unrentabel werden ließ, äußerte sich in den Zuständen der Zuchthäuser. Die große Bedeutung der Zucht- und Arbeitshäuser als Produktionszentren während des Merkantilismus hatte zumindest die einfachere Reproduktion der gefangenen Arbeitskräfte garantiert; als diese Bedeutung sank, wurden die Gefangenen für die Ökonomie uninteressant. In der ersten Phase dieser Entwicklung wurden einige Gefängnisse aufgelöst und verfielen; in den übriggebliebenen wurde das Essen knapp bemessen, die Gefangenen eng zusammengepfercht und kaum medizinisch versorgt (22; 46; 47). In den ersten Jahrzehnten des neunzehnten Jahrhunderts wurde das Strafmaß für Eigentumsdelikte erhöht und deren Verfolgung verstärkt, grausame Hinrichtungen wieder häufiger vollstreckt und bis 1848 wieder öffentliche Züchtigungen durchgeführt. Ein hoher preußischer Strafvollzugsbeamter, Karl Krohne, beschrieb diese Situation folgendermaßen:
"Die Humanität, von welcher die Änderung des strafenden Systems ausgegangen war, verkehrte sich in eine Grausamkeit, welche die der alten Strafgesetzgebung weit übertraf. Die Gesundheit der Bestraften wurde durch die in diesen Gefängnissen vollzogene Freiheitsstrafe mehr zu Grunde gerichtet als durch die Leibesstrafen des alten Rechts und an der Gefängniskrankheit starben mehr Gefangene als unter dem früheren Recht am Galgen oder auf dem Schafott" (26, VIII). Die Situation in den Gefängnissen um die Wende zum neunzehnten Jahrhundert war durch

knappe Ernährung, starke Überbelegung, strenge Disziplin und unproduktive quälende Arbeit gekennzeichnet. Markantestes Beispiel für die unproduktive Arbeit war die Tretmühle, die ohne jeden Zweck durch die Gefangenen in Bewegung gehalten werden mußte.

Den gewandelten Zuständen in den Zucht- und Arbeitshäusern entsprachen die Legitimationen des Strafvollzugs, die die Wiedervergeltungstheorie Kants, die generalpräventive Straftheorie Feuerbachs und die Einwilligungstheorie Hegels boten.
Das Denken Kants und Hegels war vom Mißtrauen des Bürgertums gegen den absoluten Staat geprägt, so daß staatliche Nützlichkeitserwägungen über den Sinn der Strafe keine bestimmenden Momente mehr sein konnten. Die Philosophie stand in diesem Mißtrauen gegenüber dem Staat nicht alleine - überall wuchs in dieser Zeit die Sensibilität für staatsbürgerliche Rechte gegenüber dem Staat. So läßt beispielsweise Schiller Maria Stuart - geschrieben 1801 - sagen: "Mißtraut Euch, Edler Lord, daß nicht der Nutzen des Staats Euch als Gerechtigkeit erscheine" (42, 28).

Für Kant ist Freiheit die Selbstbindung an das Gesetz der Vernunft. Der Mensch folgt seinem von allen Nützlichkeitsrücksichten gelösten Strafrecht, dem kategorischen Imperativ des Strafrechts (24, 331) in autonomer und deshalb notwendig freier Entscheidung (23, 441 und 446 f.).
"Kants Ethik ... verbietet dem Staat die Ausübung heteronomen Zwanges und entzieht dem Einzelnen, auch wenn er Verbrecher geworden ist, jeder heteronomen Beeinflussung der Entwicklung seiner sittlichen Persönlichkeit. Was ein Bestrafter aus dem Erlebnis des Bestraftseins und des Strafvollzuges macht, ist seine ureigene Persönlichkeitssache, nicht aber Gegenstand staatlicher Maßnahmen" (43, 352). Nur das dem autonomen Sollen, der reinen Pflicht

und keinen heteronomen Zwang folgende Handeln entspricht der Würde des Menschen - nur den kategorischen Imperativ nennt Kant den der Sittlichkeit (23, 416, 435 ff. u.446 f.)

Während die Naturrechtler und Aufklärer die Strafe also gerade aus ihrem Zweck, nämlich der Gewöhnung an Arbeit und Disziplin legitimierten, lehnt Kant gerade diese spezialpräventive Strafbegründung ab.

Der Vollzug dieser nur um der Gerechtigkeit willen verhängten Strafe kann zwar einen Zwck verfolgen, sie darf aber nicht wegen diesem verhängt werden. Der Mensch "muß vorher strafbar befunden werden, ehe noch daran gedacht wird, aus dieser Strafe einigen Nutzen für ihn selbst oder seine Mitbürger zu ziehen" (24, 331).

Kant lehnt auch Strafen ab, die zum Zwecke der Generalprävention angedroht und vollstreckt werden, denn dadurch würde der Staat den Gefängnisinsassen als Mittel zu einem Zweck benutzen und nicht als Zweck an sich betrachten. Jeder Mensch existiert aber als Zweck an sich selbst und nicht bloß als Mittel zu einem anderen Zweck (23, 428 ff.). Was in Kants von allen Nützlichkeitserwägungen gereinigter Begründung von Strafe bleibt, ist die gerechte Vergeltung eines Rechtsstaates, dessen wesentliche Funktion sich auf den Rechtsschutz der Bürger beschränkt (24, 332 f)..

Die zweite staatsfremde Straflegitimation stellt die Einwilligungstheorie Hegels dar. Nach Hegel ist das Verbrechen eine Negation des Rechts, auf das die Strafe als Negation der Negation folgt, wobei die Strafe ihre Begründung nur in der Aufhebung des Verbrechens finden kann (19, 186). Hegel lehnt es ähnlich wie Kant, von dem er sich allerdings distanziert (18, 453 ff.), ab, die Notwendigkeit der Androhung oder Vollstreckung von einem Zweck abzuleiten, obgleich auch er diesen utilitaristi-

schen Aspekt bezüglich der Gestaltung der Strafe nicht außer acht läßt (19, 188).
Neben der Bestimmung des Wesens der Strafe geht es Hegel vor allem um den subjektiven Willen des Verbrechers, das heißt, um seine Einwilligung zur Strafe. Da der Delinquent als Glied der Rechtsgemeinschaft als vernünftiger und freier Mensch (19, 190; 18, 513) allgemeines Recht verletzt, bricht er sein eigenes Recht (a.a.O.). Somit ist es - nach Hegel - auch sein eigener Wille, daß darauf die Strafe folgt, denn er verletzt nicht nur das Recht seines Opfers, sondern sein Recht (16, 96).

Die dritte zu nennende Straflegitimation, die um die Wende zum neunzehnten Jahrhundert entstand, ist die generalpräventive Straftheorie Feuerbachs, der sich in seiner Begrifflichkeit stark an Kant anlehnt. Auch Feuerbach lehnt jede Spezialprävention, jedes Einwirken auf die einzelene Persönlichkeit des Delinquenten ab, leitet das Strafrecht jedoch nicht aus einem kategorischen Imperativ wie Kant, sondern vom Zweck des Staates, dem Bürger Rechtsschutz zu gewähren, ab (13, 38f. und 64 f.; 12, 269 ff.).
"Der rechtliche Grund des Daseins aller bürgerlichen Strafen ist die Gefahr für den rechtlichen Zustand, welche durch die Androhung des Übels abgewendet werden soll" (14, 204). Eine Besserungsstrafe lehnt Feuerbach ab, da künftige Verbrechen nicht gewiß, sondern höchstens wahrscheinlich seien, eine solche Wahrscheinlichkeit jedoch keinerlei Recht verletze (13, 78 ff.). Außerdem sei der Staat Beschützer und nicht Vormund seiner Bürger (13, 14 ff.). Nach Feuerbach soll nicht die Strafzufügung, sondern die Strafdrohung der Gesetze einen psychologischen Zwang ausüben, der jeden potentiellen Delinquenten von der Begehung abhält (13, 40 ff., insbesondere 49). Die Drohung mit einem Übel, so meint er, könne Niemandes Freiheit einschränken, denn der potentielle Delinquent könne sich,

wenn ihm die Strafe bekannt sei, anders verhalten (a.a.O.). Hier drängt sich die Parallele zur oben geschilderten Einwilligungstheorie Hegels auf. Wenn damit nur die Strafdrohung legitimiert ist, so nennt Feuerbach als Rechtsgrund der Strafzufügung die vorhergegangene Drohung des Gesetzes(15, 21).

Setzt man die Straftheorien Kants, Hegels und Feuerbachs in Verbindung zu den Zuständen in den Gefängnissen, so wird man feststellen, daß sie diese verheerenden, verschlechterten Bedingungen legitimierten: ob zweckfreie gerechte Vergeltung oder zweckgerichtete Abschreckung, beide Argumentationsmuster waren brauchbare Legitimationen für ein objektiv abschreckendes, grausames Tatvergeltungsstrafvollzugssystem. Den Zuständen der Gefängnisse, die keine positiven Einwirkungen auf die Verurteilten ermöglichten, entsprachen die Straftheorien, für die jede Beeinflussung der Verurteilten ausgeschlossen war.

An diesen verkürzten, vermischten Straflegitimationen änderte sich auch nichts, als in der dritten und vierten Dekade des neunzehnten Jahrhunderts der Strafvollzug reorganisiert und seine Anwendung ausgedehnt wurde. Bis zum Ende des Jahrhunderts blieben militärische Disziplin und unproduktive Arbeit die bestimmenden Merkmale der Freiheitsstrafe. Diese unmenschlichen Bedingungen, die Betonung des Strafübels, das den Gefangenen zugefügt werden sollte, ging bis zu einem Kommunikationsverbot (Rawiczer Reglement § 63; 6, XVIII), das, wenn auch nur für einen kleinen Teil der Inhaftierten, in seiner Totalität erst vom Kontaktsperregesetz aus dem Jahre 1977 übertroffen wurde.

Mit dem steigenden Wohlstand im letzten Drittel des neunzehnten Jahrhunderts sank die Bedeutung direkter materialler Not als entscheidendes Motiv für die Eigentumsdelinquenz, die damals wie heute den weitaus größten Teil kriminalisierter Handlungen ausmachte. Zum einen gingen die Zahlen der Delikte und Gefängnisinsassen zurück (8, 77; 40, 1; 3, 33 ff.).

Zum anderen konnte so die Unfähigkeit, Bedürfnisse zurückzustellen und durch Lohnarbeit statt durch Diebstahl ihre Befriedigung sicherzustellen, zum realen Grund des abweichenden Verhaltens werden und die ökonomische Basis verdecken, auf der gelungene oder mißlungene Sozialisation eine Rolle spielte. Mangelnde Erziehung erschien so als Ursache für Delinquenz und Resozialisierung, wurde dementsprechend als Ziel und Legitimation der Gefängnisstrafe abgeleitet. Unterstützt wurden diese Entwicklungen von den Vollzugspraktikern, die sich, weitgehend unbeeinflußt von den verkürzten, vermischten Rezeptionen Kants, Feuerbachs und Hegels, bemühten, die von ihnen festgestellte und bemängelte negative Beeinflussung der Gefangenen untereinander einzuschränken. Die theoretische Unklarheit und die Vermengung von idealistischen, absoluten Straftheorien mit den verschiedensten Strafzwecken und empirischen Erkenntnissen führte zu pragmatischen Konzepten. Die jungen, besserungsfähigen Gefangenen sollten vor den anderen beschützt und erzogen werden (Spezialprävention), während die Strafe bezüglich des Restes als gerechte Vergeltung mit dem gewünschten Nebenaspekt der Abschreckung gegenüber der Bevölkerung gestaltet werden sollten.

Ein theoretisch neues Fundament für diese kriminalpolitische Wende lieferte die moderne Strafrechtsschule Franz von Liszts, dessen Straflegitimation die neue Einstellung des Bürgers zum Staat, zum eingreifenden regelnden Staat, widerspiegelte, da die staatsfremden Straflegitimationen Kants und Hegels, selbst wenn sie harte Strafen rechtfertigten, aus dem ideologischen Rahmen fielen.

"Wir verlangen" schrieb Liszt, "eine kräftige, zielbewußte Kriminalpolitik; wir verlangen, daß der Staat die Rechtsordnung zielbewußter als bisher, rücksichtsloser als bisher das Verbrechen und Verbrechertum bekämpfe" (31, 3). Jenseits der metaphysischen Begründung Kants rechtfertigte Liszt die Stafe als gerecht, "wenn und soweit sie notwendig und zweckmäßig ist" (29, 62 f.).
Aus der staatsfremden Straflegitimation des Liberalismus war eine Legitimation staatlichen Lenkens, der Kriminalpolitik geworden. Voraussetzung für eine zielgerichtete, staatliche Kriminalpolitik war für Franz von Liszt empirische Forschung mit dem Ziel, die Ursachen der Kriminalität und die Wirkungen der Strafen zu ergründen (30, 162; 31, 3). Diese empirische Ausrichtung der Kriminologie ist durchaus als Fortschritt zu beachten, wenn seine Methoden und Ergebnisse auch teils fraglich sind und bei der Umsetzung in Kriminalpolitik die normative Ausrichtung, insbesondere der Rechtsschutz des Einzelnen zu kurz kommt.
Als Ergebnis seiner Untersuchung präsentiert Liszt folgende Einteilung der Delinquenten:

1. "In augenblicklicher leidenschaftlicher Erregung oder unter dem Einfluß drückender Notlage wird der bisher unbescholtene Täter zu dem Verbrechen hingerissen, das seiner dauernden Eigenart fremd, eine vereinzelt bleibende, bitter bereute Episode in seinem Leben bildet" (29, 66). Für diese Delinquentengruppe, die nicht 'besserungsbedürftig' sei, fordert Liszt eine abschreckende Strafe, um die Autorität des übertretenen Gesetzes und des Staates wieder herzustellen. Liszt nennt insbesondere Geldstrafen und kurze, verschärfte Freiheitsstrafen (30, 172 f.; 29, 70).

2. Die zweite Gruppe nennt Liszt die unverbesserlichen Zustandsverbrecher (29, 66 f.). Mindestens die Hälfte der Strafanstaltspopulation hält Liszt für unverbesserlich (30, 167). Diese Delinquenten sollen unschädlich gemacht werden (30, 166 ff.), wobei Liszt neben der Todensstrafe und der Deportation (29, 71 Anmerkung 8) vor allem an Einschließung auf unbestimmte Zeit in Gemeinschaftshaft denkt (30, 170).
"Sie besteht", so setzt er seine Beschreibung fort, "in 'Strafknechtschaft' mit strengstem Arbeitszwang und möglichster Ausnutzung der Arbeitskraft; als Disziplinarstrafe wäre die Prügelstrafe kaum zu entbehren; obligatorischer und dauernder Verlust der bürgerlichen Ehrenrechte müßten den unbedingt entehrenden Charakter der Strafe scharf kennzeichnen" (30, 170). Diese Maßnahme fordert Liszt übrigens nicht nur bei Schwerstkriminalität, sondern auch bei fortgesetztem Diebstahl, Betrug oder gewohnheitsmäßiger Sachbeschädigung (30, 169 f.; 32, 401).

3. Für die besserungsfähigen und gleichzeitig besserungsbedürftigen Verbrecher, die Liszt mit jugendlichen Straftätern vor der Vollendung des 21. Lebensjahres gleichsetzt (32, 400) fordert er Besserung, das heißt für ihn "die Umgestaltung der verbrecherischen Anlage" durch eine "andauernde und eindringliche Strafe" (29, 71).

Die moderne Strafrechtsschule Franz von Liszts, die sich in einem jahrzehntelangen strafrechtlichen Schulenstreit Geltung verschaffte und insbesondere die 'Internationale Kriminalistische Vereinigung' und Jugendgerichtsbewegung stark beeinflußte, hat ein großes kriminalpolitisches Erbe hinterlassen: Die Ausgrenzung der jugendlichen Straftäter aus dem Erwachsenenvollzug und die Einrichtung von

Jugendstrafvollzugsanstalten, die Einführung und Verbreitung der Geldstrafen, der Resozialisierungsgedanke im Strafvollzug und die empirische, soziologische Ausrichtung der Kriminologie verweisen in ihren Begründungszusammenhängen auf Franz von Liszt. Dies war jedoch nur möglich aufgrund ökonomischer und gesellschaftlicher Entwicklungen, die beispielsweise den Status junger Menschen im Produktionsprozeß geändert hatten, Geldstrafen bezahlbar werden und mangelnde Erziehung als Ursache von Delinquenz erscheinen ließen. Nur auf dieser Basis konnte das Sanktionensystem spezifiziert und Resozialisierung als Methode der Delinquenzprophylaxe propagiert werden.

Wenn es mir gelungen sein sollte, durch das Nachzeichnen der Entwicklungslinien meine These von den Wechselbeziehungen zwischen Rechtsphilosophie, gesellschaftlicher Entwicklung und (Kriminal-) Politik zumindest plausibel zu machen, dann drängen sich, da die ökonomische und rechtsphilosophische Entwicklung in den letzten hundert Jahren nicht zum Stillstand kam und es auch reichlich Gelegenheit gab, Erfahrungen mit staatlicher, rein zweckgerichteter Kriminalpolitik zu sammeln, einige Fragen zur heutigen Kriminalpolitik auf. Die Antworten auf diese Frage sollten dabei die Entwicklung widerspiegeln, die der der Ökonomie von den Gründerjahren bei allgemeiner Armut und einer 60-Stunden-Woche zur heutigen, spätkapitalistischen Wohlstandsgesellschaft und der politischen Entwicklung vom autoritären Kaiserreich zum Anspruch des demokratischen Rechtsstaats entspricht.
Betrachtet man sich den gegenwärtigen Abbau von Sozialleistungen und die noch zunehmende Tendenz zum repressiven Umgang mit sozialen Problemen und Konflikten, so wird man Erwartungen bezüglich einer forschrittlichen Kriminalpolitik eher skeptisch beurteilen müssen. Dennoch scheint mir das fundierte Infragestellen ideologischer Legitimationen

staatlichen Strafens ein wichtiger Schritt zur Überwindung von Resignation und zur politischen Entwicklung.

1. Hat nicht das Strafrecht und insbesondere das Gefängnis gezeigt, daß es die Erwartung bezüglich der Vermeidung von unsozialen Verhalten und den daraus folgenden Schäden nicht erfüllt? Sind die Kosten dieses Systems nicht längst viel größer als ihr Nutzen? Bei der Bestimmung des Nutzens müßte allerdings ein gesamtgesellschaftlicher Maßstab angelegt und Herrschaftsinteressen bloßgelegt werden (9, 1469).

2. Ist die Kriminalpolitik eines dem Anspruch nach demokratischen Staates legitimiert, reine Eigentumsverletzungen mit Freiheitsstrafe zu ahnden? Folgt nicht vielmehr sogar aus dem Verhältnismäßigkeitsprinzip des Grundgesetzes ein Verbot freiheitsentziehender Sanktionen bei Eigentumsdelinquenz? Schließlich wurde auch das Prinzip des Schuldturms aufgegeben und auch bei Zahlungsunfähigkeit wird ein Teil des Einkommens und Eigentums als unpfändbar geschützt.
   Wäre es nicht vielmehr angemessen, auf eine Schadenswiedergutmachung zu drängen und den Delinquenten dazu auch zu befähigen? Eigentumsdelinquenz bietet sich für diese Art der Konfliktregelung an, weil der Schaden verhältnismäßig leicht zu beziffern ist und weil sie weitverbreitet und deshalb weniger dämonisiert ist.

   Neben der nachträglichen Schadenswidergutmachung muß im übrigen auch darauf hingewiesen werden, daß der materielle Schaden in der Regel längst anderweitig, nämlich durch ein differenziertes Versicherungssystem ausgeglichen wurde. Das macht die Wiedergutmachung nicht hinfällig - das Übergehen des Anspruchs an die Versicherung läßt aber aus einem emotional hochbesetzten Vorgang ein rational zugängliches Routinegeschäft werden.

3. Ist es nicht vielmehr sinnvoll, das gesellschaftliche Zusammenleben so zu organisieren, daß deliktsträchtige Situationen vermieden werden? So sitzen beispielsweise noch immer Menschen wegen Beförderungserschleichung in den Gefängnissen, obwohl aus vielerlei anderen, beispielsweise auch verkehrspolitischen Gründen der sogenannte Nulltarif ohnehin erwogen wird. Dies wäre die konsequenteste Form der Entkriminalisierung. Im übrigen ist in einer Zeit, in der ohnehin der Steuerzahler zwei Drittel der Kosten des Nahverkehrs tragen muß, die Frage der Sozialschädlichkeit der Brförderungserschleichung relativ: zwei ehrliche Fahrgäste kosten den Staat mehr als ein 'Schwarzfahrer'!

   Etwas seriöser betrachtet werden jedenfalls die Kosten für sämtliche technische Anlagen zur Einziehung des Fahrpreises und deren Wartung, die Kontrollen, die Ermittlungs- und Gerichtsverfahren, die Kosten der dadurch möglicherweise notwendig werdenden Eintreibung von Geldstrafen oder gar des Strafvollzugs, sowie einer verfehlten Verkehrspolitik in etwa die Größenordnung der zu erzielenden Fahrpreise erreichen. Die Forderung nach Entkriminalisierung steht also nicht notwendig gegen ökonomische Gegebenheiten - sie kann gerade in solchen Fällen Legitimationsdefizite des Sanktionssystems aufzeigen, wo an der Repression ohne sachlichen Grund bzw. aus Herrschaftsinteresse festgehalten wird.

4. Sollten nicht viele Konflikte und Probleme dort gelöst werden, wo sie entstanden sind, anstatt durch ein formelles, anonymes Strafverfahren verwaltet und durch Sanktionen eher vergrößert zu werden? Dies mag in der Anonymität unserer Großstädte heute nur in geringem Maße möglich sein. Das aber ist kein Argument gegen die Entwicklung eines solchen Konzepts, sondern weist nur

darauf hin, daß auch Probleme im Umgang mit abweichendem Verhalten nicht isoliert betrachtet und gelöst werden können. Nimmt man jedoch die vielen anderen gesellschaftspolitischen Diskussionen zur Kenntnis und ernst, in denen insbesondere unter sozialpsychologischen Aspekten kleinere, überschaubarere gesellschaftliche Einheiten gefordert werden, so zeigt sich ein weiteres Mal, daß Entkriminalisierung im Zuge des Prozesses der Zurückdrängung des repressiven Strafrechts durchaus im Einklang mit gesamtgesellschaftlichen Notwendigkeiten und als sinnvoll Erachtetem stehen kann.

5. Zur Rechtfertigung der Existenz des Gefängnisses wird oft auf die Gefährlichkeit der Straftäter verwiesen. Die Größenordnungen geraten dabei völlig aus dem Auge. Warum wird zur Legitimation von fast sechzigtausend Gefangenen auf die angeblich notwendige Inhaftierung von wenigen Hundert, die zudem durch nichts bewiesen ist, verwiesen? Aktuell kriminalpolitisch steht, unter Beibehaltung des Ziels der Abschaffung der Freiheitsstrafe, keine grundsätzliche Debatte darüber heute an, ob es in der BRD zwanzig, fünfzig oder zweihundert 'Gefährliche' gibt oder ob - ein weiteres beliebtes Argument zur Infragestellung strafvollzugskritischer Positionen - gerade Naziverbrecher als erste freigelassen werden sollen. Mit einer Reduzierung auf ein Prozent oder sogar zehn Prozent der jetzigen Anstaltspopulation könnte man fürs erste schon zufrieden sein. In den Niederlanden beispielsweise beträgt die Zahl der Inhaftierten pro einhunderttausend Einwohner heute weniger als ein Viertel der bundesdeutschen Quote - eine Zahl, die auch wiederum keine Naturkonstante, sondern weiter senkbar ist.

Statt dessen soll das unmenschliche Strafvollzugssystem weiterhin für hunderte Millionen DM in Beton gegossen werden. Hier wäre, neben der grundsätzlichen wissenschaftlichen kriminalpolitischen Diskussion durchaus ein pragmatisches Vorgehen wünschenswert, wie es aus anderen Bereichen der Sozialpolitik, insbesondere bei finanziellen Kürzungen bekannt ist. Beispielsweise könnten die Parlamente eine jährliche Senkung der Anzahl der Haftplätze fordern und damit Exekutive und Judikative zu einer neuen Kriminalpolitik zwingen.

6. Sollte bei der Legitimation eines Gemeinwesens nicht vielmehr darauf geschaut werden, wie es seine Randgruppen behandelt? In einem Staat, der Dutzende Milliarden für seine gewaltige Kriegs- und Vernichtungsmaschine ausgibt und in dem bekannt ist, daß der überwiegende Anteil der Gefängnisinsassen aufgrund katastrophaler Lebensbedingungen und nicht aufgrund seiner Schlechtigkeit in den Gefängnissen sitzt, in dem zudem Tausende engagierte, fachlich ausgebildete und ehrenamtliche Personen zur Hilfestellung für diese Randgruppen bereit sind, sollten ausreichende Mittel für Unterkunft und Verpflegung, sozialarbeiterische Hilfen und Beratungen, sowie ggf. therapeutische Angebote zur Verfügung stehen. Nur das Angebot aller denkbaren Hilfen kann sicherstellen, daß - wie es in vielen Sonntagsreden heißt - Strafvollzug die letzte Möglichkeit ist. Eventuell stellt sich dabei sogar heraus, daß diese Möglichkeit unnötig ist.

Diese Fragen scheinen weit abgehoben zu sein von den alltäglichen Erfahrungen mit staatlicher Strafvollzugspolitik und dem gegenwärtigen gesamtgesellschaftlichen Trend. Ich bin jedoch der Meinung, daß dieses Nichtstellen von Fragen

Teil des Problems ist, denn ökonomisch ist die Verwirklichung der Vorschläge, die durch die Fragen angesprochen wurden, längst möglich. Die Diskrepanz zwischen der Situation, daß niemand die heutigen Zustände in den Justizvollzugsanstalten, die häufig sogar rechtswidrig sind, wie beispielsweise die Überbelegung der Zellen und die Unterbringung der weiblichen jugendlichen Straftäter, die gemäß § 92 I JGG in gesonderten Anstalten unterzubringen sind, in Anstalten des Erwachsenenvollzugs, und der Tatsache, daß die Gefangenenzahlen immer mehr ansteigen, bedarf dringender Aufklärung. Wenn auch diese Fragen und Forderungen nicht zur Wende hin zu immer mehr Repression hinzupassen scheinen, so möchte ich doch zu bedenken geben, daß man in der Kriminalpolitik vielleicht in anderen Zeitdimensionen denken muß. Kürzlich schilderte Götz Chudoba, einer der wenigen bedeutenden Strafvollzugs- und Strafrechtsreformer der BRD, während einer Tagung der Arbeiterwohlfahrt sehr überzeugend, wie er 1958 von Bundestagsabgeordneten belächelt wurde, als er u.a. die Ausweitung der Möglichkeiten der Aussetzung zur Bewährung und die Einheitsstrafe gefordert hatte. Zehn Jahre später war die Strafrechtsreform mit diesen Inhalten auf den Weg gebracht.

1 Beccaria, Marquis von — Verbrechen und Strafen, Breslau 1778

2 Becher, Joh.Joachim — Von den eigentlichen Ursachen des Auf- und Abnehmens der Stadt, Länder und Republicken, Frankfurt 1688

3 Berger, Thomas — Die konstante Repression, Zur Geschichte des Strafvollzugs in Preussen nach 1850, Frankfurt 1974

4 Blasius, Dirk — Bürgerliche Gesellschaft und Kriminalität, Göttingen 1976

5 Bruun, F. — Über die Vollziehung der Strafarbeit, in:Blätter f.Gefängniskunde Band 4

6 Büttner, Paul — Reglementarische Bestimmungen für die Königlich Preußischen Strafanstalten unter Zugrundelegung des Strafanstaltsreglements, für den praktischen Dienstgebrauch zusammengestellt, Anklam 1880

7 Conze, Werner — Vom 'Pöbel' zum 'Proletariat', in: Vierteljahrschrift für Sozial- und Wirtschaftsgeschichte, 1954, S 333 ff.

8 Cornel, Heinz — Die Entstehung des Jugendstrafvollzugs-Bedingungen und Faktoren einer historischen Entwicklung, Frankfurt M. 1979

9	Cornel, Heinz	Abschaffung der Freiheitsstrafe als konkrete Utopie - Überlegungen zu Stand und Zukunft kriminalpolitischer Forschungen, in: Deutsche Forschungen zur Kriminalitätsentstehung und Kriminalitätskontrolle, herausgegeben von Hans-Jürgen Kerner, Helmut Kury und Klaus Sessar, Köln/Berlin/Bonn/München 1983, S.1461 ff.
10	Dahlem, Friedrich Georg	Das Strafrecht bei Montesquieu, Mainz 1953
11	Eichler, Helga	Zucht- und Arbeitshäuser in den mittleren und östlichen Provinzen Brandenburg Preußen, in: Jahrbuch für Wirtschaftsgeschichte, Berlin 1970, S.127ff.
12	Feuerbach, Paul von Ritter, J.A.	Kritik des Natürlichen Rechts, Altona 1796
13	derselbe	Revision der Grundsätze und Grundbegriffe des positiven peinlichen Rechts, Bd. 1, Erfurt/Chemnitz 1799
14	derselbe	Revision der Grundsätze und Grundbegriffe des positiven peinlichen Rechts, Bd.2, Erfurt/Chemnitz 1800
15	derselbe	Lehrbuch des gemeinen in Deutschland gültigen peinlichen Rechts, Gießen 1826 (9. Auflage)
16	Flechtheim, Ossip	Hegels Strafrechtstheorie, Berlin 1975

17 Grotius, Hugo — Vom Recht des Krieges und des Friedens, Tübingen 1950

18 Hegel, Georg W.F. — Über die wissenschaftlichen Behandlungsarten des Naturrechts, seine Stelle in der praktischen Philosophie und sein Verhältnis zu den positiven Rechtswissenschaften, in: derselbe, Werke, Bd.2, Frankfurt 1974, S.434ff.

19 derselbe — Grundlinien der Philosophie des Rechts, in: derselbe, Werke, Bd.7, Frankfurt 1975, S.3ff.

20 von Hippel, Robert — Die geschichtliche Entwicklung der Freiheitsstrafe, in: Deutsches Gefängniswesen, Hrsg. von Erwin Bumke, Berlin 1928, S.iff.

20a Hobbes, Thomas — Leviathan, Stuttgart 1976

21 Holzschuh, Karl — Geschichte des Jugendstrafrechts bis zum Ende des 19. Jahrhunderts, Mainz 1957

22 Howard, John — The state of the prisons in England and Wales, London 1780

23 Kant, Immanuel — Grundlegung zur Metaphysik der Sitten in: derselbe, Werke, Bd.IV, Berlin 1968, S. 385 ff.

24 derselbe — Die Metaphysik der Sitten, in: derselbe, Werke, Bd.VI, Berlin 1968, S.203ff.

25 Knapp, Hermann — Das alte Nürnberger Kriminalrecht, Berlin 1896

26	Krohne, Karl Uber, R.	Die Strafanstalten und Gefängnisse in Preußen, Erster Teil, Berlin 1901
27	Krüger, Horst	Zur Geschichte der Manufakturen und der Manufakturarbeiter in Preußen. Die mittleren Provinzen in der zweiten Hälfte des 18. Jahrhunderts, Berlin 1958
28	Kuczynski, Jürgen	Allgemeine Wirtschaftsgeschichte, Berlin 1951
29	Liszt, Franz von	Lehrbuch des Strafrecht, Berlin 1899
30	derselbe	Der Zweckgedanke im Strafrecht, Marburger Universitätsprogramm von 1882, in: derselbe, Strafrechtliche Aufsätze und Vorträge, Bd.1, Berlin 1905, S.126ff.
31	derselbe	Die Zukunft des Strafrechts, in: derselbe, Strafrechtliche Aufsätze und Vorträge, Bd. 2, Berlin 1905, S.1ff.
32	derselbe	Nach welchen Grundsätzen ist die Revision des Strafgesetzbuchs in Aussicht zu nehmen?, in: derselbe, Strafrechtliche Aufsätze und Vorträge, Bd.2, Berlin 1905, S.356ff.
33	Luther, Martin	Ob Kriegsleute auch in seligem Stande sein können, in: derselbe, Werke, Bd.19, Weimar 1897, S.616ff.

34	derselbe	Von weltlicher Oberkeit, wie weit man ihr Gehorsam schuldig sei, in: derselbe, Werke, Bd.II, Weimar 1900, S.229ff.
35	derselbe	Wochenpredigten über Joh. 16-20, in: derselbe, Werke, Bd.28, Weimar 1903, S.31ff.
36	derselbe	Wochenpredigten über Matth. 5-7, in: derselbe, Werke, Bd.32, Weimar 1906, S.299ff.
37	derselbe	Betbüchlein, in: derselbe, Werke, Bd. 10, 2. Abteilung, Weimar 1907, S. 331ff.
38	Mommsen, Theodor	Römisches Strafrecht, Leipzig 1899
39	Montesquieu, Charles Lois de	Vom Geist der Gesetze, Stuttgart 1776
40	Rabl, Rupert	Strafzumessungspraxis und Kriminalitätsbewegung, Leipzig 1936
41	Rusche, Georg/ Kirchheimer, O.	Sozialstruktur und Strafvollzug, Frankfurt/Köln 1974
42	Schiller, Friedrich	Maria Stuart, Stuttgart 1967
43	Schmidt, Eberhard	Die geistesgeschichtliche Bedeutung der Aufklärung für die Entwicklung der Strafjustiz aus der Sicht des 20. Jahrhunderts, in: Schweizerische Zeitschrift für Strafrecht, Bd.Nr.73

44	derselbe	Einführung in die Geschichte der deutschen Strafrechtspflege, Göttingen 1965
45	Thomasius, Christian	Erinnerung wegen seiner künftigen Winter-Lectionen (1702), in: derselbe, Deutsche Schriften, Stuttgart 1970, S.173ff.
46	Wagnitz, Heinrich B.	Historische Nachrichten und Bemerkungen über die merkwürdigsten Zuchthäuser in Deutschland, Bd.II, Halle 1792
47	Weber, Hellmuth von	Calvinismus und Strafrecht, in: Festschrift für Eberhard Schmidt zum 70. Geburtstag, hrsg. von Paul Bockelmann und Wilhelm Gallas, Göttingen 1961, S. 39ff.

Schuld
-
Zurechenbarkeit

Frühkindliche Entwicklung und abweichendes Verhalten

Heinz Cornel

Die Annahme eines möglichen Zusammenhangs zwischen einer ganz spezifischen Entwicklung der Persönlichkeit in den ersten Kindheitsjahren und einem späteren abweichenden Verhalten, insbesondere einem kriminalisierten, ist nicht sehr neu und originell, sondern zumindest so alt, wie sich die empirischen Wissenschaften mit dem Phänomen der Kriminalität beschäftigen oder Juristen ihr Sanktionensystem erfahrungswissenschaftlich zu begründen versuchen, also seit Lombroso, Ferri und Franz von Liszt.[1)]

Entsprechende Mutmaßungen über mögliche Interdependezen müssen in die Strafprozesse längst nicht mehr von sachverständigen Gutachtern eingebracht werden. Die Richter stellen entsprechende Fragen zur Person, die Rechtsanwälte versäumen nicht, Hinweise auf die schwere Kindheit in das Plädoyer einzubauen, die Staatsanwälte können sich vor so viel Tragik auch nicht verschließen und fordern zunächst ein halbes Jahr mehr, um dann einen Mitleidsbonus abziehen zu können. Sogar die Angeklagten selbst sind meist schon versiert in dem schwierigen Balanceakt zwischen Exkulpation einerseits und schlechter Sozialprognose aufgrund der Vorgeprägtheit einer schwierigen Sozialisation andererseits.
Aber auch wer - beispielsweise als ehrenamtlicher Mitarbeiter, Mitglied der sozialen Fachdienste im Vollzug oder Bewährungshelfer - durch enge Kontakte zu den Betroffenen einen tieferen Einblick in die Materie hat, dem drängt

sich oft ein sehr enger und direkter kausaler Zusammenhang zwischen den entsetzlichen Lebensbedingungen der Familien der Delinquenten und deren Gefangenenstatus auf.

Doch hier muß zunächst vor verschiedenen Kurzschlüssen gewarnt werden: Es gibt mehr als eine Variable und viele Bedingungen, die nach einer unglücklichen frühkindlichen Entwicklung zu einer Biografie führen, die eng und zum wiederholten Male mit verfolgtem abweichenden Verhalten verknüpft ist. Deshalb zunächst einige teils benale Klarstellungen, die gleichwohl noch vor 10 bis 15 Jahren in der kriminologischen Diskussion heiß umkäpft waren:

1. Kriminalität ist keine psychische Krankheit und keine direkte Folge einer aktuellen oder frühkindlichen psychischen Fehlentwicklung.

2. Manche schwierigen Sozialisationen, d.h. immer Sozialisationen unter schwierigen Lebensbedingungen (darauf wird noch eingegangen werden), mögen, insbesondere wenn die soziostrukturellen Faktoren weiterhin belastend bleiben, zu Verhaltensauffälligkeiten und Interessenverletzungen anderer Gesellschaftsmitglieder führen. Aber eine Verhaltensauffälligkeit muß kein Manko sein (viele Modeerscheinungen streben den selben Effekt an) und eine Interessenverletzung könnte als Folge zumindest den Versuch eines Interessenausgleichs nach sich ziehen - nicht unbedingt die Kriminalisierung. Zwischen der unendlichen Manigfaltigkeit der faktischen Interessenverletzungen und den staatlichen Reaktionen hierauf liegt der komplizierte und komplexe Prozeß der gesellschaftlichen Bewertung, in dem moralische, historisch-genetische, ökonomische und Machtaspekte eine wichtige Rolle spielen.

3. Abweichendes gesetzwidriges Verhalten ist so normal oder unnormal wie Unpünktlichkeit, Unhöflichkeit oder ein Konkurs.[2] Konflikte und tatsächliche Interessengegensätze lassen sich durch Bezug auf lebensgeschichtliche Erfahrungen Einzelner weder hinreichend erklären noch durch irgendwelche Behandlungen lösen bzw. auflösen. Dies ist auch weder nötig noch wünschenswert.

4. Für viele Formen abweichenden Verhaltens spielen psychische Defekte keine Rolle - selbst wenn es sie geben sollte. Es gibt keinen Menschen, dessen aktuelles Verhalten sich außerhalb der eigenen Biografie stellt und die Art und Weise, wie der Einzelne mit seinen eigenen Unzulänglichkeiten, psychischen Problemen und Enttäuschungen umgeht, kann eher ein Zeichen psychischer Gesundheit, denn eine Abweichung von einem erreichbaren Idealzustand sein. Dennoch wäre es ein vergebliches Unterfangen, jedes aktuelle menschliche Verhalten auf Erfahrungen und Erlebnisse der frühen Lebensgeschichte zurückführen zu wollen. Die Philosophie und insbesondere Erkenntnistheorie hat sich vom Projekt der Universalbeschreibung der Welt längst verabschiedet und auch der Anspruch der psychoanalytischen Methode ist weit geringer: Sehr verfestigte Krankheitsbilder können durch ein intensives langwieriges Verfahren auf besonders traumatische oder sich über lange Zeit wiederholende Erlebnisse zurückgeführt und gegebenenfalls neu durchlebt und aufgearbeitet werden. Wenn schon unter Mitwirkung des Betroffenen in einem so aufwendigen Verfahren wie einer Psychoanalyse nur die Genese sehr weniger Verhaltensweisen aufgeklärt werden kann, so muß das noch viel mehr für solche Verhaltensweisen gelten, die gesellschaftlich als abweichend definiert wurden und an deren Erklärung des Zustandekommens der Betreffende kein Interesse hat.[3] Im Bereich der soge-

nannten Terrorismusforschung hat man, bestens vorbereitet durch die BKA-Rasterfahndungen,versucht, sehr indirekte und verwickelte Kausalbeziehungen durch ein sehr aufwendiges Projekt aufzuspüren. Insbesondere wollte man auch Verursachungsfaktoren in der Familie der Beschuldigten, Angeklagten oder Verurteilten finden. Gegen die entsprechenden Hypothesen wäre nichts einzuwenden, wenn sie nicht dazu dienten, andere Verursachungszusammenhänge, wie beispielsweise die schwindende Legitimation eines Staatswesens für große Teile der Jugend, auszublenden, und wenn die Methoden nicht Gefahr liefen, Persönlichkeitsrechte der Betroffenen zu verletzen. Es braucht hier nur kurz erwähnt zu werden, daß in diesem Fall entsprechende Hypothesen über die Sozialisationsbedingungen der sogenannten Terroristen einerseits in diffamierender Weise von den Medien aufgegriffen und verbreitet wurden, sich andererseits durch die Forschungen aber nicht bestätigen lassen konnten.

5. Es gibt zu staatlichen Gesetzen geronnene Verabredungen, deren Legitimation politischen Entscheidungen entspringt, im Interesse des Zusammenlebens der Menschen Verursachungszusammenhänge nicht weiter zu hinterfragen und sie durch Sollens-Sätze und Fiktionen zu ersetzen.[4)] Mißachtet z.B. ein Kraftfahrzeugführer das Rot einer Ampel oder gerät er mit einem Blutalkoholwert von 0,9 Promille in eine Verkehrskontrolle, so mag das alles seine Gründe haben - niemand wird deshalb auf den Gedanken kommen, die Erklärung in seiner psychischen Struktur für besonders relevant zu halten. Man wird im Gegenteil davon ausgehen, und sei es als Fiktion, daß es ihm auch möglich war, auf den Signalwechsel zu warten und in nichtalkoholisiertem Zustand das Fahrzeug zu führen. Wichtig ist es aber festzuhalten, daß man in diesen Fällen den Boden der Empirie verläßt. Die Grenze

zwischen Metaphysik und Empirie ist Produkt politischer Entscheidungen und muß als solches kenntlich gemacht werden.

6. Schließlich gibt es Delinquenten, deren Probleme in der frühkindlichen Entwicklung Erklärungswert für ihr abweichendes Verhalten haben bzw. entsprechend einem breiter werdenden Konsens mehr Beachtung finden sollen. Gemeint sind die Personen, bei denen die Zwangsläufigkeit des Rückfalls weit über die Grenzen der Kriminologie hinaus bekannt sind, die aber dennoch immer wieder zu (immer längeren) Freiheitsstrafen verurteilt werden. Die selbst den verurteilenden Strafrichtern bekannte Eingeschränktheit der Willensfreiheit, die Chancenlosigkeit dieser Delinquenten sich anders verhalten zu können, die sich darin zeigt, daß 'sie sich die vorherige Verurteilung nicht als Warnung dienen ließen', führt nicht zu der Erkenntnis, daß diese Reaktionen auf Devianz offensichtlich untauglich und unangemessen war, sondern regelmäßig zu einer Erhöhung des Strafmaßes - also mehr des untauglichen Mittels. Niemand kann sagen wie groß diese Gruppe ist, zumal sie sich nicht deutlich abgrenzt. Aber jeder mit der Materie Vertraute weiß, daß sie einen nicht unerheblichen Teil der immer wieder rückfälligen Strafvollzugsinsassen ausmachen. Deshalb sollen im folgenden einige Beobachtungen und Hypothesen über deren Lebensgeschichte, ihre Kindheit, ihre Kriminalisierung und Prisonisierung vorgetragen werden. Durch biographische Daten wird jedoch - und das gilt es nochmals festzuhalten - nicht das abweichende Verhalten erklärt, das durch vielfältige Motive verursacht und geradezu Ausdruck psychischer Gesundheit sein kann, sondern bestenfalls, warum dem betreffenden nur ein eingeschränktes Spektrum an Verhaltensalternativen zur Verfügung steht oder stand. Aus der Tatsache,

daß man sich zum Verständnis des gegenwärtigen Verhaltens auf frühkindliche Erfahrungen beziehen muß, folgt keineswegs der Umkehrschluß, daß, selbst wenn es keine Erkenntnisprobleme der Rekonstruktion lebensgeschichtlicher Realität gäbe, dieses Wissen eine hinreichende Erklärung bietet. Zur empirischen Basis, Beobachtungsmethoden und Argumentation dieser Erklärungen wird noch einiges auszuführen sein.
Wichtiger als die Erklärungsrelevanz ist jedoch die Handlungsrelevanz, d.h. die Bedeutung dieser Erkenntnisse für die Sozial- und Kriminalpolitik. Es liegt auf der Hand, daß ungewollte und materiell schlecht versorgte Kinder auch schlechtere Voraussetzungen haben als gut versorgte und daß die psychosoziale Versorgung der Eltern ebenso wichtig ist wie freiwillige Erziehungsberatung.
Bezüglich der delinquenten Erwachsenen, die aufgrund ihrer frühkindlichen Entwicklung Probleme haben, muß gelten, daß sie einen Hilfs- und gegebenenfalls einen Therapieanspruch gegenüber dem Staat und der Gesellschaft haben, der Staat aber kein Behandlungsrecht. Wie eine solche Therapie aussehen könnte soll und braucht hier nicht erörtert zu werden. Wichtig ist hier nur zu betonen, daß sie die Betroffenen von ihrem Verhalten und Konflikten nicht abkoppeln soll in isolierte Interaktionssituationen, in denen sich immer wieder die Kommunikationspartner besser auskennen und dadurch Herrschaft ausüben können, sondern daß die jetzigen Verhaltensweisen zur eigenen Biografie angemessen rückvermittelt werden.[5)]

Wer sich über den Zusammenhang von frühkindlicher Entwicklung und abweichendem Verhalten informieren will, kommt vielleicht auf den Gedanken, sich anhand verschiedener Kriminalitätstheorien zu informieren. Man wird jedoch

feststellen, daß es über die Ursachen der Kriminalität sehr verschiedene Erklärungsversuche gibt. Dies liegt zum einen daran, daß sie aus recht verschiedenen wissenschaftlichen Disziplinen kommen, wie z.B. der Biologie, Psychologie, Soziologie und Jurisprudenz, verschiedene politische Auffassungen widerspiegeln oder aber auch den Fortgang der Erkenntnis dokumentieren. Zum anderen ist auch feststellbar, daß die Theorieansätze unter dem Begriff 'Kriminalität' völlig verschiedene Aspekte untersuchen.
Die einen interessieren sich für die Ursachen abweichenden Verhaltens in der konkreten Lebensgeschichte des als kriminell Bezeichneten oder dessen soziales Umfeld, andere fragen, warum das eine Verhalten als strafbar gilt und das andere nicht. Wiederum andere interessieren sich für die Umstände, unter denen Polizei, Justiz und andere Instanzen sozialer Kontrolle welche Sanktionen verhängen oder nicht verhängen. Schließlich gibt es Theorien, die sich vornehmlich um das Ansteigen oder Sinken der Kriminalitätsquote bzw. der registrierten Delikte kümmern, ohne die einzelnen Handlungen erklären zu wollen.

An dieser Stelle soll nur versucht werden zu vermitteln, daß alle diese Ansätze sinnvoll sein können, je nach dem, für welchen Aspekt man sich interessiert. So ist es beispielsweise sicherlich einsichtig, daß es müßig wäre, die Ursachen des Ansteigens des Schwarzhandels zwischen 1945 und 1948 im Nachkriegsdeutschland in den individuellen Lebensgeschichten der von der Polizei als Schwarzhändler erwischten Personen zu suchen. Auch bei Strafrechtsänderungen, wie beispielsweise der Sexualstrafrechtsreform Ende der 60er Jahre, helfen uns individuelle Ansätze offensichtlich nicht weiter - wie könnte man aus der Lebensgeschichte erklären, daß ein Verhalten an einem Tag strafbar und am anderen Tag erlaubt ist.

Auf der anderen Seite können soziologische Erklärungsansätze die Ursachen abweichenden Verhaltens bei einem konkreten Individuum nicht erklären - und wollen das auch nicht. Soziologische Theorien können uns aber den Blickwinkel unserer Fragestellung verändern: Eventuell ist es viel sinnvoller zu fragen, warum ein Mensch sich an Normen, die nicht seine eigenen sind, hält, warum er sich also nicht abweichend verhält und somit nicht als kriminell definiert wird. Der Leser wird diese Betrachtungsweise im Hinterkopf behalten müssen, wenn wir uns im Folgenden mit den individuellen Ursachen abweichenden Verhaltens beschäftigen.
Außerdem ist die Interdependenz von Sozialisation und Sozialstruktur offensichtlich. Die Transformation von sozialen Problemen der Familie zu psychischen Problemen der Einzelnen, die widerum zu sozialen Problemen und gesellschaftlicher Diskriminierung, bis hin zur staatlichen Repression führen, ist leicht zu durchschauen. Daß der Interaktionsprozeß zwischen dem Individuum und der Gesellschaft, deren Herrschaftsstrukturen sich im Staat widerspiegeln, von beiden Seiten her umgestaltet werden kann, liegt deshalb ebenso auf der Hand, wie die Müßigkeit der Frage, ob die Schuld beim Einzelnen oder bei der Gesellschaft liege, eine Frage, die noch vor 10 Jahren heiß debattiert wurde.[6)]

Trotz der tatsächlichen Durchdringung aller Aspekte kann man den Zusammenhang von frühkindlicher Entwicklung und kriminalisiertem abweichendem Verhalten wohl am besten verstehen, wenn man ihn analytisch in drei Schritte aufteilt:
Von den problematischen Sozialisationsbedingungen zu psychischen Problemen als Erwachsene, von diesen Problemen zu deren alloplastischen Ausdruck, dem abweichenden Ver-

halten und von diesem zur Kriminalität. Den letzten Aspekt wird vor allem Robert Frietsch in einem anderen Beitrag in diesem Band beleuchten - aber es soll hier angemerkt werden, daß sich der Staat für psychische Probleme und das Verhalten der Betroffenen nur in so weit zu interessieren scheint, als es Anlaß zur Kirminalisierung und Repression bietet. In diesem Beitrag sollen lediglich die ersten zwei Schritte in dem Bewußtsein, daß dadurch nur ein Teil der kriminalpolitischen Problematik erfaßt wird, beschrieben und beleuchtet werden. Zunächst sollen einige recht gesicherte Hypothesen über den Zusammenhang von frühkindlicher emotionaler und pädagogischer Vernachlässigung und abweichendem Verhalten vorgestellt werden.[7)] Als Grundlage und Beobachtungsraster dient dabei die psychoanalytische Entwicklungstheorie, wobei es in diesem Rahmen nur um die Plausibilität der Argumentation und die Richtigkeit der Beobachtung geht - auf die entsprechende Fachbegrifflichkeit soll so weit als möglich verzichtet werden.

Zweifellos muß aber zuvor begründet werden, warum der Psychoanalyse eine so herausragende Bedeutung beigemessen wird. Der Grund dafür liegt nich in einem Glaubensbekenntnis, sondern darin, daß sich die Psychoanalyse wie keine andere Sozialwissenschaft mit frühkindlichen Interaktionen beschäftigt hat, so daß die von ihr entwickelten Modelle insofern einen Erklärungswert haben, als durch sie Erwartungen formuliert werden können, die sich mit großer Wahrscheinlichkeit bestätigen. Dies halte ich in Anbetracht des bisher ansonsten erreichten Standards der Prognosefähigkeit der Sozialwissenschaften[8)] und angesichts der Tatsache, daß sich andere wissenschaftliche Paradigmata und Beobachtungssysteme zum einen nur auf kurze, künstlich ausgegenzte Handlungssequenzen beziehen (Laborexperimente) und andererseits den inhaltlichen Hypothesen der psychoanalytischen Entwicklungstheorie, so weit ich mich darauf

berufe, nicht widersprechen, für ganz beachtlich. Im übrigen gelten diese Argumente für den Bezug auf das psychoanalytische Theoriegebäude auch, wenn sich die tatsächlichen Zusammenhänge als noch komplexer erweisen. Voraussetzung ist dann allerdings, daß man sich diesbezüglich seine Beobachtungs- und Lernfähigkeit erhält.[9] Auch Freuds mechanistisches, biologistisches Weltbild kann an den Erfahrungen aus der Anwendung der Psychoanalyse nicht ändern (sondern hat deren Entwicklung höchstens selbst teils im Wege gestanden), so wie Newtons Weltbild unser physikalisches Wissen ungeheuer mehrte, selbst wenn es uns heute zu eng erscheint. Soweit die Psychoanalyse in jüngster Zeit wegen Freuds Neurosenlehre kritisiert wurde,[10] so kann dies, wie noch ausgeführt werden wird, hier vernachlässigt werden, weil die Ursachen der Interdependezen zwischen kriminalisiertem abweichenden Verhalten und frühkindlicher Entwicklung in der präödipalen Phase lokalisiert werden und es sich bei den erörterten Entwicklungsstörungen nicht um Neurosen handelt (inwieweit Freud und die psychoanalytische Bewegung durch Massons Enthüllungen wissenschaftlichen Kredit verspielt haben, ist eine andere Frage).
Ich selbst jedenfalls kann nach eigenen jahrelangen Erfahrungen in der psychoanalytischen Soziotherapie mit Delinquenten darlegen,[11] daß, selbst wenn die Psychoanalyse die gesellschaftliche Wirklichkeit der menschlichen Interaktionen in ihrer Entstehung und Entwicklung nur deskriptiv und nicht explanativ adäquat wiedergibt,[12] sie so viel an Strukturierung leistet,daß sie Handlungsfähigkeit erhält und Selbstreflektion ermöglicht.

Die Psychoanalyse und insbesondere psychoanalytische sachverständige Gutachter in Strafprozessen machten - neben ihrer kulturkritischen Einstellung zum Strafrecht [13] - bisher vor allem in zwei Bereichen der Erklärung von

Devianz und Delinquenz von sich reden:

- Von geringer Relevanz sind frühe psychoanalytische Ansätze zur Erklärung delinquenten Agierens als Kompensationsversuch unbewußter Schuldgefühle.[14] Solche Fälle, von denen die Psychoanalytiker in den ersten Jahrzehnten ihres Wirkens einige aufdeckten, bezogen ihren spektakulären Charakter gerade aus der untypischen Tatsache, daß die Biografien der Täter diesen nicht zu kriminalisiertem abweichenden Verhalten drängten, sondern, daß der Täter aufgrund von Über-Ich-Forderungen infolge eines neurotischen Konflikts eine Kriminalsanktion erlangen wollte.[15] Das Interessante und Spektakuläre dieses Phänomens, durch das sich die neue Methode der Psychoanalyse präsentieren konnte, war und ist aber mit mangelnder Relevanz für die Masse der Rückfalltäter erkauft.
- Der zweite Bereich ist der der Sexualdelinquenz, auf den ich hier ebenfalls nicht eingehen möchte, obwohl natürlich die Aussagen über die Zusammenhänge zwischen frühkindlicher Entwicklung, Devianz und Delinquenz auch hier ihre Bedeutung und Richtigkeit haben. Die in diesem Gebiet notwendigen Differenzierungen fallen außerhalb des Rahmens dieses Artikels und meiner Kompetenz.

Betrachten wir und nun die Lebenssituation und die psychische Struktur der Betroffenen, die nach immer neuen Rückfällen die Gefängnisse bevölkern, und dort, meist nach Delikten mit geringem Schaden, das verbringen, was andere das Leben nennen.
Folgendermaßen werden deren Verhaltens- und Persönlichkeitsmerkmale in der Fachliteratur beschrieben:
Allgemein wird eine geringe Frustrationstoleranz und damit die Unfähigkeit zum Ertragen der Realität mit ihren Spannungen, Unlustgefühlen und Ängsten genannt.[16]

Die Beziehungen zu den Mitmenschen sind nicht stabil und werden ausschließlich nach ihrem gegenwärtigen Nutzen beurteilt - in ihrer Funktion ähnlich der frühkindlicher Partialobjekte.[17)] Das Mißtrauen gegenüber anderen Menschen geht einher mit einer großen Angst vor Ablehnung und Kritik, die sie nie auf ein Verhalten, sondern immer auf ihre Gesamtpersönlichkeit beziehen. Starke Minderwertigkeitsgefühle stehen neben Größen- und Allmachtsvorstellungen. Auch diese übersteigerte narzißtische Verletzlichkeit wird häufig beschrieben.[18)]

Betrachtet man das Verhalten dieser Menschen rein äußerlich, so bleibt es weitgehend unverständlich - ein Faktum, das ihrer Abstempelung zur gesellschaftlichen Randgruppe und deren Dämonisierung unterstützt. Auch wohlmeinende Helfer (Bewährungshelfer, sonstige Sozialarbeiter, Pfarrer, ehrenamtliche Mitarbeiter in der Straffälligenhilfe usw.) können häufig nicht begreifen, wie jemand beispielsweise eine so mühsam gefundene Arbeitsstelle wegen einer Lapalie aufgibt, eine Verspätung oder geringfügige Kritik des Helfers zum Anlaß nimmt wegzulaufen, sich zu betrinken und erneut ein Delikt zu begehen (bei dem er prompt erwischt wird), oder sogar dem (von karger Ausbildungsförderung oder einem Lehrlingseinkommen lebenden) Helfer, bei dem er seit Wochen untergekommen ist, das Radio- oder Fernsehgerät zu stehlen, um es für drei Flaschen Bier zu versetzen.
In dieser Situation kann man entweder moralisch werten und verurteilen, das heißt der eigenen subjektiven, wenn auch gesellschaftlich weitgehend akzeptierten Sichtweise die ebenfalls üblichen, 'normalen' Wertmaßstäbe hinzufügen, oder aber versuchen, die Sichtweise der betreffenden Täter zu verstehen. Dabei kann die psychoanalytische Entwicklungstheorie helfen, indem sie das Interesse auf die frühe Lebensgeschichte lenkt und dazu beiträgt, sie rekonstru-

ieren zu können. Mit auffälliger Häufigkeit finden sich in diesen Biografien erhebliche emotionale und pädagogische Vernachlässigungen, das heißt diese Kinder haben in verschiedenster Hinsicht reale Mangelsituationen erfahren. Setzt man nun diese Erkenntnissse in Verbindung zur Genese der oben genannten Charakteristika, so kann man gut verstehen, daß sich die betreffenden genau so verhalten, wie es ihren Erfahrungen entspricht. Wer von seinem Gegenüber nichts gutes erwartet, wer immer vergeblich wartete, wer nur ausgenutzt wurde wenn er vertraute, der hält seinerseits Vertrauen für Dummheit und nutzt es verständlicherweise aus. Dieses Verständnis kann Angst mindern und vor Dämonisierungen bewahren und ist somit eine wichtige Voraussetzung einer rationalen Kriminalpolitik. Es kann jedoch zunächst nichts an der Tatsache ändern, daß diese frühkindlichen Entwicklungsstörungen teils zu gesellschaftlich nicht tolerierbaren Interessenverletzungen führen und diese Personen sowohl direkt unter den oben beschriebenen Symptomen als auch unter den darauf folgenden Repressionen und insbesondere dem Einsperren in Gefängnissen leiden. Aus dem Verstehen muß deshalb ein Handeln, ein angemessenes (nicht-repressives) Reagieren erwachsen. Aber zunächst zurück zu Begriff und Genese dieser Entwicklungsstörung, die etwas systematischer erörtert werden sollen.

Die psychosoziale Störung dieser Personen wird in der Literatur teils als dissoziales Syndrom,[19] teils als Entwicklungspsychopathie[20] oder schlicht, insbesondere bei Jugendlichen, als Verwahrlosung[21] bezeichnet.[22]

Die Psychoanalyse sieht die psychischen Krankheitssymptome als von den Menschen Gemachtes, als durch nicht-bewältigte lebensgeschichtliche Konflikte verursacht.[23] Auch das dissoziale Syndrom weist genetisch auf eine psychotraumatische Beziehungsstörung zurück.

Im Zuge ihrer eigenen Entwicklung hin zur Sozialwissenschaft dehnte die Psychoanalyse einerseits ihr Interesse über die Triebtheorie hinaus auf die Entwicklung der Ich-Funktionen im Bezug zu den Objektbeziehungen aus [24] und ließ, insbesondere als psychoanalytische Entwicklungstheorie und - notwendigerweise - in der Kinderanalyse neben die genetisch-rekonstruktive Methode, Direktbeobachtungen von Kindern treten.
Hier sind vor allem Anna Freuds Wirken in der Hampstead Child Therapy Clinic in London, René Spitz' Beobachtungen und Fallanalysen mit Heimkindern und Margaret Mahlers Forschungen im Masters Children's Center in New York zu nennen.[25] Wurde der Wert solcher Beobachtungen der ersten Interaktionen der Kinder mit ihren Bezugspersonen zunächst auch von Psychoanalytikern geringgeschätzt, zumal deren Interpretationsfolie fast ausschließlich in der psychosexuellen Phasenlehre mit der ödipalen Konfliktkonstellation im Zentrum bestand, so gestatteten die neueren Narzißmustheorien, ausgehend von besonderen Übertragungsformen in der Analyse Rekonstruktionen über das Erleben in den ersten Jahren kindlicher Entwicklung, die den direkten Beobachtungen entsprachen. Insbesondere lenkten sie die Aufmerksamkeit auf präödipale Entwicklungen und die Bedeutung emotionaler Werktschätzung und empathischer Bestätigungen des Kindes. Es ist hier weder nötig noch möglich auf Einzelheiten der Narzißmustheorien und insbesondere Differenzen zwischen verschiedenen Autoren einzugehen,[26] zumal bezüglich der deskriptiven klinischen Merkmale der narzißtischen Persönlichkeitsstörungen zunehmend Übereinstimmung besteht.[27] Deshalb zurück zum dissozialen Syndrom.

Alle neueren psychoanalytischen Auffassungen gehen davon aus, daß das dissoziale Syndorm als narzißtische Manifestation zu verstehen ist, als Störung der kindlichen

Entwicklung zwischen der symbiotischen Phase und der Integrationsphase.[28] Zur Erklärung dieses pathologischen Narzißmus sollen hier einige Annahmen der psychoanalytischen Entwicklungstheorie mitgeteilt werden, auf deren Hintergrund die Genese des dissozialen Syndroms als fehlgelaufener Sozialisationsprozeß deutlich wird. Dieses Vorgehen scheint mir auch angesichts der Auffassung angemessen, daß erklärungsbedürftig zunächst nicht das Zustandekommen von Verhaltensweisen ist, die als abweichend definiert sind, sondern solcher, die menschliches Zusammenleben ermöglichen.[29] Wie wird aus einem Kind, so lautet die zu beantwortende Frage, das immer nur aktuell die Befriedigung seiner Befürfnisse anstrebt, ein erwachsener Mensch, der vielfältige Verhaltensalternativen hat, die Befriedigung von Bedürfnissen aufschieben kann, sich für Ziele einsetzen und arbeiten kann?

In der ersten Zeit nach der Geburt ist das Kind auf die Bedürfnisbefriedigung durch die fördernde Umwelt[30] angewiesen. Eine erwachsene Person, meist die Mutter[31] vertritt die Ich-Funktionen des Säuglings in jeder Weise,[32] wird von diesem aber noch nicht als getrennt und außer ihm wahrgenommen.[33] An diese symbiotische Beziehung schließt sich ein Prozeß der Loslösung und Individuation an, der sich schon auf dem Höhepunkt der Symbiose mit etwa vier bis fünf Monaten andeutet und ankündigt, indem das Kind beginnt, zwischen Selbst und Objekt (Mutter) zu differenzieren.[34] Konnte das Kind ein Urvertrauen entwickeln, die Bezugsperson als Quelle der Bedürfnisbefriedigung regelmäßig erleben, so erweitert sich allmählich nach dem achten Lebensmonat sein emotionaler Aktionsradius, seine Unabhängigkeit von der fürsorgenden Person und seine Frustrationstoleranz. "Man kann es als die erste soziale Leistung des Kindes bezeichnen, wenn es die Mutter aus seinem Gesichtsfeld entlassen kann, ohne übermäßige Wut oder Angst zu äußern, weil die Mutter inzwischen außer einer zuverlässig zu erwartenden äußeren Erscheinung auch zu einer inneren Gewißheit geworden ist. Das Erleben des Konstanten, Kontinuierlichen und Gleichartigen der Erscheinungen liefert dem Kinde ein rudimentäres Gefühl von Ich-Identität..."[35)]

Während dieser Entwicklungszeit braucht das Kind die Mutter zwar mehr als je im Leben, es gebraucht sie aber ausschließlich zur eigenen Bedürfnisbefriedigung ohne jedes Verständnis für ihre Selbständigkeit. Was immer in oder mit der Mutter vorgeht bezieht das Kind auf seine eigene Person.[36)]

"Die Folge ist, daß die Persönlichkeit des Säuglings einen gewissen Grad von Integration erreicht, zunächst unter dem Schirm der Ich-Unterstützung (der Anpassung der Mutter); mit der Zeit wird diese Integration immer mehr eine selbständige Leistung".[37)] Dieser Prozeß des Selbständigwerdens und der Loslösung vollzieht sich über viele Monate bis zum Ende des zweiten Lebensjahres.[38)] Er hat keinen gradlinigen Verlauf, sondern ist ein ständiger Wechsel zwischen Betonung der Autonomie und den Wünschen nach Verschmelzung, denen die Mutter je nach Alter des Kindes und eigenen Bedürfnissen immer wieder mehr oder weniger nachkommt. Solche Regressionen, beipielsweise in Form des Tröstens nach schweren Frustrationen, sind durchaus etwas Normales. "Die Errichtung der affektiven (emotionalen) Objektkonstanz", als Ziel der letzten Phase des Loslösungs- und Individuationsprozesses etwa im dritten Lebensjahr, "hängt von der allmählichen Verinnerlichung einer beständigen, positiv besetzten innerlichen Mutterimago ab. Dies erlaubt es dem Kind ... getrennt zu funktionieren, obwohl es eine gewisse Spannung (Sehnsucht) und Unbehagen empfindet ... doch die Objektkonstanz beinhaltet mehr als die Bewahrung der Repräsentanz des abwesenden Liebesobjektes; sie beinhaltet zugleich die Vereinigung von 'gutem' und 'bösem' Objekt zu einer Gesamtrepräsentanz. Dadurch wird die Mischung aggressiver und libidinöser Triebe gefördert und der Haß auf das Objekt gemildert, sobald heftige Aggressionsgefühle auftauchen".[39] Treten nicht nur die normalen, notwendigen Frustrationen durch die fürsorgende Person auf, sondern wird das Kind insgesamt schlecht versorgt, geradezu vernachlässigt, so verharrt das Kind gewissermaßen an dem Punkt der Entbehrung, als ob es das ihm Zustehende beanspruche, bevor es sich bereiterklärt, sich weiterzuentwickeln. Die archaischen Triebziele können dann nicht durch Ich-Ziele ersetzt werden, es kommt zu einer Fixierung, zu Triebdurchbrüchen, primitiven Abwehrmechanismen und schließlich zu einer absoluten Identifikationsabwehr. "Störungen der narzißtischen Entwicklung sind stets Störungen im interpersonellen Aushandeln von Selbstwert, d.h. Störungen der Selbst- und Objektbeziehungen".[40]

Es braucht wohl kaum erwähnt zu werden, daß es nicht um die Zuschreibung oder sogar den Vorwurf individuellen Versagens gegenüber einer Person, beispielsweise der Mutter, geht - häufig sind diese Personen selbst Opfer gesellschaftlicher Verhältnisse und Überforderungen bzw. der häufige Wechsel der Bezugsperson führt zu traumatischen Erlebnissen.[41] Die Entwicklung des Kindes wird also durch ein reales Versagen der Umwelt, durch eine Häufung schwerer Frustrationen während der ersten Lebensjahre,[42] durch "einen wichtigen Mangel in der Anpassung an die wesentlichen Bedürfnisse des Kindes"[42] gestört. Es kann weder ein Urvertrauen erwerben, noch Objektkonstanz und damit eine angemessene Triebmischung erreicht werden. Entsprechend der Fixierung auf die Triebbefriedigungsarten der symbiotischen Phase können sich auch die Ich-Funktionen nicht voll entwickeln.[44] Das Ergebnis ist die Symptomatik des dissozialen Syndorms. Von diesen psychosozialen Persönlichkeitsstörungen zu deren alloplastischem Ausdruck ist es nur noch ein kleiner Schritt. Natürlich sind die oben genannten Symptome selbst nicht strafbar. Sie führen aber schnell zu kriminalisiertem Verhalten, weil die gesellschaftlichen Beziehungen auf Disziplin, Aufschub von Bedürfnisbefriedigungen und dem Gewaltmonopol des Staates aufgebaut sind. Dies ist zwar weder selbstverständlich noch Natur gegeben, es entspringt aber einer sozialen Realität, der sich kein einzelnes Gesellschaftsmitglied entziehen kann. Staatstragende Begriffe wie Privateigentum, Lohnarbeit und Vertrag, deren Nichtbeachtung in direktem Zusammenhand mit Kriminalität steht, sind Ausdruck und Ergebnis eines langen Zivilisationsprozesses. Man darf nciht unterschätzen, welch komplexer Prozeß der Disziplinierung sowohl historisch als auch in der Sozialisation eines Einzelnen notwendig ist bzw. war, bis sich der Mensch in einen Acht-Stunden-Tag einfügt, seine Affekte in einem Konflikt soweit beherrscht, daß er ihn nicht direkt mit körperlicher Gewalt versucht zu lösen und die Verpflichtungen aus einem Kaufvertrag mit vereinbarter Ratenzahlung auch einzuhalten. Dieser Disziplinierungsprozeß hat in der Geschichte aller Völker und im Alltag aller Kinder viele Wunden gelassen und deshalb ist das, was heute als abweichend definiert wird durchaus nicht so unnormal, wenn man in langfristigen historischen Dimensionen denkt. Aber diese Erkenntnis nützt den Betroffenen, ganz abgesehen von dem persönlichen Leid der Beziehungslosigkeit, wenig. Sie werden kriminalisiert in einer Gesellschaft, in der es, trotz vieler Abweichungen als Norm gilt, freiwillig zur Arbeit zu gehen, freiwillig die gewünschte Ware an der Supermarktkasse zu zahlen, freiwillig eine Fahrkarte in der U-Bahn zu lösen, freiwillig sein Einkommen zu versteuern und freiwillig im Konfliktfall auf das Ausnutzen der körperlichen Überlegenheit zu verzichten. Es liegt nahe anzunehmen, daß die an der Einhaltung dieser Normen, am Akzeptieren der dahinter liegenden Zwänge gescheiterten Gefängnisinsassen den Preis einer für alle als notwendig erachteten Normverdeutlichung zahlen.

Das Rad der Geschichte und des Zivilisationsprozesses kann und wird, selbst wenn gestaltende Korrekturen in der Zukunft möglich und wünschenswert sind, nicht zurückgedreht werden, zumal die Disziplinierung auch da Freiräume geschaffen hat, wo früher ökonomische Zwänge vorherrschten. Deshalb ist, bei aller möglichen Kritik am Inhalt einzelner Straftatbestände, den Betroffenen vor allem zu wünschen, daß die Rechtsfolge der Freiheitsstrafe abgeschafft wird und die Gesellschaft ihnen geschützte Räume für emotionales und soziales Lernen, für neue, korrigierende Beziehungserfahrungen zur Verfügung stellt, statt auf ihr abweichendes Verhalten mit Repression zu reagieren. Denn die bisherige repressive Kriminalpolitik ist - in ihren verschiedensten Varianten - auf diesen Personenkreis nicht eingestellt bzw. wird ihnen nicht gerecht. Ihre Legitimationsargumentationen gehen an ihnen vorbei. Von gerechter Vergeltung der Schuld kann angesichts der offensichtlich eingeschränkten Willensfreiheit keine Rede sein (es sei denn man gibt diesen empirischen Bezug völlig auf) und die generalpräventive Wirkung der angedrohten Strafe im Sinne Feuerbachs muß bei Personen versagen, die die Befriedigung von Bedürfnissen auch um den Preis späterer Nachteile nicht verschieben können. Auch die reine zeitliche Sicherung dieser Delinquenten kann selbst in Bezug auf seine Schlüssigkeit als Konzept nicht überzeugen, da in jedem Monat so viele Täter aus der Sicherungshaft entlassen würden,wie man einsperrte. Selbst im Sinne von Resozialisierung gewährte sozialarbeiterische Hilfen greifen meist zu kurz. Der Vorbehalt des Widerrufs der Aussetzung der Strafe oder eines Teils dieser zur Bewährung kann das Verhalten dieser Personen aus den oben genannten Gründen auch nicht im Sinne eines deliktfreien Lebens beeinflussen.

Aber selbst eine zweifellos begrüßenswerte neue Kriminalpolitik, die das Ausmaß der Sanktionen reduzierte, hätte bezüglich dieser Delinquenten nur sehr bescheidene Erfolge: Die Geschwindigkeit des Wechsels 'Rein in den Knast - Raus aus dem Knast' würde sich erhöhen, ohne daß diese Menschen eine reale Chance hätten, längere Zeit außerhalb von Mauern und Gittern ein selbstbestimmtes zufriedenes Leben zu führen.

Die gestörte Entwicklung zwischenmenschlicher Beziehungen ist bei diesem Personenkreis als Folge gravierender Realereignisse nachzuweisen. Das reale Mißtrauen hat sich wegen der in der Regel ungünstigen sozialen Verhältnisse während der gesamten Kindheit und Jugend weiterhin verstärkt.[45)] Durch die übliche Reaktion auf ihr Verhalten, das heißt die fortlaufende Kriminalisierung und Bestrafung, die Ausdruck des Nicht-tolerierens ihres 'So-seins' sind, wächst dieses Mißtrauen gegenüber jedem anderen Menschen zusätzlich. Mißtrauen wird zu einem notwendigen Stück Überlebenstechnik. Am wichtigsten ist diese Technik in der Institution, in der sei meist schon in der Mitte ihrer zweiten Lebensdekade landen und immer wieder zwangsweise zurückkehren, im Gefängnis.

Anmerkungen

1) Lombroso 1891, S. 108 ff.; Ferri 1896 und 1903; Liszt 1905, S. 75 ff. und 1908, S. 68 ff.

2) Zum Begriff des abweichenden Verhaltens vgl. Opp 1974, insb. S. 38 ff.

3) Hier stellt sich freilich auf die Frage der Legitimität.

4) Kohlrausch spricht von der staatsnotwendigen Fiktion der Willensfreiheit; Kohlrausch 1910, S. 62.

5) vgl. Cornel 1985, S. 88 ff.

6) Joachim Hellmer führt diese Auseinandersetzung, wie man jüngst in einem populärwissenschaftlichen Artikel in der 'Zeit' lesen konnte, noch heute in gleicher Art, indem er diese oder jene Position als Todsünde bezeichnet; vgl. Hellmar 1985, S. 85.

7) vgl. aber Hakeem 1968, insb. S. 264 ff., wobei allerdings darauf hingewiesen werden kann, daß die Thesen inzwischen, u.a. durch Einbeziehung kriminalsoziologischer Erkenntnisse und unter Beachtung methodologischer Einwände auf einem breiteren empirischen Fundament stehen; vgl. Reinke-Köberer 1979, S. 18 u.21.

8) vgl. Bauermann/Leist/Mans 1979, S. 21 ff.

9) Remplein 1977, S 14 ff.

10) Masson 1984

11) Cornel 1983 und 1985; Reinke-Köberer/Toussaint 1982.

12) Baurmann/Leist/Mans 1979, S. 21 f.

13) vgl.Reik 1971, S. 133 ff.; Alexander/Staub 1971, S. 220 ff. und 256.

14) vgl.Freud 1968, S. 389; Zulliger 1932, insb.S. 31.

15) Reik 1971, insb. S. 120 ff; Alexander/Staub 1971, S. 286 ff. und 324 ff.

16) Petersen 1929, S. 229; Hartmann, Klaus 1977, S. 130; Rengelink 1976, S. 581 f.; Reicher 1976, S. 604; Rauchfleisch 1981, S. 82 und 163; Dechene 1975, S.38; Hustings 1976, S. 572; de Boor 1979, S. 116; Trescher 1982, S. 351; Hart de Ruyter 1967, S. 480; Clos 1982, S. 81.

17) de Boor 1979, S. 116; vgl.auch Reicher 1976, S. 604; Trescher 1982, S. 351.

18) Trescher 1982, S. 352; de Boor 1979, S. 116; Reicher 1976, S. 604 f.; Bernfeld 1969, S. 161; Christ 1978, S. 24; Rengelink 1976, S. 581 f.

19) Goudsmit 1964, S. 668.

20) Rengelink 1976, S. 582; Hart de Ruyter 1967, S. 79; Reicher 1976, S. 600 ff.

21) Aichhorn 1965, Hartmann,Klaus 1977; Bittner 1972, S. 151 ff., der dem Begriff und seinen gesellschaftspolitischen Implikationen gleichzeitig kritische gegenüber steht (S. 15 f.)

22) Aus den oben angeführten Erläuterungen über die Komplexität und (nicht direkt vorhandene) Kausalität ergibt sich, daß die so beschriebenen Gefängnisinsassen nicht alle die gleichen biografischen Erfahrungen und psychischen Strukturen aufweisen. Der selektive Prozeß der Kirminalisierung sorgt dafür, daß auch andere immer wieder zu Gefängnisstrafen verurteilt werden und selbstverständlich Menschen mit ähnlicher psychischer Struktur und besseren sozialen Chancen nicht im Strafvollzug leben. Dennoch konnte in mehreren Erhebungen im hessischen Strafvollzug im

Rahmen des Forschungsprojekts 'Soziotherapie mit Delinquenten' bei den Rückfalltätern mit mindestens 5 Jahren realer Hafterfahrung (ohne Alkohol- und Drogentäter) die klinisch-diagnostische Annahme 'Dissoziales Syndrom' mit der dahinterliegenden Lebensgeschichte in weit über 80 % der Fälle bestätigt werden; vgl. zu den Kriterien Cornel 1985, S. 93.

23) Horn 1974, S. 173; vgl.auch Parin 1978, S. 195; Reinke-Köberer 1979, S. 20 f.; Der Mensch ist jedoch - nach Auffassung der Psychoanalyse - nicht nur individuell durch seine Lebensgeschichte bestimmt, sondern, dies folgt genau genommen schon aus der ersten Erkenntnis, auch durch vielfältigste vergangene und aktuelle Sozialbeziehungen, ohne die er gar nicht vorstellbar ist. Die Psychoanalyse versteht sich in diesem Zusammenhang nicht nur als Therapietechnik, sondern als kritische Sozialwissenschaft: "Der Mensch, in psychischer Gesundheit oder Krankheit, wird als ein von seiner psychischen - und sozialen - Entwicklung abhängiges Wesen betrachtet. So wie seine Persönlichkeitsstruktur alle Spuren seiner Frühentwicklung trägt (der Erwachsene also immer noch die Schicksale seines Kleinkind-Stadiums in sich trägt), so sehr ist auch sein triebbestimmt-unbewußtes wie sein bewußtes Denken, Phantasieren, Wünschen und Handeln immer nur in Bezug auf andere Menschen, auf Beziehungspersonen vorstellbar. Ein völlig 'abgegrenztes' nur für sich selbst existierendes Individuum kennt die Psychoanalyse nicht" Ohlmeyer 1984, S.813.

24) Hartmann, Heinz 1972, Jacobsen 1978; Spitz 1973.

25) vgl. Mahler 1975; Mahler u.a. 1980; Winnicott 1974, S. 150; Redl/Wineman 1865, S. 82 ff.;

Valk 1983, S. 28 und Spitz 1976, insbesondere S.15 zur Geschichte seiner Methoden
Sigmund Freud selbst bezeichnet 1925 das Kind als "das hauptsächliche Objekt der psychoanalytischen Forschung", es habe in dieser Bedeutung den Neurotiker abgelöst; Freud 1925, S. 565.

26) vgl. dazu insbesondere Teichholz 1978; Kernberg 1975, S. 891 ff. und Kernberg 1979, S. 309 ff.

27) Kernberg 1975, S. 890; vgl. auch Kohut 1973, S. 34; Kernberg 1979, S. 36.

28) Redl/Wineman 1965, S. 91 ff.; Rauchfleisch 1981, S.217; Trescher 1982, S. 356; Reicher 1976, S. 605; Rengelink 1976, S. 582 f.

29) vgl. Scheerer, 1984, S. 99.

30) Winnicott, 1974 insbesondere S. 293 ff.; vgl. Balint 1973, S. 79 ff.

31) Dies ist an dieser Stelle nur ein empirischer Befund. Daraus läßt sich weder die geschlechtsspezifische Rollenverteilung gesellschaftspolitisch legitimieren, noch ist der wissenschaftliche Erkenntnisprozeß über die notwendigen Bedingungen für eine gelungene Sozialisation und kindliche Entwicklung damit abgeschlossen; vgl. auch Meinhold/Hollstein 1975, S. 103 ff.

32) Clos 1982, S. 78

33) vgl. Lampl-de Groot 1963/64, S. 7 und Mahler u.a. 1980, S. 59 ff.; eine Literaturübersicht über frühe psychoanalytische Auffassungen zur Mutter-Kind-Beziehung liefert Bowlby 1959, S. 418 ff.

34) Mahler u.a. 1980, S. 72 ff.

35) Erikson 1979, S. 241.

36) Freud, Anna 1980, S. 2179.

37) Winnicott 1974, S. 315.

38) Mahler u.a. 1980, S. 72 ff.

39) Mahler u.a. 1980, S. 149 f.; vgl. auch Winnicott 1960/61, S. 35.

40) Simon 1984, S. 113.

41) vgl. Trescher 1982, S. 351; Robertson 1964/65, S. 276 ff.

42) Kernberg 1979, S. 47 und 63; vgl. auch Glover 1956, S. 313; Freud/Bergmann 1972, S. 74; Stott 1950.

43) Winnicott 1974, S. 298; vgl. auch Clos 1982, S. 78; Spitz 1976, S. 220 f.; ähnlich schon Abraham 1935, S. 207.

44) vgl. vor allem Redl/Wineman 1965, S. 90 ff.; Bromberg 1948, S. 143; Goudsmit 1962/63, S. 519 f.

45) Christ drückt das so aus, daß nach der "Störung der präödipalen Mutter-Kind-Beziehung ... den späteren, nicht geglückten Entwicklungsphasen eine Verstärkerwirkung im negativen Sinne" zukommt, "die auf eine bereits geschwächte Ich-Struktur aufschlägt"; Christ 1978, S. 26.

Literaturverzeichnis

Abraham, Karl — Die Geschichte eines Hochstablers, in: Zeitschrift für psychoanalytische Pädagogik 1935, S. 195 ff.

Aichhorn, August — Verwahrloste Jugend (5. Auflage), Bern / Stuttgart 1965

Alexander / Staub — Der Verbrecher und seine Richter, in: Psychoanalyse und Justiz, hrsg. von Tilmann Moser, Frankfurt am Main 1971, S. 205 ff.

Balint, Michael — Die Urformen der Liebe und die Technik der Psychoanalyse, Frankfurt/M. 1969.

Balint, Michael — Therapeutische Aspekte der Regression, Reinbeck 1973.

Baurmann/Leist/Mans — Zum Programm einer Kritischen Sozialwissenschaft - Empirie und Theorie, in: Analyse & Kritik, Zeitschrift für Sozialwissenschaften 1979, S. 1 ff.

Bernfeld, Siegfried — Kinderheim Baumgarten, in: Antiautoritäre Erziehung und Psychoanalyse, Band 1, Darmstadt 1969, S. 94 ff.

Bittner, Günther — Psychoanalyse und soziale Erziehung, München 1972

de Boor, Clemens — Möglichkeiten psychoanalytischer Therapie im Strafvollzug, in: Psychoanalyse und Strafrechtspraxis, hrsg. von Peter Eschweiler, Königstein 1979, S. 113 ff.

Bowlby, John — Bindung, München 1975

Bowlby, John — Über das Wesen der Mutter-Kind-Bindung, in: Psyche 1959/60, S.415 ff.

Bromberg, Walter — Crime and the Mind, Philadelphia 1948.

Christ, Heiner — Psychoanalytische Gruppenbehandlung im Jugendgefängnis, Stuttgart 1978.

Clos, Regina — Delinquenz - ein Zeichen von Hoffnung?, Frankfurt/M. 1982.

Cornel, Heinz — Psychoanalytische Soziotherapie mit Delinquenten - ein Behandlungs- und Forschungsprojekt in Frankfurt am Main, in: Zeitschrift für Strafvollzug und Straffälligenhilfe 1983, S. 157 ff.

Cornel, Heinz — Rehabilitationshilfen für Delinquenten auf der Basis psychoanalytischer Erkenntnisse und Methoden, in: Monatsschrift für Kriminologie und Strafrechtsreform 1985, S. 88 ff.

Dechene, Hans — Verwahrlosung und Delinquenz, München 1975.

Erikson, Erik — Kindheit und Gesellschaft, Stuttgart 1979.

Ferri, Enrico — Das Verbrechen als soziale Erscheinung, Leipzig 1896.

Ferri, Enrico — Die positive Kriminalistische Schule in Italien, Frankfurt/M. 1903

Freud, Anna — Certain Types and Stages of social Maladjustment, in: Searchlights on Delinquency, hrsg. von Kurt Eissler, New York 1949, S. 193 ff.

Freud, Anna — Wege und Irrwege in der Kinderentwicklung, erschinen als Bd.VIII der Schriften der Anna Freud, München 1980.

Freud, A./Bergmann T. — Kranke Kinder. Ein psychoanalytischer Beitrag zu ihrem Verständnis, Frankfurt/M. 1972.

Freud, Sigmund — Einige Charaktertypen aus der psychoanalytischen Arbeit, in: Gesammelte Werke Band 10, Frankfurt/M. 1968, S. 364 ff.

Freud, Sigmund — Geleitwort zu Verwahrloste Jugend, in: Gesammelte Werke Band 14, Frankfurt/M. 1968, S. 565 ff.

Glover, Edward — Psychoanalysis and Criminology, in: International Journal of Psychoanalysis 1956, S. 311 ff.

Goudsmit, Walter — Über Abwehrmechanismen bei sogenannten Psychopathen, in: Psyche 1962/63, S. 512 ff.

Goudsmit, Walter — Psychotherapie bei Delinquenten, in: Psyche 1964, S. 664 ff.

Hakeem, Michael — Eine Kritik des psychiatrischen Ansatzes, in: Kriminalsoziologie, hrsg. von Fritz Sack und Rene König, Frankfurt am Main 1968, S. 244 ff.

Hart de Ruyter, Theodor — Zur Psychotherapie der Dissozialität im Jugendalter, in: Jahrbuch der Jugendpsychiatrie VI, Bern 1967, S. 79 ff.

Hartmann, Heinz — Bermerkungen zur psychoanalytischen Theorie des Ichs, in: derselbe, Ich-Psychologie und Anpassungsproblem, Stuttgart 1960.

Hartmann, Heinz — Ich-Psychologie, Stuttgart 1972.

Hartmann, Klaus — Theoretische und empirische Beiträge zur Verwahrlosungsforschung, Berlin/Heidelberg/New York 1977.

Hellmer, Joachim — Täter und Verfolger, in: Die Zeit Nr. 10 1985, S 85 f.

Horn, Klaus — Das Psychoanalytische als Teil eines sozialwissenschaftlichen Konzepts, in: Muck, Mario u.a.: Information über Psychoanalyse, Frankfurt/M. 1974, S. 137 ff.

Hustinx, Armand — Soziotherapie für Delinquenten, in: Psyche 1976, S. 571 ff.

Jacobson, Edith — Das Selbst und die Welt der Objekte, Frankfurt/M. 1978.

Kernberg, Otto — Zur Behandlung narzistischer Persönlichkeitsstörungen, in: Psyche 1975, S. 890 ff.

Kernberg, Otto — Borderline-Störungen und pathologischer Narzismus, Frankfurt/M. 1979.

Klüwer, Karl — Neurosentheorie und 'Verwahrlosung', in: Psyche 1974, S. 285 ff.

Kohlrausch, Eduard — Sollen und Können als Grundlage der strafrechtlichen Zurechnung, in: Festgabe für Karl Güterbock, Berlin 1910, S. 1 ff.

Kohut, Heinz — Formen und Umformungen des Narzismus, in: Psyche 1966, S. 561 ff.

Kohut, Heinz — Narzismus, Frankfurt/M. 1973.

Kohut, Heinz — Die Heilung des Selbst, Frankfurt/M. 1981.

Lampl-de Groot, Jeanne — Symptombildung und Charakterbildung, in: Psyche 1963/64, S. 1 ff.

Leber, Aloys — Ist Delinquenz wirklich ein Zeichen von Hoffnung?, in: Clos, Regina, Delinquenz - ein Zeichen von Hoffnung? Frankfurt/M. 1982, S. 9 ff.

Liszt, Franz von — Über den Einfluß der soziologischen und anthropologischen Forschungen auf die Grundbegriffe des Strafrechts, in: Strafrechtliche Aufsätze und Vorträge, Band 2, Berlin 1905, S 75 ff.

Liszt, Franz von — Lehrbuch des Strafrechts, Berlin 1908.

Lombroso, Cesare — Über den Ursprung, das Wesen und die Bestrebungen der neuen anthropologisch-Kriminalistischen Schule in Italien, in: ZStW 1891, S. 108 ff.

Mahler, Margaret, S. — Symbiose und Individuation - die psychische Geburt des Menschen kindes in: Psyche 1975, S. 609 ff.

Mahler/Pein/Bergman	Die psychische Geburt des Menschen, Frankfurt/M. 1980
Masson, Jeffery	Was hat man dir, du armes Kind getan, Reinbek 1984.
Meinhold/Hollstein	Erziehung und Veränderung, Neuwied/Darmstadt 1975.
Ohlmeyer, Dieter	Psychoanalyse und Sozialarbeit, in: Handbuch zur Sozialarbeit/Sozialpädagogik, hrsg. von Hanss Eyferth, Hans-Uwe Otto und Hans Thiersch, Neuwied und Darmstadt 1984, S.812 ff.
Opp, Karl-Dieter	Abweichendes Verhalten und Gesellschaftsstruktur, Neuwied und Darmstadt 1974.
Parin, Paul	Die Abwehrmechanismen der Psychopathen, in: Psyche 1961/62, 15.Jg., S. 322 ff.
Parin, Paul	Der Widerspruch im Subjekt, Frankfurt/M. 1978.
Petersen, Johannes	Über die Erziehung von Verwahrlosten, in: Zeitschrift für psychoanalytische Pädagogik 1929, S.228 ff.
Rauchfleisch, Udo	Dissozial, Göttingen 1981.
Redl/Wineman	Children who hate, New York 1965.
Reicher, Jacobus	Die Entwicklungspsychopathie und die analytische Psychotherapie von Delinquenten, in: Psyche 1976, S. 604 ff.
Reik, Theodor	Geständniszwang und Strafbedürfnis, in: Psychoanalyse und Justiz, hrsg. von Tilmann Moser, Frankfurt am M. 1971, S. 9 ff.

Reinke-Köberer, Ellen	Frühe Beziehungsstörungen und kriminelles Handeln, in: Psychoanalyse und Strafrechtspraxis, hrsg. von Peter Eschweiler, Königstein 1979, S. 15 ff.
Reinke-Köberer/ Toussaint	Kurzdarstellung des Forschungsprojekts 'Soziotherapie mit Delinquenten', in: Psyche 1982, S. 171 ff.
Remplein, Susanne	Therapieforschung in der Psychoanalyse, München/Basel, 1977.
Rengelink, Adrian	Vom Gefängnis zum psychiatrischen Krankenhaus, in: Psyche 1976, S. 579 ff.
Robertson, Joyce	Der Einfluß der mütterlichen Betreuung auf die frühe Entwicklung, in: Psyche 1964/65, S. 273 ff.
Scheerer, Sebastian	Die abolitionistische Perspektive, in: Kriminologisches Journal 1984, S. 90 ff.
Stott, O.M.	Delinquency and Human Nature, Dunfermline 1950.
Simon, Fritz	Der Prozeß der Individuation, Göttingen 1984.
Spitz, Rene	Die Entstehung der ersten Objektbeziehungen - Direkte Beobachtungen während des ersten Lebensjahres, Stuttgart 1973.
Spitz, Rene	Vom Säugling zum Kleinkind, Stuttgart 1976.

Teichholz, J.G. A selective review of the psychoanalytic literature on theoretical conceptiolizations of narcissism, in: Journals of the American Psychoanalytic Association 1978, S. 831 ff.

Trescher, Hans-Georg Der Verwahrloste und seine Erzieher, in: Kindheit 1982, S. 349 ff.

Valk, Judith Der Narzißmus in der psychoanalytischen Theorie: historische Betrachtung und Kritik, in: Die neuen Narzißmustheorien; Zurück ins Paradies?, herausgegeben vom Psychoanalytischen Seminar Zürich, Frankfurt/M. 1983, S. 13 ff.

Winnicott, Donald Über die emotionale Entwicklung im ersten Lebensjahr, in: Psyche 1960/61, S. 25 ff.

Winnicott, Donald Reifungsprozesse und fördernde Umwelt, München 1974.

Zulliger, Hans Ein jugendliches Diebskleeblatt, in: Zeitschrift für psychoanalytische Pädagogik 1932, S. 21 ff.

Die Bedeutung der Schuld im Christentum und ihr Verhältnis zur Strafe im demokratischen Rechtsstaat

- Sozialethische Aspekte der strafrechtlichen Sanktion -

Manfred Schick

Der Begriff "Schuld" hat in der "Religion in Geschichte und Gegenwart"[1] ,immer noch das Standard-Lexikon der evangelischen Theologen, überhaupt kein eigenes Stichwort,sondern ist dort nur in der Kombination "Sünde und Schuld" zu finden. Das ist kein Zufall, sondern deutet schon in der lexikalischen Wortauswahl eine Zusammengehörigkeit an, die im theologischen Nachdenken der jüdisch-christlichen Tradition von Anfang an untrennbar war, ungeachtet der immensen logischen Schwierigkeiten, die diese Zusammengehörigkeit den Systematikern unter den Theologen auch macht. Diese Zusammengehörigkeit ist in der alttestamentlichen Tradition sogar so eng, daß die Sprache selbst nicht immer deutlich zwischen den Begriffen scheidet. "Sünde", "Schuld" und sogar "Strafe" werden oft durch das gleiche Wort bezeichnet. Sünde macht schuldig und bringt Strafe mit sich. Dieser Zusammenhang ist so stark, daß er grundsätzlich umkehrbar ist. Aus der Strafe kann man auf die Sündenschuld schließen, die einer bewußt oder unbewußt auf sich geladen hat. Und weil z.B. Krankheit als Strafe für Sündenschuld gesehen wird, so ist es nicht mehr als logisch, daß man von erlittener Krankheit auf getane Sünde des Betroffenen schließt. Erst im Hiobbuch kämpft Hiob gegen seine Freunde um die Durchbrechung dieses scheinbaren Wesenzusammenhangs von Strafe und Sünde. Dieser Zusammenhang geht sogar so weit, daß er über das Individuum hinausgeht und Menschen für die Sünden ihrer Eltern oder kollektiv für die des Volkes oder seines Repräsentanten verant-

wortlich macht. Gegen diese Vorstellung wendet sich noch Jesus, wenn im Johannes-Evangelium (Joh. 9) die Jünger beim Anblick des Blindgeborenen fragen:"Rabbi, wer hat gesündigt, dieser oder seine Eltern?"
Aus diesem engen Wesenszusammenhang von Sünde, Schuld und Strafe ergibt sich auch für das Alte Testament, daß sich Sünde und Strafe streng entsprechen, daß die Strafe jedenfalls nie über das Maß der Schuld bei Gott hinausgeht, im Gegenteil Gott selbst in seiner Gnade auf manche verwirkte Strafe verzichtet. Und wenn auch das Alte Testament selbst sehr wohl weiß, daß das Menschenherz Böses trachtet von Jugend auf (1.Mose 8.21), kennt es doch Strafe nur für die getane Tat.
Trotz mancher kollektivistischer Züge im Begriff der Sünde, die aus der altorientientalischen Tradition ins Alte Testament gekommen sein mögen, ist für das Alte Testament und das Judentum unzweifelhaft, daß Sünde weder ein unabwendbares Geschick noch überkommenes Verhängnis ist, sondern Schuld des Einzelnen bleibt. "Es ist dir gesagt, Mensch, was gut ist.." (Mich.6.8).Das "Gesetz und die Propheten" geben dem Menschen genügend Weisung, daß er um das Verkehrte seines Tuns weiß oder wissen könnte. Der Verstoß des ersten Menschen gegen göttliches Gebot hatte schlimme Folgen; er hat zwar nicht das, was dann christlich Dogmatik als Erbsünde lehrte, in die Welt gebracht, aber diesen "negativen" Wesenszusammenhang von Sünde, Schuld und Strafe in Gang gesetzt, dem der Mensch zwar grundsätzlich entrinnen kann, dem aber nach jüdischer Überzeugung erst die messianische Heilszeit ein Ende machen wird. Bis dahin wird die Welt in Sünde und Schuld bestehen.

Nach dem Zeugnis des Neuen Testaments ist in Jesus der Messias erschienen, der den circulus vitiosus von Sünde, Schuld und Strafe aufbrechen wird. Deshalb stellen die

Evangelien in so vielen Heilungsgeschichten die Sündenvergebung vor die Nachricht von der Befreiung der Last der Krankheit. Auch für Paulus ist die Sündenvergebung eine wesentliche Frucht des Kommens Jesu. Bei ihm wird diese Befreiung von Sünde und Schuld noch in besonderer Weise herausgestellt, als für ihn als frommen Juden die Befreiung der Sünde durch Christus den alten Heilsbringer, das Gesetz, ablöst und überwindet, ja diesen alten Weg zum Heil als Irrweg erweist und das Gesetz selbst geradezu den Weg zum Heil verstellt. Außer seiner der Sünde überführenden und zur Erkenntnis der Schuld bringenden Funktion (dem "usus elenchticus" im "triplex usus legis" reformatischer Theologie) bleibt nichts mehr Gutes am Gesetz bei Paulus. Dafür entwickelt Paulus ein ganz neues Kriterium von Sünde und Schuld "Was nicht aus dem Glauben geht, das ist Sünde:" (Röm.14.23). Diese Erkenntnis mit der anderen zusammengenommen, daß "mir alles erlaubt ist, aber nicht alles heilsam ist" (1.Kor.6.12), ergibt eine ungeheure Befreiung des Menschen und eine Entsakralisierung aller menschlichen Ordnungen, auch und gerade auch der Rechtsordnungen. "Daß der Mensch nicht um des Sabbats willen, sondern der Sabbat um des Menschen willen geschaffen ist " (Mk.2.27),- die befreiende Botschaft Jesu hat Paulus erstmals systematisch entfaltet.
Ob er selbst dann in praxi diese Freiheit durchgehalten hat, wenn er in 1.Kor.5 das erste Beispiel von Kirchenzucht gibt, als er der Gemeinde in Korinth empfiehlt, einen Mann, der die jüdischen Heiratsbestimmungen verletzt hat, dem "Satan zu übergeben", d.h.aus der Gemeinde auszuschließen, mag noch eine Frage für sich sein. Ohne das intensive Nachdenken der Theologen über Schuld und Sünde bis zur Reformation geringachten zu wollen, - insbesondere die Gedanken Augustins zu diesem Problemkreis haben hier grundlegende Bedeutung -, ist es sicher eine der wesent-

lichsten Leistungen der Reformation, die Totalität der Sünde und der Schuld, aber auch wieder die Totalität der Befreiung von Sünde und Schuld im Glauben wiederentdeckt zu haben. Sünde ist nach reformatorischer Erkenntnis die Verweigerung der Liebe zu Gott und die Wendung dieser Liebe zu sich selbst. Statt auf Gott zu vertrauen, vertraut der Mensch auf sich und die Kreatur und macht die Kreatur und sich zu Gott. Diese "incurvitas in se", das Auf-sich-selbst-Bezogensein, das In-sich-selbst-gekrümmtsein" macht die Schuld des Menschen aus, von der er im Glauben befreit wird.
Sünde und Schuld sind, wie gesagt, in der christlichen Tradition ein untrennbares Begriffspaar, obwohl es gerade modernem Rechtsdenken nicht ganz einfach ist, beides zusammenzubekommen, auf der einen Seite die Unentrinnbarkeit der Sünde für den Menschen, am schärfsten im Dogma von der Erbsünde ausgesprochen (seit Trient) und die Zurechnung solcher "Veranlagung" als Schuld. Die Erklärung, daß es in diesem Zusammenhang keine Willensfreiheit zur zweiseitiger Entscheidung, entweder der zur Sünde, zum Vertrauen auf mich selbst und die Kreatur, oder der zum Festhalten an Gottes Zusage, nicht geben kann, weil das Bleiben in Gott nicht unser Verdienst, sondern Geschenk Gottes ist, das im Glauben erfahren wird, ist weniger eine Lösung eines gedanklichen Problems, sondern Feststellung eines existentiellen Befundes, der ein Stück Geheimnis behält. Dasselbe gilt übrigens für das andere gedankliche Problem in diesem Zusammenhang, die Frage nach der Herkunft der Sünde und damit der Schuld. Auch da ist ein Satz wie der: "Denn haben wir die Sünde vor Gott als das zu bekennen, was in keiner Weise entschuldigt und gerechtfertigt werden kann, so können und dürfen wir auch gedanklich keinen Grund haben, ihr Eintreten zu erklären."[2)]

eher ein Geniestreich, der das Problem zu Seite schiebt, als eine Erklärung.
Aber vermutlich sind es gerade diese beiden, rationale Logik aufs äußerste reizenden Aussagen über Schuld und Sünde, die es so schwer machen, paulinische oder auch lutherische Aussagen über Schuld und Sünde zu übertragen auf sozialethische Probleme der strafrechtlichen Sanktion in einem demokratischen Rechststaat.

Daß Schuldigwerden in dieser Welt, Schuldigwerden an anderen Menschen letztlich in jenem Gott geschuldeten Vertrauen seinen Ursprung hat, daß es seinen Ursprung in der Sünde des Menschen hat, das kann für eine säkularisierte Strafrechtstheorie und -praxis kaum Ausgangspunkt sein, - und darf es wahrscheinlich nicht einmal.
Ich hatte keine Gelegenheit, mich noch einmal in besonderer Weise kundig zu machen über zeitgenössische Schuldtheorien in Psychologie, Pädagogik und Recht. Aber auch ohne diese Vorarbeit bin ich sicher, der Begriff "Sünde",-oder besser- das Begriffspaar "Sünde und Schuld", als konstitutive Elemente kommen da sicher nicht vor, höchstens als warnende Beispiele in der Abhandlung ekklesiogener psychischer Krankheiten und zu bearbeitender und abzutragender Schuldgefühle.

Der Schuldbegriff selbst ist, wenn ich es recht sehe, für das Strafrecht noch von entscheidender Bedeutung, soweit es Sühne für verwirkte Schuld erreichen will. Aber diese Schuld kann nur den für seine Taten verantwortlichen und dazu um das Unrechtmäßige seines Tuns wissenden Menschen angelastet werden. Die Fäden, die solche Schuld, die sich festmacht an der Verletzung des Systems rechtlicher und moralischer Konventionen, noch transzendierend verbinden mit der Sünde der Gottverlassenheit, werden immer dünner, wenn sie überhaupt noch vorhanden sind. Ich kann mir schlechterdings auch so etwas wie ein säkulares Sündenbewußtsein auch nur sehr schwer vorstellen, es sei denn, man wollte Erfahrungen des "Unbehagens an der Kultur" (Freud) oder ähnliche Beobachtungen als säkulare Korrespondenz ansehen.

Nun meine ich nicht, daß der sozialethische Beitrag christlichen Glaubens zu den Fragen strafrechtlicher Sanktion ein einfaches Raten zum Zurück zu reformatorischer oder paulinischer Sündenerfahrung sein könnnte. Vielmehr könnte m.E. das ein viel besserer Beitrag sein, daß sie den säkularen Zug modernen Denkens aufgreift und ihn erst recht durchführt und zu radikaler Konsequenz verhilft. Ich will an dieser Stelle keine historische Ableitung des säkularisierten Denkens versuchen, aber auf einige Entwicklungen in der Geschichte der Neuzeit hinweisen. Die Frage, wie weit die Reformation maßgeblich zur Entstehung des modernen Staates beigetragen hat, ist bis heute unter Historikern noch umstritten. Jedenfalls entsteht - sicher mitausgelöst durch die Kirchenspaltung und den Verlust an Einheit - ein Staat, der immer mehr zu einem "irdischen Gott" wird, zunächst noch personalisiert im absoluten Fürsten, aber dann in der Entwicklung des Begriffs der Souveränität und der Staatsraison immer mehr als Staat an sich absolute Rechte für sich reklamiert. Der Freiheit eines Christenmenschen, die Gott schenkt, folgt das Ideal bürgerlicher Freiheit, die der Staat zu gewähren und zu schützen sich anschickt. Das Recht der Strafe wird immer stärker monopolisiert, - heute haben es strenggenommen nur der Staat gegenüber seinen Bürgern und Eltern gegenüber ihren Kindern. Wenn aber bürgerliche Freiheit zu einem immanenten Erlösungsgut wird, dann wird Freiheitsstrafe zu einer Art immanenter Sündenstrafe. Vielleicht hat die Ablösung der Leibesstrafe durch die Freiheitsstrafe auch darin eine Ursache?

Wenn diese Vermutung auch nur ein bißchen stimmt, dann hätte das ganz bestimmte sozialethische Forderungen für die strafrechtliche Sanktion zur Folge. Denn auch das Bild vom Staat hat sich ja inzwischen erneut gewandelt. Der Staat ist ja nicht, wie das der Idealismus noch sehen konnte, die höchste sittliche Gemeinschaft, schon gar nicht mehr die Erhaltungsordnung Gottes gemäß lutherischem Staatsdenken. Aus dem "irdischen Gott" ist nach und nach die säkulare Großorganisation geworden, der zwar immer mehr Aufgaben der gesellschaftlichen Daseinsvorsorge und sozialer Sicherung übertragen wurden, die in fast allen organisierbaren Bereichen zur geradezu allgegenwärtigen Organisationsmacht geworden ist, vor der sich neue Ängste einstellen, die aber trotzdem kaum noch als solche metaphysisch begründet wird und ist. Eine solche funktionale und funktionierende Großorganisation braucht sicher noch Zwangsmittel, um eben ihr Funktionieren zu sichern, aber es ist doch sehr die Frage, ob sie auch noch in der Weise strafen darf, daß sie Sühne für erworbene Schuld fordern kann und dafür das nach dem Leben höchste Gut, die Freiheit nehmen darf. Ein Stück Säkularisation, das Fortsetzung der mit dem Christentum in die Welt gekommene Entgötterung dieser Welt wäre, könnte vielleicht mit dem Verzicht auf Freiheitsentzug als Strafe verwirklicht werden. Ob unsere Welt überhaupt auf Freiheitsentzug verzichten kann, das bleibt doch dahingestellt; auch eine säkularisierte Welt wandelt noch mehr im Glauben als im Schauen. Die Abschaffung der Freiheitsstrafe wäre nach Abschaffung der Todesstrafe ein logischer Schritt, wenn es richtig ist, daß ein säkularer Staat nicht mehr der weltliche Arm einer heiligen und geheiligten Weltordnung ist, der mit seinem weltlichen Strafen und sogar Töten nicht das göttliche Urteil vorwegnimmt, aber auch nicht der "irdische Gott", als der er seit der Zeit des Absolutismus in verals der er seit der Zeit des Absolutismus in veränderter Form römischen Staatskults gewissermaßen wieder aufnahm, - und wenn es weiter richtig ist, daß die Personenwürde selbst verletzt wird, wenn ihr Freiheit genommen oder vorenthalten wird.

Anmerkungen:

1) Artikel "Sünde und Schuld", in: "Religion in Geschichte und Gegenwart", Bd. VI, Sp. 476 - 505, 3. Aufl. Tübingen 1957 ff.

2) ebd., Abschn. 6 "Sünde und Schuld, dogmatisch" (v.W.Joest), Sp. 500

Strafe
-
Sanktion

Muß Freiheitsstrafe sein ?

- Verfassungsrechtliche und kriminologische Überlegungen zur Rechtfertigung des Freiheitsentzugs als Kriminalstrafe -

Dieter Rössner

1. Die Freiheitsstrafe als Inbegriff staatlichen Strafens

Die Freiheitsstrafe ist die einschneidendste staatliche Sanktion. Obwohl sie nach einer beispielslosen interner Sanktionsreform heute nur noch in 6 % aller Verurteilungen unmittelbar angewandt wird (1882 noch 77 %),[1)] gilt sie einhellig als das "Rückgrat" des heutigen Strafrechts.[2)] Diese Auffassung deckt sich mit den Anschauungen der Öffentlichkeit, wo nur derjenige als wirklicher "Krimineller" gilt, der eine Freiheitsstrafe verbüßt hat. Wie keine andere Sanktion symbolisiert sie für die Gesellschaft den Kampf gegen das Böse und stigmatisiert die Betroffenen in entsprechender Weise.[3)] Die Rückgratfunktion der Freiheitsstrafe zeigt sich schließlich darin, daß sie als letztes Druckmittel hinter den übrigen strafrechtlichen Sanktionen bei der uneinbringlichen Geldstrafe und der Strafaussetzung zur Bewährung steht.[4)]

So ist die Freiheitsstrafe als schwerste Kriminalstrafe alltägliche Realität unserer Gerichtssäle. Ihre Anwendung wird nicht ernstlich infrage gestellt. Man verlangt zwar in manchen Fällen höher oder geringer bemessenen Freiheitsentzug, nimmt die Freiheitsstrafe insgesamt aber als Selbstverständlichkeit unserers Strafrechtssystems. Bezweifelt werden allenfalls die Modalitäten des Vollzugs, nicht aber die Verhängung. Diese Akzeptanz der Freiheitsstrafe findet sich weltweit, denn es gibt kein modernes Rechtssystem - in Ost und West - das auf ihren zentralen Einsatz als Mittel strafrechtlicher Kontrolle verzichtet. Die Freiheitsstrafe ist damit die erfolgreichste Sanktionsidee unserer Tage - historisch vergleichbar dem Kompositionensystem zugunsten des Verletzten im vormittelalterlichen Privatstrafrecht und den Todes- und Leibesstrafen im Mittelalter.

Die Freiheitsstrafe hat ihren Siegeszug zusammen mit dem Entstehen von menschlichen Grundrechten und der liberalen Staatsauffassung angetreten, da sie gegen die insoweit offensichtlich einschneidenderen Leibes- und Todesstrafen gerichtet war und diese ablösen konnte: "Nicht die Heftigkeit der Strafe hat die größte Wirkung auf das menschliche Gemüt, sondern ihre Dauer" (C.BECCARIA). Das Element der Dauer ohne sichtbare Nachwirkung kommt der Freiheitsstrafe ebenso zu wie die genaue Quantifizierbarkeit in Zeiteinheiten. Die so gegebene Möglichkeit der genau fixierten Strafdrohung entsprach der liberalen Auffassung des Strafens besonders, weil der staatliche Eingriff exakt vom Gesetzgeber zu umreißen war. Die starren und kaum variablen Strafrahmen des klassischen liberalen Strafgesetzes - des Bayerischen StGB von 1813 - sind ein schlagendes Beispiel dafür.

Die historische Rechtfertigung der Freiheitsstrafe mit dem Hinweis auf schlimmere Strafrechtszeiten und die Gefahr des Rückfalls enthebt heute aber die Freiheitsstrafe nicht der folgenden kritischen Betrachtung.

2. Freiheitsstrafe und Grundgesetz

Das Grundgesetz läßt an verschiedenen Stellen erkennen, daß es die Freiheitsstrafe als schärfste kriminalrechtliche Reaktion im Interesse des Erhalts der Gemeinschaftsordnung zugrunde legt: Nach Art.102 GG ist die Todesstrafe abgeschafft, nicht aber die dem Grundgesetzgeber natürlich bekannte Alternative dazu, die zeitliche oder lebenslange Freiheitsstrafe. Art.104 GG macht deutlich, daß Freiheitsentziehungen, die durch den Richter angeordnet werden, grundsätzlich zulässig sind. Art.74 Abs.1 Nr.1 GG läßt erkennen, daß die Freiheitsstrafe als Organisationsbestandteil staatlicher Gewalt gilt, wenn dort das Strafrecht und der Strafvollzug, d.h. nach § 1 StVollzG der Vollzug der Freiheitsstrafe in Justizvollzugsanstalten und der freiheitsentziehenden Maßregeln der Besserung und Sicherung, zum Gegenstand der konkurrierenden Gesetzgebung erklärt werden.

Ein Eingriff in das Grundrecht der persönlichen Freiheit i.S. des Art.1 Abs.2 GG ist nach dessen Satz 3 aufgrund eines einfachen formellen Gesetzes möglich. Die im Strafgesetzbuch vorgesehenen, vom Richter angeordneten Freiheitsstrafen entsprechen formal dem Gesetzesvorbehalt. Soweit der Freiheitsentzug i.S. des materiellen Strafrechts erfolgt, liegen auch die inhaltlich aus dem Verhältnismäßigkeitsgebot abgeleiteten besonders gewichtigen Gründe für die Freiheitseinschränkung vor.[5)] Das am 1.1.1977 in Kraft getretene StVollzG hat schließlich das Problem beseitigt, daß nur das "Ob" - die Anordnung der Freiheitsstrafe - aufgrund eines Gesetzes erfolgte, nicht aber das "Wie" - die Durchführung -. Das "besondere Gewaltverhältnis" - eine Art verfassungsrechtlicher Friedloslegung des Rechtsbrechers durch den Urteilsspruch - muß für die konkreten Freiheitsbeschränkungen also nicht mehr bemüht werden.

Als Fazit dieses 1.Überblicks also: Freiheitsstrafe muß sein. Sie ist in der Öffentlichkeit, Wissenschaft und Praxis anerkannt und verfassungsrechtlich abgesichert. Wären wir nur an formalen Kategorien orientiert, so könnten wir hier abbrechen. Die Legalität der Strafsanktion ist hinreichend dargetan. Diese verkürzte Fragestellung soll uns jedoch bei der Rechtfertigung der schwersten Kriminalstrafe nicht genügen. Das Grundgesetz selbst hebt in Art.1 GG auf die transpositive Bindung des formellen Rechts ab. Es ist von daher notwendig, auch nach der Legitimation der Freiheitsstrafe in einer freiheitlich-rechtsstaatlichen Demokratie zu fragen. Freilich müssen wir uns dabei auf den Kampf mit den ideologischen Wogen des uralten Menschheitsproblems der Rechtfertigung von Strafe auseinandersetzen und es bleibt uns allenfalls die Hoffnung auf einige Inseln des Lichts.

Das Problem ist ein doppeltes: Ist staatliche Strafe - Übelzufügung - zur Reaktion auf sozialschädliches Unrecht, auf abweichendes Verhalten von Gesellschaftsmitgliedern überhaupt eine legitime Reaktion und - weiter - ist dazu die Freiheitsstrafe notwendig?

3. Strafe als Gegenschlag

Die Antwort auf die aufgeworfene grundsätzliche Frage liegt dem Strafjuristen in der Regel schnell zur Hand. Laufen doch nahezu alle Strafrechtslehrbücher auf die Formel hinaus: "Es ist unbestritten, daß die Rechtfertigung der Strafe in ihrer Notwendigkeit liegt".[6] Doch mehr als eine petitio principii ist damit nicht erreicht. Eine streng empirische Begründung der Notwendigkeit bleibt das Strafrecht schuldig. Der Gegenschlag - die rechtliche Erwiderung auf Unrecht - wird als Grundmuster menschlichen Lebens für so selbstverständlich genommen, daß andere Möglichkeiten der Reaktion und Verhaltenssteuerung kaum ins Blickfeld gelangen. Es ist eine schlimme Situation eingetreten und diese soll nach dem "bewährten Katastrophenrezept" des Mehr von demselben[7] wieder aus der Welt geschaffen werden. Denn - und darin ist man sich einig - Strafe ist begrifflich und wesensmäßig Übelszufügung und zugleich ein sozial-ethisches Unwerturteil über den Täter wegen der von ihm begangenen Tat. Die Leugnung des Übelscharakters der Strafe würde nichts anderes bedeuten, als die Leugnung des Strafbegriffs selbst.[8] An dieser Grundtatsache kann auch eine grundsätzlich positiv gewendete Sinn- und Zweckgebung der Strafe, wie z.B. der Erziehung oder Resozialisierung, nichts ändern. Man muß sich also von vornherein klar machen, daß bei der Freiheitsstrafe die mit dem Freiheitsentzug verbundenen Beeinträchtigungen gewollt sind.

Die Begründung für die postulierte Notwendigkeit der Kriminalstrafe wird auf drei Ebenen "nachgeschoben":[9]

a) Staatspolitische Notwendigkeit: Dieser Ansatz geht von der Prämisse aus, daß ohne strafrechtliches Reaktionsmittel ein geordnetes und gedeihliches Zusammenleben in einer menschlichen Gesellschaft auf Dauer undenkbar ist.[10] Dies ergebe sich aus der dem Staat obliegenden Verpflichtung, die Sicherheit seiner Mitglieder zu garantieren. Ohne das Mittel der Strafe würde sich die Staatsgewalt selbst preisgeben. Auf dieser gemeinsamen Basis staatspolitischer Rechtfertigung der Strafe wird diese dennoch ganz unterschiedlich verstanden: Während sie JAKOBS als eine Reaktion auffaßt, durch die demonstriert wird, daß auf Kosten des Straftäters an der gebrochenen Norm festgehalten wird,[11] sieht CALLIES darin eine Sanktion des demokratischen und sozialen Rechtsstaats, die durch rechtsstaatlich geordnete Kommunikation, demokratische Partizipation und sozialstaatliche Solidarität der Gesellschaft mit dem Täter gekennzeichnet ist.[12] BAUMANN rechnet die Strafe zu den sozialen Aufgaben des Staates im Rahmen der Gesamtrechtsordnung, nämlich der Regelung des sozialen Zusammenlebens der Menschen. Wenn wichtige soziale Rechtsgüter anders nicht zu schützen sind, darf danach der Gesetzgeber die Strafe einsetzen.[13)]

b) Sozialpsychologischer Ansatz: Der Gegenschlag - die Strafe - wird als natürliches Bedürfnis verstanden. Strafe ist ein angeborenes Aggressionsmuster,[14)] das ursprünglich als Rache auftritt und im Strafrecht zivilisiert und begrenzt wird. Für den privaten Triebverzicht entschädigt der Staat seine Bürger, indem er kollektive Aggressionsabfuhr im Strafrecht zuläßt.[15)] Die biologische Grundlegung des Strafrechts trifft sich mit der im Ansatz durch Welten getrennten psychoanalytischen Anschauung der Strafe. Danach können im Strafen, die auf dem Destruktionstrieb beruhenden individuellen Aggressionen kollektiv gegen Außenseiter abreagiert werden. Dieses Ausleben erleichtert die Verdrängungsarbeit der Aggression. Zugleich können sich die Rechtschaffenen deutlich von den Bösen absetzen.[16)] Es wird als legitim und notwendig angesehen, die durch die Psychoanalyse gefundene Irrationalität im Strafrecht aufzufangen.[17)] Unkontrollierbare Lynchjustiz und die Rückkehr zur Privatstrafe würden so vermieden.[18)] Die sozialpsychologische Notwendigkeit der Strafe könnte freilich durch eine zunehmende Rationalisierung der Gesellschaft entfallen.[19)]

c) Individualethische Notwendigkeit: Der Mensch als sittliches Wesen habe das Bedürfnis, sich von Schuld zu befreien. Der Weg dahin führe über eine Sühneleistung durch die Strafe.[20)] HEGEL sieht in der Strafe gar ein Recht des Verbrechers, das ihn als Vernünftigen ehrt und somit seinen menschlichen Wert ohne Einschränkung anerkennt.[21)]

So einleuchtend und überzeugend die Rechtfertigungen der Strafe wirken mögen, den empirischen Beweis sind sie mancher anders lautenden Behauptung[22] bisher schuldig geblieben. Die Phalanx der Argumente sind letztlich Empfindungen, Postulate, die schon beim Ergebnis angelangt sind. Zwar sind die Behauptungen empirisch ausgerichtet, die erfahrungswissenschaftliche Prüfung ist jedoch unterblieben, möglicherweise ist sie gar nicht möglich.

Die staatspolitische Rechtfertigung der Strafe beruht auf der Vermutung (Verdacht, Vorurteil?), daß gesellschaftliche Ordnungen ohne Strafrecht nicht existieren könnten. Das große Experiment, auf Strafrecht zu verzichten und die Verhaltenssteuerung anderen Institutionen der Gesellschaft zu überlassen, steht aber noch aus und erscheint auch kaum denkbar.[23] Teilexperimente der Entkriminalisierung bestimmter Strafrechtsbereiche sprechen eher gegen den strafrechtsfertigenden Verdacht. Die zugrundeliegende philosophische Vision des "Kampfes aller gegen alle" (HOBBES), der nur durch härteste Repression zu vermeiden ist, wird durch ethnologische Forschungen in primitiven Gesellschaften in Frage gestellt. Vielmehr ist auch der "Wilde" fest in die Strukturen seiner Gemeinschaft eingebunden,[24] ohne daß er ein Strafrecht kennt. Die Wiederherstellung des sozialen Gleichgewichts durch verschiedene Formen des Ausgleichs, z.B. eines Schiedsspruchs, erscheint wichtiger als strafähnliche Sanktionen und die Erfüllung abstrakter Strafnormen.[25] Selbst ein so starker und zentralistischer Staat wie das römische Weltreich hat sich in großen Bereichen mit einem Privatstrafrecht begnügt,[26] ohne daß deshalb das staatliche Gefüge in Gefahr geriet.

Noch fragwürdiger sind die sozialpsychologischen Rechtfertigungen der Strafe, wenn sie sich auf die

Irrationalität des menschlichen Aggressionstriebs berufen. Aufklärung und Entwicklung eines rationalen Strafrechtsprinzips, das sich schließlich selbst überwindet, müßten die Folge sein.[27)] Es erschiene als ein Armutszeugnis, der Gerechtigkeit zu unterstellen, daß Böses notwendig mit Üblem vergolten werden muß. Gerechtigkeit als perpetuum mobile des Bösen und des wechselseitigen Aggressionsausgleichs erscheint kaum erstrebenswert.

Der individualethischen Rechtfertigung der Strafe fehlt schon jede empirische Plausibilität. Die innere Läuterung des Straftäters durch Sühne ist eine autonome sittliche Leistung, die durch die äußere Übelszufügung der Strafe eher verhindert, jedenfalls aber nicht erzwungen werden kann.[28)] Für wirkliche Sühne bedeutet gerade der Eintritt ins Recht den Sündenfall.[29)]

Schlüssiger als die strafrechtstheoretischen Versuche, die Strafe aus nichtbewiesenen Tatsachen, vorrechtlichen und angeblich zeitlos gültigen allgemeinen Grundprinzipien abzuleiten, ist in dieser Situation eine rein an juristischen Kategorien orientierte Legitimation der Strafe. Die rechtliche Wertung mag man ablehnen oder billigen, an ihrer Logik gibt es jedenfalls keinen Zweifel: Das allgemeine Rechtsprinzip der Notwehr erlaube es, sozialschädliche Angriffe auf wesentliche Rechtsgüter der Gemeinschaft mit strafrechtlichen Zwangsreaktionen als Sozialverteidigung mit der erforderlichen Güter- und Werteinbuße beim Betroffenen zu beantworten.[30)] Bei der Beurteilung dieser Kollektivnotwehr führen die Kriterien der notwendigen und erforderlichen Verteidigung von vornherein zu einer angemessenen Strafbeschränkung. Einzuwenden ist jedoch, daß das allgemeine Rechtsprinzip der Notwehr nur den rechtswidrigen Angriff, d.h. die Antisozialität des Täters, voraussetzt und somit nur eine staatliche Maßnahme der sozialen Verteidigung, nicht aber eine sozial-ethische

Mißbilligung durch Strafe rechtfertigt.

Trotz der aufgezeigten Brüchigkeit der Begründungen für die Rechtfertigung des Gegenschlags - die Strafe - auf Unrecht bleibt das Gefühl, daß es aus vielerlei Gründen widersprüchlich wäre, schweres Unrecht zu tun und unbehelligt frei zu bleiben. Strafrecht als Reaktion steht eben in dem letztlich unlösbaren Dilemma, daß es immer zu spät kommt, die schlimme Situation schon unabänderlich in concreto vorliegt, es aber dennoch aus dieser schlimmen Situation der "Richtige" machen soll.[31] Das Ergebnis, keine schlagende Begründung für die Strafe zu finden, mag beruhigen. Ihre Anwendung mit schlechtem Gewissen und die ständige - auch partielle - Suche nach etwas Besserem, ist wichtiger Garant eines humanen Strafrechts. Unter diesem Aspekt sind die Fragen des modernen Strafrechts nach Alternativen weit bedeutender als die nach einer richtigen Begründung der Strafe. Gerade in der letztlich fehlenden Rechtfertigung liegt der Impetus für jede Kriminalpolitik.

Die Skepsis gegenüber der strafrechtlichen Verhaltenskontrolle wächst noch, wenn man die Erkenntnisse anderer Disziplinen denen des Strafrechts gegenüberstellt. Der Gegenschlag als Reaktion auf Unrecht verliert dann schnell seine axiomatische Bedeutung. Schon BECCARIA hat Belohnung und Erziehung als mindestens ebenso wirksame verhaltenssteuernde staatliche Mittel gesehen wie die Strafe.[32] Moderne Verhaltenstherapeuten wie SKINNER versprechen sogar, daß sie die Verhaltensmuster jedes Menschen optimal so einrichten könnten, daß die ideale Ordnung für immer gesichert werde.[33] Eine verfassungsrechtliche Betrachtung der Strafe als denkbar schärfster verhaltenssteuernder Eingriff muß sich daher auch mit den von anderen Disziplinen angebotenen Alternativen auseinandersetzen. Darum geht es im folgenden Abschnitt.

4. Gibt es etwas Besseres als Strafe?

Theologie, Psychologie/Pädagogik und Soziologie beschäftigen das Problem der Strafe in gleicher Weise wie die Rechtswissenschaft. Sie haben es jedoch leichter, Nichtwissen und Widersprüche offen darzulegen, da ihr praktisches Handeln nicht in gleicher Weise auf dem Strafmuster beruht wie im Strafrecht. Bei der jeweiligen Annäherung an das Thema wird das schnell klar.

Die Theologie versetzte schon die Aussagen der Bibel zwischen die Pole des "Auge um Auge, Zahn um Zahn"-Talionsprinzips und der Feindesliebe ("wenn Dir jemand einen Streich gibt auf die rechte Backe, dann biete die andere auch dar"). Wer hat recht, das Alte oder das Neue Testament? Gerechtigkeit durch den Gegenschlag, das Wiederholen der Untat oder totale Abkehr vom Stil des Gegners, Hoffnung auf Einsicht? Oder liegt Gerechtigkeit in der widersprüchlichen Mitte: Gegenschlag und Handreichung in einem? Es muß offen bleiben, ob sich die Aufforderung Jesu, das Gute gegen das Böse zu setzen, nur auf die kleine auserlesene Gruppe der Jünger bezieht [34] oder ein allgemeines Prinzip menschlichen Umgangs sein soll, das auch die Strafe in die Nächstenliebe einschließt.[35]

In der Psychologie wird Bestrafung als verhaltenssteuernde Methode zunehmend kritisch betrachtet. Es gibt viele Stimmen, die sich der frühen Meinung des Philisophen BENTHAM anschließen: "Bestrafung ist einfach Unfug. Bestrafung ist in sich selbst etwas Böses". So wird vorgeschlagen, die ethische Steuerung der Gemeinschaft von Zwangsmaßnahmen zu lösen und Verfahren anzuwenden, die positive Wertmaßstäbe den negativen vorziehen.[36] Diejenigen, die Bestrafung als ein zumindest teilweise wirksames Instrument zur Verhaltensmodifikation auffassen, heben die unbeabsichtigten negativen Nebenwirkungen der Strafe besonders hervor und plädieren deshalb zur Zurückhaltung:[37] Die Strafe betreffe nicht nur die unerwünschte Reaktion, sondern die gesamte Person. Emotional handle es sich um einen destruktiven, wenn nicht sogar sadistischen Akt seitens des Bestrafenden, der zu Haß und Furcht beim Bestraften führe. Bestraftes Verhalten werde nicht sicher verhindert, weil es nur dann unterlassen werde, wenn sich der Bestrafte unter Beobachtung wähne. Auch der Bezugrahmen der Soziologie läßt eine allgemeingültige Rechtfertigung der Strafe nicht zu. Vielmehr liefern die dort in diesem Zusammenhang verwendeten Kategorien des abweichenden Verhaltens und dessen sozialer Kontrolle durch die Gesellschaft eher Hinweise für eine Relativierung der strafrechtlichen Position. Schon die Frage, welches abweichende Verhalten als Verbrechen anzusehen ist, folgt aus soziologischer Sicht keinen allgemeingültigen, in der Natur des Menschen liegenden Regeln, sondern hat als Menschenwerk immer nur relative Gültigkeit.[38] In gleicher Weise relativ erscheint das vielschichtige Gefüge der sozialen Kontrolle mit seinem Reichtum an Typen, Trägern, Strategien und Maßnahmen. Gemeinsames Merkmal der sozialen Kontrolle ist nur, daß sie ein zentraler Bestandteil aller Prozesse der sozialen Integration einer Gesellschaft ist und auf diese Weise Gegensätzlichkeiten und Konflikte überwunden werden.[39] Das Strafrecht macht dabei neben den anderen Trägern der sozialen Kontrolle wie Familie, Schule, Kirche und Betrieb nur einen kleinen, nach Zeit und Ort jeweils unterschiedlichen Teilbereich aus.[40] Innerhalb des Systems sozialer Kontrolle herrscht auf allen Ebenen beträchtliche Flexibilität sowohl hinsichtlich der Träger als auch der Strategien sozialer Kontrolle.[41] Schließlich kann soziale Kontrolle auch einfach aus Nichtwissen und Nichtreaktion bestehen.[42] Aus all dem folgt, daß Strafe niemals das alleinseligmachende Instrument sozialer Integration ist, sondern allenfalls ein mögliches Mittel unter anderem. Am Beispiel des homosexuellen Verhaltens läßt sich das Gesagte illustrieren:

Das von der "normalen" Heterosexualität abweichende homosexuelle Verhalten galt z.B. im klassischen Griechenland als besonders wertvolle Form der Liebe zwischen einem älteren und einem jüngeren Mann. Im frühen Mittelalter wurde es dann unter dem Einfluß der Kirche unter strenge Strafen gestellt. In unserer Zeit, die die einfache Homosexualität wieder entkriminalisiert hat, finden sich beide Einstellungen noch nebeneinander: Während der Homosexuelle in Teilen der Bevölkerung stark abqualifiziert wird, gilt er in anderen Kreisen, z.B. bei Künstlern, häufig als Schöngeist oder vertritt in Gruppen offen, daß "Schwulsein" schön ist. Ähnlich widersprüchlich gestaltet sich die soziale Kontrolle dieses Verhaltens, wenn man sie über einen längeren Zeitraum betrachtet: Das Verhalten kann sich positiv abheben und belohnt werden. Es kann einfach - wie in permissiven Gesellschaften - toleriert werden. Es kann als harmlose Absonderlichkeit belächelt werden. Es kann als Unsittlichkeit verdammt werden. Es kann als Verbrechen streng bestraft und schließlich als Krankheit behandelt werden (Homosexualität war lange Zeit auch ein Gebiet der Sexualpsychiatrie).[43)]

Welche Strategie der sozialen Kontrolle das Ergebnis der größtmöglichen "Normalität" zeitigt, ist dabei nicht vorgegeben. Die staatliche Strafe ist den anderen Formen nicht notwendig überlegen.

Als Fazit dieses Abschnitts können wir festhalten, daß das Strafrecht durchaus als kulturell gewachsener Teil des Gesamtsystems sozialer Kontrolle zu gelten hat, jede Hypostasierung des Strafrechts aber abzulehnen ist.

Es gibt anternative Möglichkeiten, die dem Strafrecht nicht von vornherein unterlegen sind. Freilich kann auch nicht gesagt werden, daß sie in jeder konkreten Situation besser als das Strafrecht sind. Das Strafrecht als schärfster Teil des Gesamtsystems sozialer Kontrolle muß sich danach aber stets an den Alternativen messen lassen und zugunsten dieser zurücktreten, wenn es im besonderen Fall mehr Schaden als Nutzen stiftet.

Die Möglichkeit der nichtstrafrechtlichen Konflikterledigung von Strafrechtsfällen wird selbst von systemtheoretischer Sanktionssicht anerkannt, die Strafe im übrigen als Widerspruch gegen die Desavouierung der Norm auf Kosten des Straftäters zur sicheren Normgeltung für notwendig hält. LUHMANN führt dazu aus:[44] Obwohl es vor allem für Juristen naheliegt, den Normbegriff durch die Bereitschaft zu definieren, im Enttäuschungsfalle Sanktionen zu verhängen, werde dadurch das Repertoire an Möglichkeiten der Konfliktverarbeitung zu stark eingeschränkt und verkannt, daß das Durchhalten der Erwartung (trotz Enttäuschung im Einzelfall) wichtiger ist als das Durchsetzen (der Sanktion). Die "Sanktionstheorie"(mit ihrem absoluten Strafanspruch) gehe von einem verstärkten Gegensatz zwischen Erwartendem und Enttäuschendem aus und neige dazu, die Fälle zu übersehen, in denen beide zusammenarbeiten, um die verletzte Norm zu rehabilitieren. Es gäbe genügend der Strafe funktional äquivalente Strategien kontrafaktischer Stabilisierung. Dazu stehen regelmäßig zur Verfügung: Man kann den Normverstoß bewußt oder unbewußt nicht zur Kenntnis nehmen (Prävention des Nichtwissens); man kann den Normbrecher nicht ernst nehmen; man kann die Norm durch Unterstützung und Bestätigung des Opfers sowohl durch Dritte als auch den Normbrechter (Entschuldigung) aufrechterhalten; es kommen schließlich vielfältige Techniken der Anmahnung der Normerfüllung, des vorgeführten Leidens, der öffentlichen Bekanntmachung des Enttäuschungsfalls usw. in Betracht. Entscheidend ist aber, daß auch die systemtheoretische Konzeption der Sanktion den Blick auf die Alternativen freigibt, sogar fordert und nicht - wie viele Strafjuristen - bei der Notwendigkeit der Strafe halt macht.

5. Ein rational-empirischer Rechtfertigungsansatz: Kriminalstrafe als Instrument der Begrenzung sozialer Kontrolle

Die soziologische Sicht der Strafe als Teilbestandteil sozialer Kontrolle einer Gesellschaft eröffnet anders als das erfahrungswissenschaftlich nicht bewiesene Postulat der Notwendigkeit der Kriminalstrafe zur Regelung des menschlichen Zusammenlebens den Weg zu einer rational empirischen Rechtfertigung der Strafe. In diesem Begründungsansatz wird Strafe allerdings niemals eine absolute Qualität erhalten, die gerade ihre Notwendigkeit für das geordnete Zusammenleben quasi naturrechtlich vorgibt, sondern ist nur als quantitativ abgrenzbarer Teil des Gesamtsystems sozialer Kontrolle auszumachen. Kriminalstrafe als Reaktion auf das von der Gemeinschaft als schwerwiegendste Abweichung beurteilte Verhalten hat in diesem Sinne in einer rechtsstaatlich-liberalen Demokratie die bedeutende Funktion, das soziale Kontollsystem in seiner Reaktion zu begrenzen.

Doch zunächst zu den empirischen Grundlagen des hier eingeschlagenen Wegs zur Rechtfertigung der Strafe:

Der soziologisch -ethnologische Befund ist eindeutig. In allen Gesellschaften überwachen irgendwelche Menschen die geltende Ordnung sozialer Beziehungen. Täglich und lebenslang sind Menschen von Kontrollinstanzen umgeben.[45] Dabei können äußere Kontrollen, die auf sichtbaren Reaktionen beruhen und innere Kontrollen, deren Aufbau im Prozeß der Sozialisation erfolgt, unterschieden werden. Als Prozeß der sozialen Integration findet sich soziale Kontrolle sowohl in primitiven wie in komplexen Gesellschaften, wenn auch in letzteren aufgrund ihrer außerordentlichen Differenzierung sowohl die Arten wie die Formen der sozialen Kontrolle außerordentlich vermehrt wurden.[46] Soziale Normen sind Menschenwerk und damit immer nur relativ gültig. Ein "natürliches" Verbrechen ist insoweit nicht denkbar. Das oben näher ausgeführte Beispiel der Homosexualität macht dies deutlich. Es muß offen bleiben, warum Menschen immer neue Situationen schaffen, statt sich ein für allemal dauerhaft und problemlos einzurichten. Die Menschheitsgeschichte ist jedoch sozialer Wandel, der Abweichungen schon mit der Normsetzung entstehen läßt. Norm und Abweichung sind insoweit komplementär. Erbliche Vorbedingungen, die Individualität jedes Menschen, gruppenspezifische, konkurrierende soziale Normen und Kulturkontakte mit ganz anderen Normsetzungen erklären ohne weiteres den Befund der Universalität von Abweichung und sozialer Kontrolle in menschlichen Gesellschaften.[47] Es ist insoweit sicher nicht verfehlt, den Bruch der sozialen Ordnung und die darauf folgende Reaktion als die "Mutter des Rechts" zu bezeichnen.[48]

Daß die universelle Abweichung von sozialen Normen eine menschliche Qualität im Gegensatz zur instinktgeprägten Verhaltenskontrolle der übrigen Lebewesen ist, bekunden übereinstimmend alle großen Mythen und Schöpfungsgeschichten über den Ursprung der Menschheit. Mit bewußter Abweichung beginnt menschliches Leben auf der Erde. In der uns geläufigsten - der Genesis der Bibel - beginnt alles mit einem Diebstahl -, der heute noch üblichsten Form kriminellen abweichenden Verhaltens. Schon bei der Bewertung geht jedoch der Streit los: Ist er eine Ursünde, wie die Bibel meint, oder heroische Tat im Sinne der Aufklärung. In jedem Fall sind konformes Paradies und die Vertreibung wegen der Tat weder als reale Geschichte noch bestimmte zeitliche Realität gemeint, sondern als Chiffre für die Zwiespältigkeit des Menschen überhaupt.[49] Für ihn gibt es von nun an die Kategorien des Gut und Böse und er hat die Erkenntnismöglichkeit seines Bewußtseins, zwischen beidem zu wählen. Wie vielfältig und unterschiedlich der Begriff des abweichenden Bösen im einzelnen auch aussehen kann, der allgemeine Wesenszug ist offensichtlich: Das Böse erscheint als die Aufhebung der Ordnung in und durch die Tathandlung des Menschen.[50] Die Urphänomenalität diese Sachverhalts tritt uns damit übereinstimmend bei der soziologisch-ethnologischen, philosophischen und theologischen Betrachtungsweise vor Augen. Die formale Konstanz der gesellschaftlichen Realität von Gut und Böse zeigt sich daran, daß sich die Menschen um eine Ordnung ihres Zusammenlebens bemühen müssen, weil sie diese Ordnung - wie immer sie im einzelnen aussehen mag - durch Enttäuschungen gefährenden.[51] Daher ist es notwendig, die Kategorien Gut und Böse zu konkretisieren, d.h. im Einzelfall zu verifizieren, um dem Einzelnen genügend Verhaltenssicherheit zu ermöglichen. Soziale Regeln und ihre Kontrolle sind die notwendige Folge.

Die soziale Kontrolle als zentralen Bestandteil der sozialen Integration einer Gesellschaft mit einer großen Vielfalt an Trägern, Strategien und Sanktionen findet jede Staatsgewalt daher in der Wirklichkeit bereits vor. Schon unter diesem Aspekt erscheint es unsinnig, die Notwendigkeit der Strafe mit der Garantie eines geordneten menschlichen Zusammenlebens zu begründen. Der liberale

Rechsstaat hat aber die Aufgabe, die am obersten Ende der Schwereskala der Kontrollmechanismen liegenden sozialschädlichen Handlungen zu kontrollieren und damit den schwerstmöglichen Eingriff im sozialen Kontrollsystem für alle verbindlich festzulegen. Diese Begrenzungsfunktion hindert nicht, daß auch bei kriminellen Handlungen zusätzlich auf anderen Ebenen der Sozialkontrolle reagiert wird. In der Regel ist es sogar so, daß eine besondere Resonanz dann hervortritt, wenn verschiedene Ebenen und Personen mitwirken, wie z.B. Familie, Schule und schließlich Staat. Die staatliche Reaktion muß dabei nicht die effektivste sein, sie gibt aber in jedem Fall die Grenze der Eingriffsmöglichkeit vor. Nur so ist der Bürger gegen unverhältnismäßige und willkürliche Reaktionen geschützt. Zudem wird in einem Bereich Rechtssicherheit gewährleistet, der bei freier Entwicklung - wie bereits gezeigt - an Vielfalt und damit Undurchsichtigkeit kaum mehr zu überbieten ist. Das heikle Spannungsverhältnis zwischen Freiheit, Sicherheit, Erforderlichkeit und Verhältnismäßigkeit im Rahmen jeder Sozialkontrolle kann in einer komplexen Gesellschaft bei den stärksten Eingriffen nur bei staatlicher Übernahme in eine verträgliche und demokratisch legitimierte Balance gebracht werden. Die staatliche Übernahme ist auch deshalb geboten, weil nur so ein rechtsstaatlich ausgestaltetes Verfahren mit entsprechenden Rechtsschutzmöglichkeiten gewährleistet ist. Insoweit bestehen Berührungspunkte zu der Rechtfertigung der Strafe durch soziale Notwendigkeit.[52] Aus unserer Sicht besteht diese vor allem darin, daß der Staat durch das Mittel der Kriminalstrafe maßlose Sozialkontrolle auf das sozial ausgewogene Verhältnis reduziert.

Der Unterschied zu der traditionellen staatspolitischen Rechtfertigung der Strafe ist fundamental: Während dort Strafe als axiomatische Voraussetzung gesellschaftlichen

Zusammenlebens gesehen wird und die Strafe praktisch erfunden werden müßte, wenn es sie noch nicht gäbe, um die Menschen glücklicher zu machen, wird hier eine vorhandene gesellschaftliche Erscheinung aufgegriffen und durch das im Laufe der historischen Entwicklung "erfundene" Instrument des Strafrechts kanalisiert.[53)]

Die wichtigste kriminalpolitische Konsequenz unserer Anschauung ist, daß sie dazu zwingt, die Problematik staatlichen Strafens mit allen Implikationen radikal zu diskutieren und - zumindest in Teilbereichen - stets nach etwas Besserem zu suchen, das im gesamten Kontroll-System möglicherweise schon vorhanden ist. Sieht man dagegen die Kriminalstrafe als absolut notwendig für das geordnete Zusammenleben an, so wird sie zumindest zum Teil einer rationalen Diskussion entzogen.

Der Gesetzgeber sieht in der Freiheitsstrafe die schärfste Form sozialer Kontrolle. Er hat damit die absolute Grenze staatlicher Reaktion auf abweichendes Verhalten nach oben angegeben. Die Freiheitsstrafe ist damit aber nicht sakrosankt. Ob zur sozialen Kontrolle eines Verhaltens staatliche Strafe erforderlich ist und wie diese im Einzelfall auszusehen hat, ist eine Grundfrage des Strafrechts, nicht aber dessen unumstößliche Voraussetzung.

Die Begrenzungsfunktion der sozialen Kontrolle bleibt dem Strafrecht aber in jedem Fall, wenn man nicht einen erheblichen Verlust der Verhältnismäßigkeit und Rechtssicherheit bei der Kontrolle abweichenden Verhaltens hinnehmen will. Insoweit ist Strafrecht in jedem Fall ein wesentlicher Faktor für ein gesichertes Zusammenleben der Menschen. Das gilt unabhängig davon, wieweit es möglich ist, Strafrecht durch andere Kontrollmöglichkeiten wie Verwaltungsrecht und Zivilrecht, Diversion oder Restitution zurückzuschrauben. Solange es nicht gelingt, die Gesellschaft im Umgang mit der Sanktion "unschädlich" zu machen[54] - und das erscheint schon im Hinblick auf die Einstellung zur Todesstrafe derzeit kaum denkbar - ist der Staat gefordert, die verfassungsrechtlichen Prinzipien beim Umgang mit der Strafe durchzusetzen.

Auch die systemtheoretische Betrachtung der Sanktion läßt die Bedeutung staatlicher Begrenzung des Systems sozialer Kontrolle deutlich hervortreten. Die formalisierte und kanalisierte Enttäuschungsabwicklung durch den Staat muß die sonst möglicherweise maßlose Stärke der Reaktion begrenzen.[55] Denn häufig gewinnt das Erleben des Enttäuschten eine emotionale Färbung. Er regt sich auf. "Es besteht die doppelte Gefahr, daß der Enttäuschte vor Aufregung unberechenbar handelt, daß er, um eine Erwartung zu retten, viele Erwartungen enttäuscht, also mehr Probleme schafft als löst; oder daß er in der Aufregung seine Fassung verliert, sich selbst vergißt, die Kontinuität und Verläßlichkeit seiner Selbstdarstellung unterbricht und um einer Erwartung willen die soziale Identität seiner Persönlichkeit aufs Spiel setzt, sich selbst blamiert und sich nicht wiedergutzumachenden Schaden antut".[56] Was damit gemeint ist, läßt sich leicht an einem aktuellen Beispiel zeigen, das die derzeit wohl rational nicht endgültig zu bewältigenden emotionalen Widersprüche beim Umgang mit der Freiheitsstrafe aufzeigt: Frauen, die als Angehörige der Grünen generell die Einschränkung oder gar Abschaffung der Freiheitsstrafe fordern, sehen sich plötzlich mit der Vernunft des Herzens gezwungen, wesentlich härtere Feiheitsstrafen für Vergewaltiger zu fordern, wenn sie die tiefe Enttäuschung über männliches Verhalten einfach zur Aktivität stimuliert. Das gewählte Beispiel soll keine Einstellung und schon gar nicht die Betroffenen als potentielle Opfer solchen schweren Leids diskreditieren, sondern nur aufzeigen, wie wichtig die staatlich kontrollierte und strafrechtlich ausgestattete Enttäuschungsabwicklung beim Umgang mit schweren Sanktionen ist.

Beim Strafrecht bleibt es also. Es verliert kein Gran seiner gesellschaftlichen Bedeutung, wenn es - wie hier - in seiner Begrenzungsfunktion des sozialen Kontrollsystems erkannt und eingesetzt wird. Es dient dann mehr als in der üblichen umgekehrten Aufgabenzuweisung, notwendig für den Erhalt der Gesellschaft zu sein, der Durchsetzung verfassungsrechtlicher Grundsätze beim Umgang mit staatlicher Gewalt. Freilich ist dieses Ergebnis keine Problemlösung der uralten Menschheitsfrage nach der Berechtigung von Strafe. Alternativen, die ganz vom Prinzip des Gegenschlags abrücken, bleiben denkbar, widersprechen jedoch der vorgefundenen gesellschaftlichen Realität mit ihren unabdingbaren sozialen Kontrollsystemen. Das Resultat ist also kein beruhigendes, es ist nach wie vor anstößig wie das Verbrechen, das Böse, selbst,[57)] und es fordert auf zum schlechten Gewissen beim Umgang mit Strafrecht (RADBRUCH), zum Weitersuchen nach Alternativen. Darum wird es - bezogen auf die Freiheitsstrafe - in den weiteren Abschnitten der Ausführungen gehen.

6. Die verfassungsrechtlichen Grenzen der Freiheitsstrafe

Die Bezeichnung der Sanktion ist euphemistisch. Der unbefangene Hörer könnte meinen, es handle sich um die Strafe der Freiheit, also Verurteilung zur Freiheit, was allenfalls für einen Existenzphilosophen Sinn gäbe. In unserem Zusammenhang wäre es ehrlicher, die Sache beim wirklichen Namen zu nennen: Unfreiheitsstrafe.

Auf Unfreiheit zielt die in §§ 38 ff.StGB vorgesehene Sanktion der Freiheit prinzipiell ab. Die körperliche Bewegungsfreiheit und damit viele Kommunikationsmöglichkeiten sollen beschnitten, Art.2 Abs.2 S.2 GG praktisch außer Kraft gesetzt werden. Behandlungsvollzug statt Verwahrvollzug, Lockerungen der Freiheitsstrafe durch Ausgang, Urlaub u.a. modifizieren allenfalls die Unfreiheit, gewähren aber nicht Freiheit.[58] Man muß sich wohl damit abfinden, daß eine Heranziehung des Freiheitsgrundrechts zur Auslegung von Normen die die Ausgestaltung der Unfreiheit bei der Freiheitsstrafe betreffen, nicht erfolgen kann. Nur bei einer über das Übel der entzogenen körperlichen Bewegungsfreiheit hinausgehenden Einschränkung bleibt für den Gefangenen das allgemeinere Recht zur freien Persönlichkeitsentfaltung nach Art.2 Abs.1 GG erhalten. Der Gefangene behält außer der körperlichen Bewegungsfreiheit alle Teilnahmemöglichkeiten am normalen Leben.[59]

Der völlige Entzug der Bewegungsfreiheit wirft die Frage auf, ob damit der Wesensgehalt dieses Grundrechts i.S. des Art.19 Abs.2 GG angetastet ist. Der vorübergehende Eingriff wird vom Bundesverfassungsgericht beim Vorliegen besonders gewichtiger Gründe als zulässig angesehen.[60] Der Eingriff ist im Hinblick auf die im materiellen Strafrecht geregelten schwerwiegenden Verstöße und dem damit erstrebten Schutz der Allgemeinheit verhältnismäßig. Bei einem absoluten Verständnis der Wesensgehaltgarantie ist festzustellen, daß die grundlegenden Voraussetzungen individueller und sozialer Existenz des Menschen durch eine vorübergehende Freiheitsstrafe nicht betroffen werden.[61] Geht man davon aus, daß Art.19 Abs.2 GG nicht die Individualfreiheit im Wesenskern, sondern nur generell den Wesensgehalt als objektiv geltende Norm betrifft,[62] so ergeben sich bei der Anwendung der Freiheitsstrafe keine Bedenken, denn durch ihren absoluten Ausnahmecharakter ist die Bewegungsfreiheit als solche nicht beeinträchtigt.

Besonders intensiv mußte sich das Bundesverfassungsgericht mit der Zulässigkeit der Freiheitsstrafe in der zugespitzten Variante der lebenslangen Freiheitsstrafe befassen. In der sorgfältig begründeten Entscheidung vom 21.Juni 1977 [63)] hat es sich nicht allein auf das formale Argument gestützt, die lebenslange Freiheitsstrafe sei in den Art.103 und 104 GG vom Verfassungsgeber zweifelsfrei als unbedenklich zugelassen worden, sondern hat sich eingehend mit den Gesichtspunkten der Unantastbarkeit der Menschenwürde und des Verhältnismäßigkeitsprinzips befaßt. Als Resultat ist danach festzuhalten, daß mit der Freiheitsstrafe nur dann dem Selbstverständnis einer Gemeinschaft entsprochen wird, die die Menschenwürde in den Mittelpunkt stellt und dem Sozialstaatsprinzip verpflichtet ist, wenn:

1) der Mensch nicht zwangsweise so seiner Freiheit entkleidet wird, daß keine Chance mehr besteht, je wieder der Freiheit teilhaftig zu werden, und die konkrete und im Normalfall realisierbare Chance bleibt, die Freiheit wieder zu erlangen;

2) die Freiheitsstrafe inhaltlich als sinnvoller Behandlungsvollzug gestaltet wird.

Die Freiheitsstrafe muß also menschliche Identität und Integrität möglichst weitgehend bewahren.[64)]

Wie die qualitativen Anforderungen an die Durchführung der Freiheitsstrafe zu erfüllen sind, die sich aus dem Bundesverfassungsgerichtsurteil ergeben, müssen wir hier beiseite lassen. Das ist eine Frage des Strafvollzugsgesetzes.[64a)]

Uns geht es nur um die Verhängung der Freiheitsstrafe. Auch dabei erlangen jedoch die verfassungsrechtlichen Überlegungen erhebliche Relevanz. Wenn das Bundesverfassungsgericht auch unter den Bedingungen der Freiheitsstrafe die grundlegenden Voraussetzungen individueller und sozialer Existenz des Menschen erhalten wissen will, so meint es damit vor allem auch das Übermaßverbot mit seinen drei Komponenten Geeignetheit, Erforderlichkeit und Verhältnismäßigkeit. Die Restriktion der Eingriffsbefugnis ist dabei um so schärfer, je elementarer das Verhalten ist, in das eingegriffen werden soll,[65] d.h. es ist hier zu beachten, daß der Wesensgehalt des Grundrechts auf körperliche Bewegungsfreiheit durch die Freiheitsstrafe betroffen ist. Auf dieser Basis läßt sich dann für die Freiheitsstrafe konkret ableiten, daß sie in quantitativer Hinsicht so kurz wie möglich sein muß, um den Eingriff möglichst zu beschränken und dennoch qualitativ so gestaltet, daß der Behandlungsvollzug als Angebot stattfindet. Beide Aspekte betreffen neuralgische Punkte der modernen Kriminalpolitik und unseres Strafrechtsverständnisses. Es wird sich zeigen, daß sie kaum in Einklang miteinander zu bringen sind und die radikale Ablehnung der kurzen Freiheitsstrafe in den letzten 100 Jahren deutscher Kriminalpolitik unter dem spezifischen Blickwinkel des Übermaßverbotes der Verfassung möglicherweise bedenklich ist. Das nun also anzufassende heiße Eisen werden wir deshalb auf Anhieb kaum in eine Form bringen.

7. Widerspruch zwischen dem Grundsatz der Kürze und den Bedingungen des Behandlungsvollzuges

Schon Franz v.LISZT hatte in seiner bekannten Analyse "Kriminalpolitische Aufgaben" im Jahre 1890 die schlagkräftigen kriminalpolitischen Argumente gegen die kurze Freiheitsstrafe geliefert. Der seitdem bestehende Grundkonsens, die kurze Freiheitsstrafe sei in der Regel verfehlt, weil sie den Täter aus seinen sozialen Verflechtungen reiße, er nicht wirksam beeinflußt werden könne und krimineller Ansteckung ausgesetzt sei,[66)] hat zu dem weitgehenden Ersatz der kurzen Freiheitsstrafe durch die Geldstrafe geführt. Die jüngste kriminalpolitische Debatte um die kurzfristige Freiheitsstrafe hat nach dem vorläufigen Ende des Kampfes um ihre Abschaffung, der sich in § 47 StGB niederschlug, eine entscheidende Akzentverschiebung erhalten, die in Verbindung mit der verfassungsrechtlichen Perspektive des möglichst kurzfristigen Freiheitsentzugs fruchtbar werden könnte.

Bei dieser Diskussion gewinnen die lange verstummten Argumente der ehemaligen Gegner v.LISZT im In- und Ausland wieder mehr Gewicht: Die kurze Freiheitsstrafe habe gerade den Vorteil der Kürze: tiefergehende Störungen der sozialen Beziehungen - häufig eine Folge von langen Strafen - könnten verhütet werden. Die Freiheitsstrafe diene der Gerechtigkeit am besten, weil sie den Reichen ebenso treffe wie den Armen. Schließlich sei auch eine Verbesserung der kurzen Freiheitsstrafe in Richtung Behandlungsvollzug durchaus möglich.[67)] Auf der Basis solcher Argumente wird heute sogar schon von der "fatalen Kurzstrafenkritik während der großen Strafrechtsreform" gesprochen.[68)]

Die Favorisierung kurzer Freiheitsstrafen gegenüber längeren hat sich vor allem in traditionell behandlungsorientierten Ländern nach der Infragestellung dieses Ansatzes durchgesetzt. Entgegen einer umgekehrt verlaufenden Tendenz bei uns erreichen in Schweden und Holland die Freiheitsstrafen über 1 Jahr nur noch 6 % bzw. 4 % aller verhängten Freiheitsstrafen (Deutschland: nahezu 60 %). Festzuhalten ist aber, daß dieses Ergebnis nicht auf einer inflationären Anwendung der kurzen Freiheitsstrafe im Verhältnis zu der langen beruht, sondern auf einer reinen Reduzierung der Straflänge im Bereich der schweren Kriminalität, denn beide Länder sind bei ihrer äußerst restriktiven Anwendung der Freiheitsstrafe insgesamt geblieben.[69)] Auch namhafte Kriminologen dieser Länder weisen darauf hin, daß es ohne Effekt sei, ob ein Straftäter zu 18 oder 6 Monaten Freiheitsstrafe verurteilt werde, die Folgen für den Einzelnen seien aber bei der kurzen Freiheitsstrafe viel weniger nachteilig.[70)]

Anhänger von "Gerechtigkeitsmodellen" bei der Bestrafung, die nicht zuletzt durch die Sicht des radikalen Labeling-Ansatzes gestärkt wurden, sehen in einer zu weitgehenden Individualisierung durch das institutionalisierte Sanktionensystem eine teilweise nicht gerechtfertigte Ungleichbehandlung.[71)] Vor allem statushohe Wirtschafts- und Verkehrsstraftäter könnten von einer zu persönlichkeitsorientierten Strafrechtspflege besonders profitieren.

Nimmt man das verfassungsrechtliche Übermaßverbot in Bezug auf die Freiheitsstrafe ernst und setzt diese Prämisse in Beziehung zur Sanktionspraxis der genannten Länder, die eine ganz ähnliche Kriminalitätsstruktur aufweisen wie die BR Deutschland, so wird der mögliche generelle Spielraum für reduzierte Freiheitseingriffe beim Strafen deutlich. Dabei geht es wohlbemerkt nicht um eine Renaissance der kurzen Freiheitsstrafe im klassischen Sinn, etwa zur Ersetzung der Geldstrafe oder anderer Alternativen, sondern um eine Reduktion der langen Freiheitsstrafen. Das würde einerseits eine entscheidende "Liberalisierung" des Strafsystems bedeuten und zudem die überbelegten Anstalten entlasten. Das hieße also z.B. 3 statt 6 Jahre Freiheitsstrafe, 1 Jahr statt 2, 6 Monate statt 1 Jahr, 3 Monate statt 6 Monate und es hieße schließlich vor allem, in dem dann neu gefundenen Bereich der kurzen Freiheitsstrafen wieder an Alternativen zu denken. Auf diese Weise könnte in größtmöglichem Umfang dem Gebot der Kürze Rechnung getragen werden, ohne alte, bewährte Positionen über Bord zu werfen, nämlich kurze Freiheitsstrafen bis zu 6 Monaten nur dann zu verhängen, wenn diese unerläßlich sind.

So sehr eine solche "Liberalisierung" dem Übermaßverbot Rechnung tragen könnte, es kommt zwangsläufig zur Kollision mit der verfassungsrechtlich notwendigen Ergänzung der Freiheitsstrafe durch einen sinnvollen Behandlungsvollzug. Behandlung - ob als schulische oder berufliche Aus- oder Weiterbildung, als soziales Training oder spezifisch einzeltherapeutische Maßnahme braucht neben erheblichem Aufwand Zeit. Die verstärkten Angriffe gegen den Behandlungsvollzug wegen seiner angeblichen Ineffektivität und der nicht legitimen Einwirkung auf die Identität des Gefangenen sind m.E. nicht stichhaltig. Dabei kommt es mir weniger auf die übliche Replik an, wirklicher Behandlungsvollzug habe in der BR Deutschland noch gar nicht stattgefunden, sondern ich stelle darauf ab, daß der Erfolg der Bemühungen kein Kriterium sein kann, wenn Grundprinzipien der Verfassung wie Menschenwürde und Sozialstaatsprinzip eine entsprechende Durchführung fordern. Die empirisch festgestellten und inzwischen allgemein bekannten sozialen und persönlichen Auffälligkeiten der Strafgefangenen[72] erfordern ein spezifisches Angebot zur Behebung solcher Probleme. Das einfache Ausschließen und Alleinlassen solcher Menschen im Bewußtsein der Probleme würde einen erheblichen Verlust an menschlicher Qualität gegenüber dem bisher Erreichten bedeuten. Die kurze Geschichte des Behandlungsvollzugs in der BR Deutschland seit Anfang der 70er Jahre hat schlagend unter Beweis gestellt, daß der Gedanke der Behandlung wie kein anderer durch externe und interne Öffnung des Vollzugs die Bedingungen zur Wahrung der Menschenwürde in einer totalen Institution verbessert hat. Jedes Abrücken würde hier einen Rückschritt bedeuten. Insoweit ist die Rechtsprechung des Bundesverfassungsgerichts,Menschenwürde und Behandlung zusammen zu sehen, nur zu begrüßen. Da Behandlung im Strafvollzug immer nur als Angebot und niemals als Zwang zu sehen ist, werden Rechte der Betroffenen nicht tangiert.

Das Festhalten am Behandlungsgedanken schließt andererseits aber nicht aus, die Freiheitsstrafen - orientiert am verfassungsrechtlichen Übermaßverbot - insgesamt zu reduzieren. Es erscheint dann als eine Aufgabe des Strafvollzugs, das Angebot der Behandlungsmaßnahmen dem verkürzten Zeitraum - vor allem mit der Perspektive der sinnvollen Weiterführung nach der Entlassung - anzupassen. Solche Möglichkeiten beginnen sich bezuzeichnen.[73]

Der Gedanke der Behandlung im Strafvollzug kann freilich nicht verdecken, daß die Freiheitsstrafe Unfreiheit und damit eine wesentlichen Einschränkung des Art.2 Abs.2 S.2 GG bedeutet und als bewußtes und gewolltes Übel des Staates gedacht ist. Behandlung im Strafvollzug nimmt deshalb dem Staat nicht das Odium des Kerkermeisters und verleiht ihm nicht die Würde des Arztes. Die Grundtatsache der Unfreiheit bleibt bestehen, selbst wenn der Strafvollzug zu dem würde, was sich ein vernünftiger Straftäter erhoffen muß. Insoweit hat die gebotene Kürze der Freiheitsstrafe absoluten Vorrang vor den Gedanken der Behandlung. Beide treffen sich jedoch dort, wo es an den Vollzug der Freiheitsstrafe geht - wie kurz dieser auch sein mag.

8. Freiheitsstrafe und Strafzumessung - die Quadratur des Kreises

Auf einem Zwischenergebnis kann hier aufgebaut werden: Der Staat hat die Aufgabe, die schärfste Sanktion des sozialen Kontrollsystems - die Freiheitsstrafe - nach den Prinzipien der Verfassung zu handhaben, also den notwendigen Eingriff so gering - sprich: kurz - wie möglich zu halten. Nun heißt es aber Farbe bekennen. Wie sieht das konkret bei der Strafzumessung aus?

Es fällt noch leicht, § 46 StGB anzuführen und zu konstatieren, daß die Schuld des Täters Grundlage für die Zumessung der Strafe ist. Es ist beruhigend aus Rechtsprechung und Literatur weiter den Schluß ziehen zu können, daß mit dem Merkmal der Schuld bei der Strafzumessung ein Limitierungsinstrument der Freiheitsstrafe bereit liegt. Die Freiheitsstrafe darf das Maß der Schuld nicht überschreiten.[74] Theoretisch ist damit die Garantie gegeben, daß die Freiheitsstrafe so kurz wie möglich ausfällt. Nur wie sieht dies in der Praxis tatsächlich aus?

Die Bezeichnung Strafzumessung für den Vorgang, Schuld in Freiheitsstrafe umzusetzen, vermittelt die Vorstellung eines weitgehend objektiven Prozesses. Der Außenstehende wird also annehmen, daß die Umrechnung nach gesicherten Maßstäben erfolgt, die das verfassungsrechtliche Gebot des geringstmöglichen Eingriffs im Verhältnis zur Schwere der Tat gewährleistet. Der ehrliche Jurist muß jedoch unumwunden zugeben, daß es keine exakte Gleichung zwischen Schuld und Strafe gibt und auch nicht geben kann, denn Schuldmenge und Zeit der Freiheit sind maßlos wesensverschieden.[75)]

Die Umrechnung erfolgt analog dem wirtschaftlichen Preissystem.[76)] Der dort festgesetzt Tauschwert zwischen Schuld und Strafe bleibt aber notwendig äußerlich, relativ und zufällig.[77)] Die justizübliche Arithmetik der Freiheitsstrafe, die mathematische Scheingenauigkeit vorspiegelt und auf wundersamen Wegen vererbt wird, bringt somit allenfalls relativ gleiche Ergebnisse, stellt damit Rechtssicherheit, aber nicht notwendig Gerechtigkeit her. Die justizinterne Meßlatte hängt im luftleeren Raum. Sie hat keinen Nullpunkt. Wenn ein vorbestrafter Dieb wegen einer weiteren Diebstahlserie mit 18 Monaten Freiheitsstrafe belegt wird, so mag zu jedem anderen Fall bei einer sorgfältigen Abwägung aller anerkannten Strafzumessungsgründe relative Gerechtigkeit zu einer unendlichen Zahl weiterer Strafrechtsfälle herzustellen sein, eine haltbare und logische Begründung für die ursprünglichen 18 Monaten sind damit nicht gegeben. Warum hat es in diesem Fall nicht auch die Hälfte getan, womit sich notwendig die unendlich große Anzahl weiterer Rechtsfälle ebenso reduzieren würde. In dieser Situation ist das tägliche Jonglieren mit Monaten und Jahren der Unfreiheit aufrüttelnd und beunruhigend, bedenkt man, daß schon 1 Tag "ungerechter" Freiheitsentzug elementare Verfassungsrechte verletzt.

Die verfassungsrechtliche Frage an die Praxis des Strafrechts, den Eingriff in Freiheitsrechte der Betroffenen möglichst gering zu halten, sollte daher ernst genommen werden. Das anerkennenswerte Streben der Justiz nach Gleichheit bei der Strafzumessung verdeckt aber leider nur zu schnell die Frage nach der möglichst geringen

Eingriffsintensität im Einzelfall. Bei der Bemessung der Länge einer Freiheitsstrafe geht es daher nicht nur darum, sich an anderen, vorausgegangenen Fällen zu orientieren, sonder unabhängig davon zu fragen, ob die gerechte Strafe nicht niedriger sein könnte. Rechtsgleichheit ist dann jederzeit auf einer reduzierten Strafebene wieder herzustellen. Es ist ziemlich sicher, daß allein diese vorgeschlagene konsequente Fragestellung die Länge der Freiheitsstrafen in Einzelfällen reduzieren könnte. Sinnvoll sind jedoch weitere Ansätze, die von STRENG im Rahmen einer breit angelegten empirischen Strafzumessungsuntersuchung zur Verfolgung vorgeschlagen werden: Aus- und Fortbildung der Richter in Strafzumessungspsychologie, um affektive Reaktionen zu neutralisieren, gesetzliche Festlegung der Schulddefinition und des Strafzweckeinsatzes und schließlich eine gesetzliche Reduzierung der Strafobergrenzen.[78)]

9. Ausblick - konstruktive und schöpferische Auflockerung des starren Sanktionensystems

Das gegenwärtige, starre, nur duale Sanktionensystem des Staates als sichtbarster Teil der Sozialkontrolle gewährleistet den Gegenschlag, enthält jedoch kaum Ansatzpunkte für Konstruktivität und Aktivität der Betroffenen bei der Sozialkontrolle. Der Ausgleich von Gegensätzlichkeiten und Spannungen, die soziale Friedenstiftung ist aber eine primäre Funktion des Rechts, die ohne Schaden für das Ganze nicht abgekoppelt werden kann. Ausgleich, Strafe und Erziehung ergänzen sich insoweit. Deshalb sollte bei Überlegungen zu Alternativen zur Freiheitsstrafe daran gedacht werden, "das eintönige System der Strafen und Maßregeln des geltenden Rechts schöpferisch aufzulockern".[79)]

Die Möglichkeit der Kreativität und Konstruktivität auch im Strafrecht muß m.E. bedeuten, das vergeltende Sanktionensystem durch restitutive Reaktionen zu ergänzen, wie sie schon DURKHEIM vorschwebten[80] und in unseren Tagen endlich in der Form von Schadenswiedergutmachung und gemeinnütziger Arbeit konkrete Formen annehmen. Die soziale Dimension der friedenstiftenden Konfliktlösung ist durch die Herrschaft der absoluten Straftheorien und der Entwicklung zur Abstraktion dem Strafrecht entfallen. Der private Konflikt der Beteiligten wird nicht mehr zur Kenntnis genommen. Das Strafrecht wird aber in dem Maße an Substanz gewinnen, als es die Teilfunktion der friedenstiftenden Konfliktlösung wiedergewinnt.[81]

Die Möglichkeit konstruktiver Lösungen anerkennt mehr als die rein am Gegenschlag orientierten Ansätze der Geld- und Freiheitsstrafe die Autonomie des Rechtsbrechers. Er kann durch aktives Tun der Wiedergutmachung zur Wiederherstellung seiner Würde beitragen. Der verfassungsrechtlich vorgegebenen Menschenwürde wird so schon anders als bei der Freiheitsstrafe durch das Wesen der Sanktion entsprochen. Die paradoxe Wirkung der Geld- oder Freiheitsstrafen wird vermieden, die darin besteht, daß auf ein bestehendes Probelm ein weiteres draufgepackt wird. Wer eine Geldstrafe zu bezahlen hat, hat es schwerer, sich um die Wiedergutmachung beim Opfer und der Gesellschaft zu kümmern. Wer eine Freiheitsstrafe zu verbüßen hat, ist erst einmal von normaler Kommunikation abgeschnitten.

Schadenswiedergutmachung und gemeinnützige Arbeit als Sanktionsmöglichkeiten betonen die soziale Verantwortlichkeit des Täters für das Leid des Opfers oder den Schaden für die Gesellschaft und tragen somit zur aktiven Normverdeutlichung ebenso bei wie zur Resozialisierung: Durch eigenes Handeln kann der Täter konforme Identität erlangen. Er wird nicht ausgegrenzt, sondern integriert.[82] Der Strafjustiz wird neuer Handlungsspielraum eröffnet. Sie hat nicht mehr nur auf eine pathologische Entwicklung zu reagieren, sondern im Lebensfeld der Betroffenen Konflikte zu regeln. Die neue Bedeutung der Sozailarbeit in diesem Bereich ist leicht zu erkennen.

Die teilweise Rücknahme repressiv-straforientierter Maßnahmen würde somit die Belange der Gesellschaft, des Opfers und der Erziehung des Tägers nicht beeinträchtigen, andererseits das Strafrecht wirkungsvoller in das Gesamtsystem sozialer Kontrolle einbauen - eine wichtige Aufgabe staatlichen Strafens, wie wir im 5.Abschnitt gesehen haben.

Der Einbau konstruktiver Lösungsmittel im Strafrecht ist ein wichtiger Schritt auf dem Weg zu einer humaneren staatlichen Sozialkontrolle. Wir sind aufgefordert, dabei neue Wege zu versuchen. Das Bundesverfassungsgericht hat diese Forderung in der nun schon mehrmals zitierten Entscheidung zur lebenslangen Freiheitsstrafe als Verpflichtung klar herausgestellt: "Der Fortschritt in der Richtung von roheren zu humaneren, von einfacheren zu differenzierteren Formen des Strafens ist weitergegangen, wobei der Weg erkennbar wird, der noch zurückzulegen ist. Das Urteil darüber, was der Würde des Menschen entspricht, kann daher nur auf dem jetzigen Stande der Erkenntnis beruhen und keinen Anspruch auf zeitlose Gültigkeit erheben."[83]

ANMERKUNGEN

1) **KAISER**, G.: Kriminologie. Eine Erführung in die Grundlagen, 6.Aufl., Heidelberg 1983, S. 137 ff.

2) **JESCHECK**, H.-H.: Lehrbuch des Strafrechts. Allgemeiner Teil, 3.Aufl., Berlin 1978, S.615

3) Zur Symbolfunktion der Freiheitsstrafe s. **CHRISTIE**, N.: Kriminalsoziologie, Oslo u.a. 1965, S. 9 ff.; s.auch **MATHIESEN**, T.: Überwindet die Mauern!, Darmstadt 1979, S. 161 f.

4) **JESCHECK** a.a.O. (Fn. 2), S.615.

5) BVerfGE 22, 219; s.auch **SCHMIDT/BLEIBTREU/KLEIN**: Kommentar zum GG, 6. Aufl. 1984, Rz. 23 zu Art. 2.

6) **MAURACH/ZIPF**: Allgemeiner Teil, Teilbd. 1, Heidelberg 1983, S. 65.

7) **WATZLAWICK**, P.: Anleitung zum Unglücklichsein, München/Zürich 1983, S. 27 ff.

8) **JESCHECK**, a.a.O. (Fn 2), S. 50, s. auch BVerfGE 22, 132; anders aber **NOLL**, P.: Die ethische Begründung der Strafe, Tübingen 162, S. 17: "Die Strafe ist zwar ein notwendiges Übel, aber nicht auch notwendig ein Übel".

9) Zusammenfassend zu dieser Gliederung **JESCHECK**, a.a.O. (Fn. 2), S. 49 f.

10) **JESCHECK** a.a.O. (Fn 2), S. 49; **MAURACH-ZIPF** a.a.O. (Fn. 6), S. 80; **SCHMIDHÄUSER**, E.: Vom Sinn der Strafe, 2. Aufl., Göttingen 1971, S. 74 ff.; **ROXIN** JuS 1966, 381.

11) **JAKOBS**, G.: Strafrecht. Allgemeiner Teil, Berlin 1983, S. 3f.

12) **CALLIESS**, R.-P.: Theorie der Strafe im demokratischen und sozialen Rechtsstaat, Frankfurt 1974, S. 211.

13) **BAUMANN**, J.: Strafe als soziale Aufgabe, in: Gedächtnisschrift für Peter Noll, Zürich 1984, S. 33 ff.

14) S.grundlegend **EIBL-EIBESFELDT**, I.: Liebe und Haß, München 1970 und **LORENZ**, K.; Das sogenannte Böse, Wien 1963.

15) **STRENG**, F.: Schuld, Vergeltung, Generalprävention, ZStW 1980, 646 m.w.N.; originell zur "Kulturgeschichte des Rächens" s. **GAST**, W.: Rechtsverständnis- Nachdenken über das Recht, Berlin 1983, S. 214 ff.

16) S.im einzelnen zu diesem Ansatz **ENGELHARDT**, K.: Psychoanalyse der strafenden Gesellschaft, Frankfurt 1976, S. 59 ff.; **HAFFKE**, Tiefenpsychologie und Generalprävention, Aarau 1976, S. 92 ff.

17) So ausdrücklich **EHRENZWEIG**, A.: Psychoanalytische Rechtswissenschaft, Berlin 1973, S. 267: Die irrationalen Elemente müssen als integrierende Bestandteile gesehen werden.
PLACK, A.: Plädoyer für die Abschaffung des Strafrechts, München 1974, spricht dem Strafrecht dagegen auch die "kalkulierte Rationalität" bei der Verwaltung der Irrationalität ab und gelangt deshalb zu seiner radikalen Forderung.

18) **ARZT** G.: Der Ruf nach Recht und Ordnung, Tübingen 1976, S. 43 ff.

19) **HAFFKE** a.a.O. (Fn. 16), S. 162 ff.

20) **JESCHECK**, a.a.O. (Fn. 2), S. 50 m.w.N.

21) § 100 der "Grundlinien der Philosohpie des Rechts".

22) **MAURACH-ZIPF** a.a.O. (Fn 6) S. 65 hält die Notwendigkeit des Strafrechts für eine Tatsache empirischer Erkenntnis.

23) **GAST** a.a.O. (Fn. 15) S. 246 f.

24) **MALINOWSKI**, B.: Sitte und Verbrechen bei den Naturvölkern, Wien 1950, S. 15 ff.

25) **SCHOTT**, R.: Die Funktionen des Rechts in primitiven Gesellschaften, in: Jahrbuch für Rechtssoziologie und Rechtstheorie, Bd. 1, 1970, S. 149.

26) **MOMMSEN**, T.: Römisches Strafrecht, Leipzig 1899, S. 733 ff.

27) **ENGELHARDT** a.a.O. (Fn 16) S. 306 ff.

28) **ROXIN**, JuS 1966, 379.

29) **GAST** a.a.O. (Fn. 15) S. 243

30) **SAX**, W.: Grundsätze der Strafrechtspflege, in **BETTERMANN/NIPPERDEY/SCHEUNER** (Hrsg.): Die Grundrechte, 3. Bd., 2. Halbband, Berlin 1959, S. 954 ff.

31) **GAST** a.a.O. (Fn. 15) S. 256

32) **BECCARIA**, C.: Über Verbrechen und Strafen (1766), sammlung insel 22, Frankfurt 1966, S. 155 f.

33) **SKINNER**, B.F.: Jenseits von Freiheit und Würde, Reinbek 1973, S. 72

34) So vielfach die theologischen Auslegungen, s. z.B. **EICHHOLZ**, G.: Auslegung der Bergpredigt, 1965, S. 95 f.

35) So mit eingehender, breit angelegter Begründung **WIESNET**, E., Die verratene Versöhnung. Zum Verhältnis von Christentum und Strafe, Düsseldorf 1980.

36) **SKINNER**, B.F.: Wissenschaft und meschliches Verhalten, München: Kindler 1973, S. 317 ff.

37) S. z.B. **ZIMBARDO**, P.G.: Psychologie, 4. Aufl., Berlin u.a. 1983, S. 219 ff. m.w.N.

38) Freilich gibt es im Kernbereich eine bestimmte Konsistenz der Abweichung (z.B. Gewaltdelikte), s. dazu **WISWEDE**, G.: Soziologie abweichenden Verhaltens, 2. Aufl., Stuttgart 1979, S. 14 ff.

39) **KÖNIG**, R.: Soziale Kontrolle, in: Fischer-Lexikon Soziologie, Frankfurt 1958, S. 257; s.auch **GÖPPINGER**, H.: Kirminologie, 4. Aufl., München 1980, S. 45.

40) **ZIPF**, H.: Kriminalpolitik, 2. Aufl., Heidelberg 1980, S. 39 f. Auch das Bundesverfassungsgericht stellt das Strafrecht in Relation zu anderen Möglichkeiten sozialer Kontrolle, BVerfGE 39, 44 ff.

41) Eingehend zu diesen Fragen **KAISER**, G.: Strategien und Prozesse strafrechtlicher Sozialkontrolle, Frankfurt 1972, S. 1 - 31 (Verhaltenskontrolle als Problem und Aufgabe).

42) Darauf basiert gerade die strafrechtliche Sozialkontrolle zu einem großen Teil vgl. **POPITZ**, H.: Die Prävention des Nichtwissens, Tübingen 1968.

43) S.zu solchen Beispielen **HAEBERLE**, E.J.: Die Sexualität den Menschen, Berlin 1983, S. 339 ff. (Anpassung und Abweichung).

44) **LUHMANN**, N.: Rechtssoziologie, 2. Aufl., Opladen 1983, S. 61 f.; im Hinblick auf das Strafrecht s.zur Konflikterledigung ohne Strafe **JAKOBS** a.a.O. (Fn. 11) S. 8.

45) **BELLEBAUM**, A.: Sozilogische Grundbegriffe, 9. Aufl., Stuttgart 1983, S. 99; s. auch **BAUMANN** a.a.O. (Fn. 13) S. 27.

46) **KÖNIG** a.a.O. (Fn. 39) S. 257. Schon in allen primitiven Gesellschaften sind Ordnungs- und Kontrollfunktion immer komplementär, denn die Regeln dienen zum einen der Ordnung des sozialen Verhaltens nach allgemeinen verbindlichen Abwicklungen und zum anderen der Restriktion oder Kontrolle davon abweichenden Verhaltens durch Sanktionen, s. dazu **SCHOTT** a.a.O. (Fn. 25) S. 120.

47) **BELLEBAUM** a.a.O. S. 100 ff.

48) **SEAGLE**, W.: Weltgeschichte des Rechts, 3. Aufl., München 1967, S. 60

49) **SCHULZ**, W.: Philosophie in der veränderten Welt, Pfullingen 1972, S. 723.

50) **SCHULZ** a.a.O. (Fn. 49) S. 723

51) **LUHMANN** a.a.O. (Fn. 44) S. 40 ff.; **SCHULZ** a.a.O. (Fn. 49) S. 720 f.

52) **BAUMANN** a.a.O. (Fn. 13) S. 31.

53) Die Geschichte des Strafrechts ist dadurch gekennzeichnet, daß die staatliche Gewalt die im sozialen Kontrollsystem bereits vorgefundenen Reaktionen übernimmt und häufig dann allmählich abmildert. Die peinliche "Blutstrafe" ist die Übernahme der vorhandenen privaten Blutrache in ein staatliches Strafensystem im Mittelalter, vgl. dazu **GERNHUBER**, J.: Die Landfriedensbewegung in Deutschland bis zum Mainzer Reichslandfrieden von 1235, Bonn 1952, S. 192 f. Für das Römische Recht läßt sich beim Übergang zur 12-Tafel-Gesetzgebung die gleiche Beobachtung machen, **MOMMSEN** a.a.O. (Fn. 26) S. 62.

54) **BLOCH**, E.: Naturrecht und menschliche Würde, Gesamtausgabe, Bd. 6, Frankfurt 19, S. 297 ff.

55) **LUHMANN** a.a.O. (Fn. 44) S. 54.

56) **LUHMANN** a.a.O. (Fn. 44) S. 54.

57) **GAST** a.a.O. (Fn. 15) S. 256.

58) **BAUMANN**, J.: Die Bedeutung des Art. 2 GG für die Freiheitsbeschränkungen im Strafprozeß, in: **BOCKELMANN/GALLAS** (Hrsg.): Festschrift für Eberhard Schmidt zu 70. Geburtstag, 2. Aufl., Göttingen 1971, S. 532.

59) **BAUMANN** a.a.O. (Fn. 58) S. 546.

60) BVerfGE 22, 219.

61) BVerfGE 45, 228.

62) So z.B. **HENDRICHS** in v. **MÜNCH** (Hrsg.): GG - Kommentar, Bd. 1, 2. Aufl. 1981, Rz. 24 zu Art. 19; zu den Möglichkeiten der Auslegung des Wesensgehalts eines Grundrechts generell Alternativ-Kommentar (AK)-GG-**DENNINGER**; 1984 Art.19, Rz. 4 ff. m. vielen weiteren Nachweisen.

63) BVerfGE 45, 187 ff.

64) AK-GG-**PODLECH**, Art. 1 Abs. 1, Rz. 34 ff.

64a) Zur verfassungsrechlichen Perspektive im Strafvollzug s. die ausführliche Arbeit von **HOFFMEYER**, L.: Grundrechte im Strafvollzug, Heidelberg 1979.

65) BVerfGE 54, 215.

66) S. z.B. **DREHER/TRÖNDLE**: Strafgesetzbuch, 41. Aufl., München 1983, Rn.1 zu § 47 StGB; **KAISER**, G.: Kriminologie. Eine Einführung in die Grundlagen, Heidelberg 1983, S. 144; eingehend dazu **KNAUS**, J.: Das Problem der kurzfristigen Freiheitsstrafe, Zürich 1973, S. 116 ff.; kritischer zu den vorgebrachten negativen Auswirkungen **GÖPPINGER**, H.: Kriminologie, 4. Aufl., München 1980, S. 383.

67) So **HEILBORN**, P.: Die kurze Freiheitsstrafe, Leipzig 1908, S. 83 ff. und **WACH**, A.: Die Reform der Freiheitsstrafe 1890, S. 19, der allerdings die kurze Freiheitsstrafe als wirkliches Strafübel ausgestalten wollte.

68) **VOSS** KrimJ 1984, 244.

69) S.zu diesen kriminalpolitischen Veränderungen in den genannten Ländern eingehend und mit weiteren Nachweisen **KAISER**, G., H.-J.**KERNER** und H.**SCHÖCH**: Strafvollzug. Ein Lehrbuch, 3. Aufl., Heidelber 1982, S. 65 ff.; s.auch **FISELIER**; J.P.S.: Strafrecht, Strafrechtspflege und Kriminalität in den Niederlanden, in: Kriminalsoziologische Bibliographie 1982, S. 83 ff. und **KAISER** a.a.O. (Fn. 66) S. 144 f.

70) **SVERI**, K.: The case of short-term imprisonment, in: **SCHWEIZERISCHE ARBEITSGRUPPE FÜR KRIMINOLOGIE** (Hrsg.): Alternativen zu kurzen Freiheitsstrafen, Diessenhofen (Schweiz) 1979, S. 191 ff.

71) So ausdrücklich **SACK**, F.: Probleme der Kriminalsoziologie, in: **KÖNIG**, R. (Hrsg.): Handbuch der empirischen Sozialforschung, Band 12, 2.Aufl., Stuttgart 1978, S. 386 ff.

72) **GÖPPINGER**, H.: Der Täter in seinen sozialen Bezügen, Berlin u.a.1983, S. 186 ff.; Vergleich des idealtypischen Verhaltens der Häftlinge mit der Durchschnittspopulation.

73) Das **soziale Training** im Strafvollzug geht die spezifischen Alltagsprobleme der Gefangenen in Beruf, Recht, Beziehungen und Freizeit an und ist auch in relativ **kurzer Zeit** durchzuführen, vgl. dazu näher **RÖSSNER**, Zeitschrift für Strafvollzug und Straffälligenhilfe 1984, 131 ff. Die Begrenzung der Schmerzen (**CHRISTIE**, N.: Limits to Pain, Oslo 1981) ist zu erreichen, ohne Behandlungsangebote ganz über Bord zu werden, wenn - wie hier - die Länge der Strafe nicht von der Behandlungsdauer abhängig gemacht wird. Neoklassischen Verwahrvollzug, wo Härte Behandlung ersetzt, wünscht sicher niemand und eine

konsequent "abolitionistische Perspektive" der Freiheitsstrafe (**SCHEERER**, KrimJ. 1984, 90 ff.) benötigt zumindest noch lange Zeit zu ihrer Realisierung. Solange Freiheit als Strafe entzogen wird, müssen dem Straftäter im Strafvollzug Alternativen aufgezeigt werden, die ihn nicht mehr straffällig werden lassen. Nur das entspricht einer sinnvollen Strafapplikation und der Aufgabe eines demokratischen und sozialen Rechtsstaats. Diese "Notwendigkeit der Vernunft" wird auch von Vertretern der sog. "Abolition" gesehen, s. **PILGRAM/STEINERT**: Plädoyer für bessere Gründe für die Abschaffung der Gefängnisse und für Besseres als die Abschaffung der Gefängnisse, in: **ORTNER** (Hrsg.): Freiheit statt Strafe, Frankfurt 1981, S. 170 (Anm.4): "Wir sind allerdings dafür, daß Leuten, wenn sie schon eingesperrt werden, eine Therapie geboten wird, wenn sie das wünschen - und viele wünschen eine und bekommen sie nicht".

74) S.z.B. BVerfGE 54, 100 m.w.N.; BGHSt 7, 28.

75) **GAST** a.a.O. (Fn. 15) S. 242; **OSTERMEYER**, H.: Strafunrecht, München 1971, S. 78 ff.; ausführlich dazu jetzt **WAGNER**, G.: Das absurde System, Heidelberg 1984, S. 3 ff., der den Vorgang als dyskausal beschreibt.

76) **VANBERG**, V.: Verbrechen, Strafe und Abschreckung, Tübingen 1982, S. 19.

77) **WAGNER** a.a.O. (Fn. 75) S. 55.

78) S. die Ergebnisse bei **STRENG**, F.: Strafzumessung und relative Gerechtigkeit, Heidelberg 1984, S. 261 ff.

79) V.d.**LEYE**, O.: Vom Wesen der Strafe, Bonn 1959, S. 154; auch **MAURACH/GOESSEL/ZIPF**: Strafrecht, Allgemeiner Teil, Teilband 2, 6.Aufl., Heidelberg 1984, S. 435 stellen eine **Sanktionenarmut** im StGB fest.

80) **DURKHEIM**: E.: De la division du travail social, 2. Aufl., Paris 1902, S. 177 ff.

81) Näher zur Ausgrenzung des privaten Konflikts aus dem Strafrecht und den neuen Tendenzen der Wiederaufnahme eines restitutiven Elements s. **RÖSSNER**, Bewährungshilfe 1984, 220 ff. und **RÖSSNER/WULF**: Opferbezogene Strafrechtspflege, Bonn 1984, S.4 ff.; s. auch **BIANCHI**, KrimJ. 1981, 104 ff.

82) **ALBERTZ**, Zeitschrift für Evangelische Ethik 1984, 158; **FREHSEE**, KrimJ. 1982, 126 ff.

83) BVerfGE 45, 229.

Vom schuldvergeltenden Strafvollzug zum resozialisierenden Justizvollzug

- Zwischen Anspruch und Wirklichkeit -

Frieder Dünkel

1. Zur Situation des Gefängniswesens ausgangs der 60er Jahre

Der Strafvollzug der 60er Jahre in der Bundesrepublik war durch eine Fülle von Problemen und Unzulänglichkeiten was seine rechtlichen Grundlagen ebenso wie die Praxis anbelangt, gekennzeichnet. Die auch in anderen gesellschaftspolitischen Bereichen zu beobachtende Sensibilisierung für gesellschaftliche Mißstände hatte die bloße Verwahrung einer erheblich angewachsenen Vollzugspopulation zunehmend fragwürdig und reformbedürftig erscheinen lassen[1]. Einer Überfüllung der baulich meist veralteten und für einen modernen Behandlungsvollzug ungeeigneten Gefängnisse auf der einen, standen kaum vorhandenes Behandlungspersonal (insbesondere Psychologen, Sozialarbeiter u.ä.) auf der anderen Seite gegenüber[2]. Zum Teil hatte die Rechtsprechung gegenüber als unerträglich und rechtsstaatlich nicht mehr vertretbar empfundenen Formen der Überbelegung korrigierend eingegriffen[3]. Die Reform des Strafvollzugs auf der gesetzgeberischen Ebene wurde zwar schon in den 50er Jahren als notwendig empfunden[4], jedoch durch eine Abkoppelung von der im gleichen Zeitraum in die Wege geleiteten Strafrechtsreform[5] verzögert. Erst 1967 wurde durch das Bundesjustizministerium eine Strafvollzugskommission eingesetzt[6], die bereits 1969 zahlreiche "Reformmaßnahmen vor Inkrafttreten eines Strafvollzugsgesetzes"[7] empfahl. Die zu jener Zeit bestehende alleinige Rechtsgrundlage (vgl. die Dienst- und Vollzugsordnung aus dem Jahre 1961), eine Verwaltungsvereinbarung der Länder, wurde durch entsprechende Verwaltungsvorschriften geändert bzw. ergänzt, die unter Gesichtspunkten der Liberalisierung bzw. Humanisierung die Öffnung des Vollzuges durch Urlaub, Ausgang, Freigang, vermehrten bzw. erleichterten Besuchs- und Schriftverkehr, den Besitz oder Bezug von Gegenständen (z.B. Bücher, Zeitungen) usw. ermöglichte. Auch die Einrichtung spezieller, in besonderem Maße dem Behandlungs- und Resozialisierungsziel verpflichteter sozialtherapeutischer Anstalten bereits vor Inkrafttreten einer entsprechenden strafrechtlichen oder vollzugsrechtlichen Regelung (vgl. § 65 StGB sowie § 9 StVollzG) geht u.a. auf die Initiative dieser Kommission zurück[8)].

Den vorgelegten Gesetzentwürfen zum Strafvollzugsgesetz (StVollzG) in den Jahren 1971 (sog. Kommissionsentwurf), 1972 (Regierungsentwurf) und 1973 (Alternativentwurf)[9)] war - in unterschiedlicher Akzentuierung - gemeinsam das Bestreben, den Resozialisierungsgedanken stärker zu verankern, die Rechtstellung der Gefangenen zu verbessern, wie allgemein eine einheitliche Rechtsgrundlage für den Strafvollzug zu schaffen. Am weitesten in der Verbindlichkeit und Detailliertheit der jeweiligen Gesetzesbestimmungen ging der Alternativentwurf 1973[10)]. Der Gesetzgebungsprozeß wurde maßgeblich durch eine Entscheidung des Bundesverfassungsgerichts[11)] vorangetrieben, die als Rechtsgrundlage für die Einschränkung von Grundrechten der Gefangenen die damals geltenden Verwaltungsvorschriften bzw. die rechtliche Konstruktion des sog. "besonderen Gewaltsverhältnisses" als nicht ausreichend ansah und den Gesetzgeber zur Verabschiedung eines eigenen Gesetzes verpflichtete.

2. Das Strafvollzugsgesetz von 1977

Die Grundzüge des am 1.1.1977 in Kraft getretenen StVollzG lassen sich wie folgt zusammenfassen:

Das Gesetz betrifft den Vollzug von Freiheitsstrafen und freiheitsentziehenden Maßregeln der Besserung und Sicherung (§ 1), d.h. der Jugendstrafvollzug, dessen (über die wenigen

Bestimmungen in § 91 JGG hinausgehende) notwendige gesetzliche Neuregelung[12] gegenwärtig aussteht, ist hiervon ausgeklammert.

Das StVollzG hat gegenüber den Gesetzesentwürfen einiges an Verbindlichkeit im Laufe des Gesetzgebungsverfahrens eingebüßt. So sind zahlreiche Regelungen wie z.B. die Verlegung in den offenen oder sozialtherapeutischen Vollzug (§§ 9, 10), die Gewährung von Vollzugslockerungen (d.h. tageweise Ausgänge oder Ausführungen bzw. Freigang, also die Erlaubnis zu Arbeit oder Ausbildungsmaßnahmen, täglich die Anstalt zu verlassen, §§ 11, 15)[13], Urlaub (regelmäßig bis zu 21, in Sonderfällen bis zu zusätzlich weiteren 7 Tagen, §§ 13, 35), Ausbildungsmaßnahmen (§§ 37 ff.) und die Gefangenenmitverantwortung (§ 160) weitgehend in das Ermessen der Anstalt gestellt. Darüber hinaus wurde das Inkrafttreten fast aller kostenintensiven Vorschriften auf einen späteren, z.T. unbestimmten Zeitpunkt hinausgeschoben. Dies betrifft insbesondere die Einbeziehung der Gefangenen in die Kranken- und Rentenversicherung, während immerhin die Regel über die Einbeziehung in die Arbeitslosenversicherung 1977 in Kraft trat. Die Höhe des Arbeitsentgelts mit 5 % des Durchschnittslohnes der Sozialversicherten (vgl. § 43 in Verbindung mit § 200) hat nur eine geringfügige Erhöhung für die Gefangenen gegenüber dem Zustand vor 1976 gebracht[14]. Die geplante und im StVollzG ausdrücklich erwähnte (vgl. § 200 Abs. 2) Erhöhung des Arbeitsentgelts fiel ebenso wie die für 1986 vorgesehene Einbeziehung in die Sozialversicherung finanziellen Bedenken des Bundesrats gegenüber einem entsprechenden Gesetzentwurf der Bundesregierung zum Opfer[15].

Zusätzliche **Restriktionen** erbrachten mit dem StVollzG gleichzeitig in Kraft getretene bundeseinheitliche **Verwaltungsvorschriften**, die insbesondere im Bereich der Öffnung des Vollzugs das Ermessen weiter einschränken. So sollen z.B. Suchtgefährdete,

Gewalt- und Sexualtäter, Ausländer, politisch motivierte Täter oder lange Strafen Verbüßende (Strafrest von mehr als 18 Monaten) nicht oder nur unter erschwerten Bedingungen in den offenen Vollzug verlegt werden, Lockerungen oder Urlaub erhalten[16]. Die Rechtsprechung hat die Tendenzen weitgehend toleriert[17] und selbst bei sog. unbestimmten Rechtsbegriffen wie der Definition der Flucht- oder Mißbrauchsgefahr (z.B. bei Urlaub) durch die Anerkennung eines sog. Beurteilungsspielraums[18] dem jeweiligen Anstaltsleiter ein faktisch weitgehendes Ermessen eingeräumt. In jüngster Zeit wurden restriktive Tendenzen der Rechtsprechung in Einzelfällen deutlich, die generalpräventive Gesichtspunkte bzw. solche der Schwere der Schuld bei der Gewährung von Lockerungen als berücksichtigungsfähig anerkannte[19], obwohl das StVollzG auf die Resozialisierung als **alleiniges** Vollzugsziel abhebt (vgl. § 2). Die erwähnten Verwaltungsvorschriften beschränkten ferner u.a. die Durchführung einer Behandlungsuntersuchung (§ 6), die Voraussetzung eines differenzierten Behandlungsplanes (§ 7) ist, auf Gefangene mit einer Vollzugsdauer von über einem Jahr, womit im Ergebnis derartige Vollzugspläne allenfalls für etwas mehr als die Hälfte der Gefangenen erstellt werden[20].

Das StVollzG regelt neben den erwähnten Bereichen auch Fragen der Sicherheit und Ordnung (§§ 81 ff.), insbesondere die Anwendung von sog. besonderen Sicherungsmaßnahmen (§§ 88 ff.) wie z.B. der Absonderung von anderen Gefangenen, der Unterbringung in einer Beruhigungszelle oder der Fesselung. Auch die Anwendung unmittelbaren Zwangs (§§ 94 ff.), darunter den Schußwaffengebrauch gegenüber Gefangenen (§ 100), die sog. Zwangsernährung (§ 101)[21] sowie von Disziplinarmaßnahmen (§§ 102 ff.) sind ausführlich geregelt. Der in der früheren Vollzugspraxis häufig angewendete Arrest, d.h. die Isolierung eines Gefangenen für maximal 4 Wochen, darf nur wegen schwerer oder wiederholter Verfehlungen verhängt werden

(§ 103 Abs. 2). Einen wichtigen Bereich stellen schließlich die Rechtsbehelfsvorschriften dar (vgl. §§ 108 ff.), die die Rechtsbeschwerde zur Strafvollstreckungskammer beim Landgericht im Bezirk der jeweiligen Anstalt ermöglichen (§§ 109, 110).

Während von Skeptikern das Gesetz lediglich als Legitimation der bestehenden Praxis angesehen wurde[22)], betonte der überwiegende Teil des Schrifttums vor allem die Offenheit der gesetzlichen Regelungen für eine verstärkte Umsetzung von Reformmaßnahmen[23)], gleichzeitig wurde die Regelung der **Rechtstellung von Gefangenen** auf nunmehr **einheitlicher und gesetzlicher** Grundlage hervorgehoben[24)].

3. Das bundesdeutsche Gefängniswesen - ein Überblick

Der bundesdeutsche Strafvollzug verfügt gegenwärtig (30.11.1985) über 169 selbständige Anstalten, davon 22 für den offenen Vollzug. Auf 62.926 Haftplätze (davon 9.896= 15,7 % im offenen Vollzug) kamen zum gleichen Stichtag 56.460 Gefangene. Die Vollzugspopulation setzte sich wie folgt zusammen: 22 % (N= 12.453) befanden sich im Untersuchungshaftvollzug, 66 % (N= 36.984) im Vollzug von Freiheitsstrafe, 10 % (N= 5.507) im Jugendstrafvollzug, 0,4 % (N= 218) in der Sicherungsverwahrung und weitere 2 % (N= 1.298) waren im Rahmen sonstiger Freiheitsentziehung untergebracht. Der Anteil von Frauen mit 3,8 % (N= 2.126) ist nach wie vor gering. Immerhin 3 % der Vollzugspopulation (N= 1.840) betrafen die Verbüßung von Ersatzfreiheitsstrafe aufgrund einer nichtbezahlten Geldstrafe.

Die Organisation des Strafvollzugs ist entsprechend der föderalistischen Struktur der Bundesrepublik Ländersache. Dies hat schon in der Vergangenheit unterschiedliche Schwerpunktsetzungen in der Verwirklichung der Strafvollzugsreform ermöglicht. Die Gestaltungsfreiheit für die Bundesländer wird insbesondere bei der Entwicklung neuer Behandlungsprogramme und von Experimenten im Strafvollzug als sinnvoll angesehen[25]. Auf der anderen Seite hat man sich vom StVollzG auch eine stärkere Vereinheitlichung der Vollzugspraxis erhofft.

Ein auf die Resozialisierung des Gefangenen ausgerichteter Vollzug setzt die **Differenzierung** der Anstalten ebenso wie die **Klassifikation** der Gefangenen voraus[26]. Im bundesdeutschen Strafvollzug werden die jeweils örtliche und sachliche Zuständigkeit der Anstalten in einem Vollstreckungsplan geregelt (§ 152). Gesetzlich vorgesehen ist die Differenzierung zwischen Männer- und Frauenanstalten (§ 140 Abs. 2) und Anstalten für den offenen bzw. geschlossenen Vollzug (§ 141 Abs. 2). Auch die Sicherungsverwahrung wird in getrennten Anstalten bzw. Abteilungen durchgeführt (§ 140 Abs. 1), während dies entgegen der früheren Regelung für den sozialtherapeutischen Behandlungsvollzug nur im Regelfall gilt, aus "besonderen Gründen" nunmehr auch Abteilungen "in anderen Anstalten eingerichtet werden dürfen" (vgl. § 123 Abs. 1 und 2). Die Kritik an dieser Ende 1984 verabschiedeten Regelung wendet sich gegen die damit verbundene Gefahr des Etikettenschwindels, indem im Vergleich zum Regelvollzug nur unwesentlich anders strukturierte Bereiche zur "sozialtherapeutischen Abteilung" deklariert werden. Das notwendige Behandlungsklima wird, so steht zu befürchten, in unmittelbarer räumlicher Nähe des Regelvollzugs von dem dort vorherrschenden Sicherheits- und Ordnungsdenken beeinträchtigt[27]. Die gesetzlich vorgesehenen sog. Einweisungsanstalten (vgl. § 152 Abs. 2) existieren bislang allerdings nur in einigen Bundesländern (z.B. Baden-Württemberg, Niedersachsen, Nordrhein-Westfalen). Dort werden Gefangene mit Freiheitsstrafen von mindestens 12 bzw. 18 Monaten im Hinblick auf die mögliche Verlegung in den offenen oder geschlossenen, gegebenenfalls besonders gesicherten Vollzug, die Eignung für sozialtherapeutische oder sonstige Behandlungs- bzw. Ausbildungsmaßnahmen untersucht.

Im übrigen erfolgt eine **Differenzierung** bzw. Klassifikation der Strafgefangenen in erster Linie im Hinblick auf ihre **Strafdauer.** So können nach einem 1981 eingeführten Programm in Baden-Württemberg Gefangene mit einer Freiheitsstrafe bis zu einem Jahr unmittelbar in den offenen Vollzug verlegt werden. Hierdurch sollen intakte Arbeitsverhältnisse aufrechterhalten und die desintegrativen Wirkungen der Freiheitsstrafe gemindert werden[28]. Auch in den übrigen Bundesländern sind die Anstalten abgesehen von Kriterien der regionalen Zuordnung von Gefangenen nach dem voraussichtlichen Entlassungsort vor allem im Hinblick auf die Dauer der zu vollstreckenden Freiheitsstrafen differenziert. Die Anstalten für den sog. Langstrafenvollzug sind zumeist stärker gesichert, z.T. verfügen sie über spezielle offene Außenstellen oder Abteilungen, über die die Entlassung vorbereitet wird.
Eine **altersmäßige Klassifikation** der Gefangenen findet lediglich im Hinblick auf den Jugend- bzw. Erwachsenenvollzug statt. Im ersteren können nach Jugendstrafrecht Verurteilte bis zum 25. Lebensjahr verbleiben, die Vollzugspopulation des Jugendstrafvollzugs besteht dementsprechend gegenwärtig zu fast 90 % aus rechtlich erwachsenen Gefangenen (18-24 Jahre)[29]. Lediglich in Baden-Württemberg werden alte Strafgefangene (60 Jahre und älter) in einer Anstalt konzentriert[30]. Baden-Württemberg ist darüber hinaus eines der wenigen Länder, die Ausländer schwerpunktmäßig in einigen Anstalten zusammenfassen. Bezogen auf das gesamte Bundesgebiet hat sich der Ausländeranteil seit 1970 (2,9 %) fast verfünffacht (31.3.1984: 14,5 %)[31].

4. Veränderungen der Gefängnispopulation in der Bundesrepublik seit 1970

Die Gefängnispopulation hat sich in den letzten 15 Jahren sowohl quantitativ wie in ihrer Zusammensetzung wesentlich verändert.

Lagen die Gefangenenraten ausgangs der 60er Jahre noch bei ca. 60.000, so brachte das erste Strafrechtsreformgesetz aus dem Jahre 1969 mit der weitgehenden Abschaffung der kurzen Freiheitsstrafe (bis 6 Monate) eine erhebliche Reduzierung der Gefangenenzahl auf 1971 durchschnittlich 46.496 Gefangene (einschließlich Untersuchungsgefangene, d.h. 76 pro 100.000 der Wohnbevölkerung). Bereits 1972 stiegen die Gefangenenzahlen allerdings wieder deutlich an, ein Trend, der sich vor allem seit 1979 verstärkt fortsetzte. 1984 wurden durchschnittlich 61.463 Gefangene gezählt, ein Höhepunkt wurde Ende Februar 1983 mit nicht weniger als 65.024 Gefangenen erreicht. Dies entsprach pro 100.000 der Wohnbevölkerung einer Gefangenenrate von 106. Damit sind Probleme der **Überbelegung** und einer den Mindestgrundsätzen für die Behandlung von Gefangenen[32)] gerechtwerdenden Unterbringung erneut aktuell geworden. Allerdings hat sich die Situation seither merklich entspannt (vgl. Schaubild 1 und 2). Die 56.460 am 30.11.1985 Inhaftierten entsprechen einer Gefangenenrate von etwa 93 und damit einem Belegungsstand des Jahres 1980.
Die zumindest in Teilbereichen und einzelnen Bundesländern (z.B. Hessen, Rheinland-Pfalz, Saarland) immer noch sichtbaren Probleme werden verdeutlicht anhand der seit 1970 zunehmenden Unterbringung in Gemeinschafts- statt Einzelzellen. Während 1970 (31.3.: 62,6 %) noch fast zwei Drittel der Gefangenen in einer Einzelzelle untergebracht werden konnten, waren es zum gleichen Stichtag 1984 lediglich noch etwas mehr als die Hälfte (53,1 %). Auch insoweit hat sich die Lage mit dem Belegungsrückgang verbessert, indem Ende 1985 (30.11.) dieser Anteil auf 58,5 % anstieg. Dennoch wird damit dem in § 18 StVollzG enthaltenen Grundsatz, Gefangene während der Ruhezeit in Einzelhaft unterzubringen, immer noch nicht in ausreichendem Maße entsprochen. Eine Umgestaltung von Einzel- in Mehrbettzellen erfolgt vielfach, um dem grundsätzlichen Verbot der Überbelegung (vgl. § 146) zu entsprechen. Besonders problematisch erscheint die Situation vor allem im

Schaubild 1:

Belegung und Belegungsfähigkeit im Bundesgebiet

insgesamt vom 31. 1. 1979 - 30. 11. 1985

(jeweils zum 30./31. des Monats)

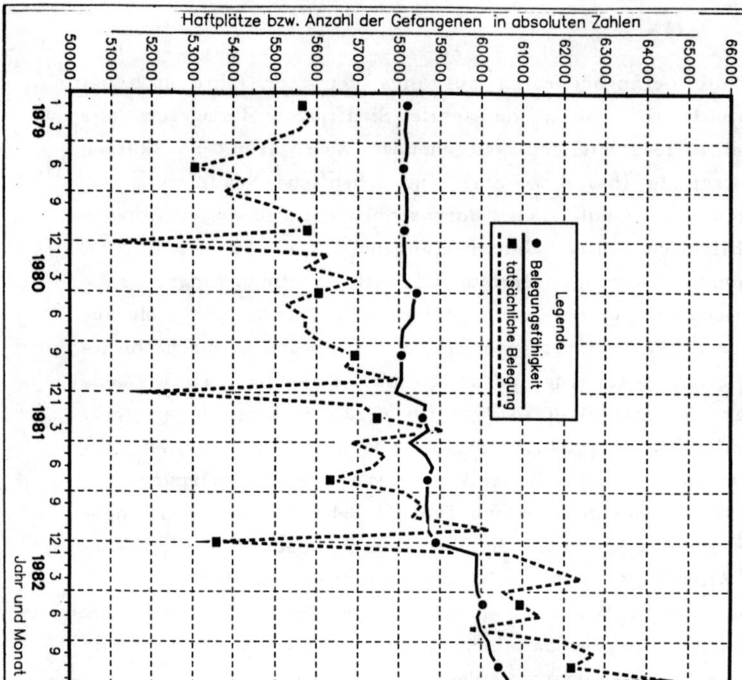

Schaubild 2:

Belegung und Belegungsfähigkeit im Bundesgebiet im geschlossenen Vollzug vom 31. 1. 1979 - 30. 11. 1985

(jeweils zum 30./31. des Monats)

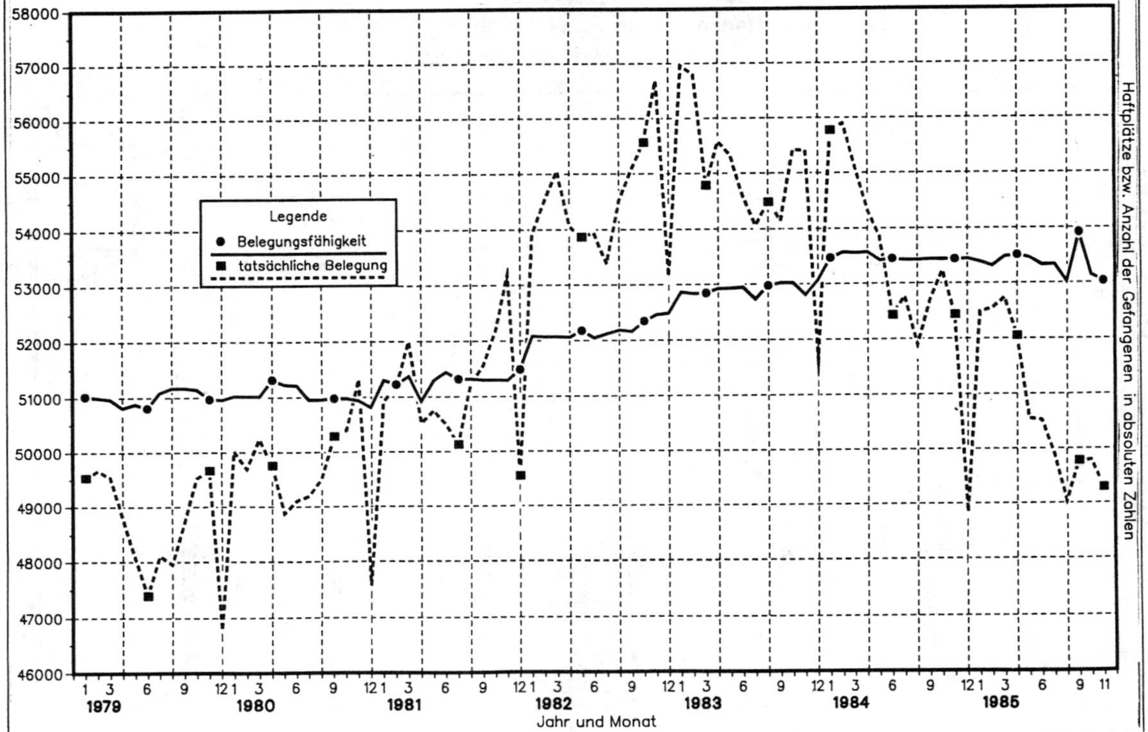

Schaubild 3:

Belegung und Belegungsfähigkeit im Bundesgebiet im offenen Vollzug vom 31. 1. 1979 - 30. 11. 1985

(jeweils zum 30./31. des Monats)

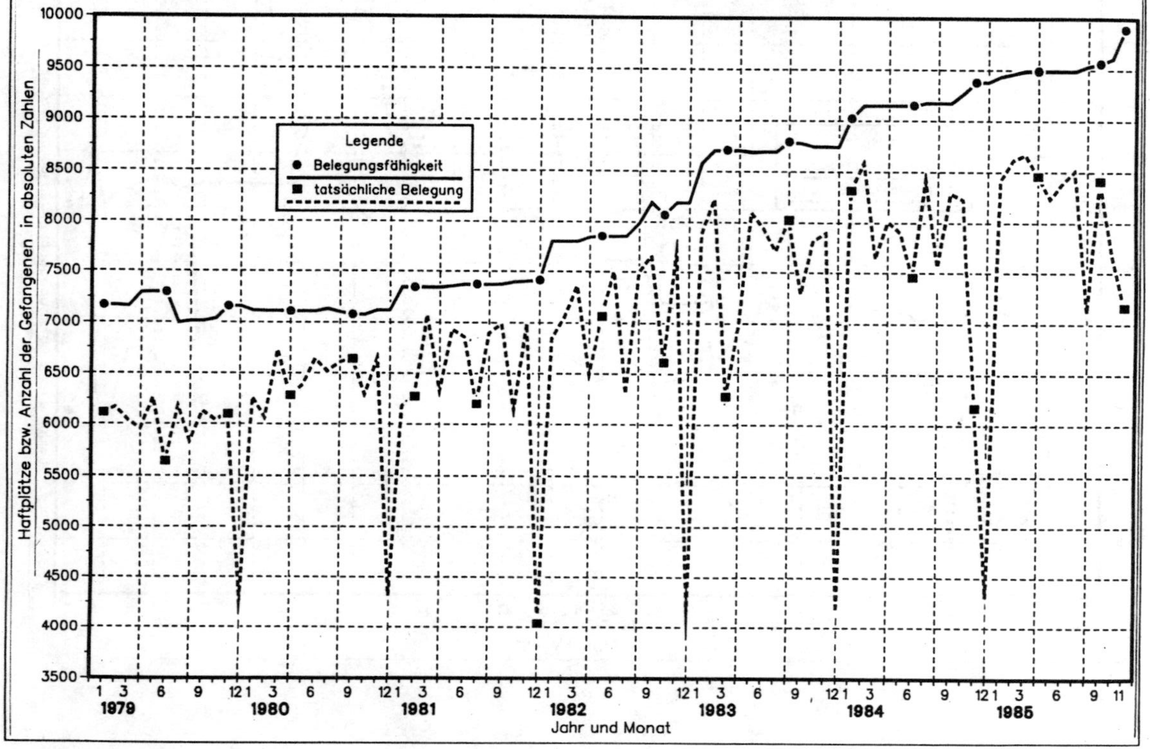

geschlossenen Vollzug, während eine Überbelegung im offenen Vollzug nicht stattfindet (vgl. Schaubild 2 und 3). Allerdings ist insoweit zu berücksichtigen, daß vorübergehend abwesende beurlaubte Gefangene in den Belegungsstatistiken nicht mitgezählt werden und damit vor allem im offenen Vollzug der reale Gefangenenstand um etwa 5 % höher liegt. Vollbelegung ist im offenen Vollzug in einigen Bundesländern darüber hinaus auch wegen der regional ungünstigen Lage entsprechender Anstalten und der sehr viel häufigeren gemeinschaftlichen Unterbringung (Bundesdurchschnitt am 30.11.1985: 62,5 %) schwer zu erreichen. Die ansteigenden und trotz des Rückgangs weiterhin zu hohen Gefangenenzahlen haben nicht nur die Ansätze zu einem modernen Behandlungsvollzug, sondern darüber hinaus auch die minimalen Voraussetzungen einer "humanen Verwahrung" gefährdet. Von daher erscheint verständlich, daß sich die Vollzugsverwaltungen vor allem in Ländern mit besonderem Belegungsdruck (z.B. Berlin, Hessen, Niedersachsen) mit vorläufigen Vollstreckungsstops (z.B. bei Freiheitsstrafen bis zu 6 Monaten oder Ersatzfreiheitsstrafen) oder gnadenweisen Entlassungen nach Verbüßung der Hälfte der Strafe zu helfen versuchten[33]. Allerdings haben diese Maßnahmen jeweils nur geringfügige Entlastungseffekte gebracht. (Zur Entwicklung der Untersuchungsgefangenenzahlen s.u. 9.).
Dies wird verständlich, wenn man die **Ursachen** des enormen **Belegungsanstiegs** in den letzten Jahren betrachtet. Denn dieser Anstieg erfolgte, obwohl die Zahl der neu in den Strafvollzug aufgenommenen Gefangenen rückläufig war. So kamen 1974 auf eine Jahresdurchschnittsbelegung von 52.873 Gefangenen 63.643 Strafantritte, 1984 war das Verhältnis bei 61.463 Gefangenen (+ 16,3 %) und 54.748 Strafantritten (- 14,0 %) gerade umgekehrt[34]. Entscheidend war demnach die **Verhängung zunehmend längerer Freiheitsstrafen**, vor allem im Bereich zwischen zwei und zehn Jahren (vgl. Tabelle 1). Zum Teil war hierfür verantwortlich eine veränderte Deliktsstruktur, indem Inhaftierungen wegen Diebstahls ab-, dafür wegen

Gewalt- (Raub-, Erpressungs-, Tötungs- und Körperverletzungs-)delikten und besonders wegen Betäubungsmitteldelikten deutlich zugenommen haben (vgl. Tabelle 2)[35]. Dieser Trend zu härteren Strafen ist allerdings nur im Erwachsenenstrafrecht ausgeprägt[36], während die geringfügig ansteigenden Belegungszahlen im Jugendstrafvollzug vor allem auf einer zunehmenden Verurteilung Heranwachsender nach Jugendstrafrecht und damit Belegung mit 18-24jährigen beruht[37].

5. Der Gebrauch von Freiheitsstrafe im internationalen Vergleich und Gründe für die Überbelegung in westdeutschen Gefängnissen

Der Anstieg von Gefangenenzahlen bis zum Jahre 1984 ist nicht nur ein Charakteristikum der bundesdeutschen Situation, sondern der meisten westeuropäischen Länder. Allerdings variieren die Anwendung von Freiheitsstrafen (ohne Bewährung) und im Zusammenhang damit Gefangenenraten im internationalen Vergleich erheblich. Von daher erfolgte der in den meisten Ländern zu beobachtende Anstieg auf der Basis sehr unterschiedlicher Ausgangspopulationen und gibt es auch Ausnahmen, wie insbesondere die jüngste Entwicklung in Schweden und Spanien belegt. In diesen Ländern sank die Vollzugspopulation 1985 gegenüber 1983 nach einem vorübergehenden noch stärkeren Rückgang um insgesamt 12 % bzw. 14 %. In England/Wales war die Entwicklung seit Anfang der 80er Jahre ebenfalls tendenziell rückläufig bzw. konnte seit 1983 zumindest konstant gehalten werden[38]. Während in England der Rückgang in erster Linie auf der Verkürzung durchschnittlich verhängter Freiheitsstrafen beruht, ein Trend, der aufgrund höchstrichterlicher Rechtsprechung schon seit 1979 zu beobachten ist[39], haben sich in Schweden und Spanien gesetzliche Reformmaßnahmen entsprechend ausgewirkt. In Schweden wurden u.a. der Anwendungsbereich der sog. Schutzaufsicht (entspricht der bundesdeutschen Strafaussetzung mit Bewährungshilfe) ausgeweitet und die Entlassung nach Verbüßung der Hälfte einer Freiheitsstrafe zum Regelfall gemacht[40].

Für den 1.2.1985 ergibt eine vom Europarat veröffentlichte Übersicht folgendes Bild:

Straf- und Untersuchungsgefangene im internationalen Vergleich (1985)

Land	Gefangene pro 100.000 der Wohnbevölkerung (1.2.1985)	Anteil von U-Gefangenen (in %)	U-Gefangene pro 100.000 der Wohnbevölkerung (1.2.1985)	Zahl der Aufnahmen im Vollzug 1983 pro 100.000 der Wohnbevölkerung	durchschnittliche Inhaftierungsdauer (einschließl. U-Gefangene) 1983 in Monaten
Türkei	147	35,0	51	372	5,5
Nordirland	135	18,6	25	248	6,8
Österreich	112	23,1	26	k.A.	k.A.
BRD	**100**	**23,9**	**24**	**187**	**6,4**
Schottland	97	21,8	21	689	1,7
Finnland	97	11,2	11	210	5,5
England/Wales	88	22,0	19	307	3,4
Portugal	87	37,5	33	135	5,3
Frankreich	80	50,9	41	158	5,2
Italien	78	64,1	50	182	4,8
Belgien	77	30,6	21	226	3,5
Luxemburg	69	34,8	24	333	2,4
Schweiz	68	22,7	16	421	1,8
Dänemark	68	23,4	16	712	1,0
Schweden	58	17,6	10	k.A.	k.A.
Norwegen	51	24,5	12	262	2,2
Spanien	51	50,3	26	134	3,5
Irland	47	6,3	3	178	2,8
Griechenland	37	24,1	9	89	6,4
Niederlande	34	36,8	13	172	2,0
Island	34	6,2	2	102	2,9
Zypern	33	6,3	2	87	4,9
Malta	28	33,1	9	77	4,7

Quelle: Council of Europe (Hrsg.): Prison Information Bulletin No. 5. Strasbourg 1985, S. 16 ff., 23.

Ergänzt man diese Übersicht über Gefangenenraten durch einige nicht zum Europarat gehörenden Länder, so ergibt sich für Japan mit 45/100.000 der Wohnbevölkerung eine relativ geringe Gefangenenquote, während die osteuropäischen Länder traditionell noch höhere Gefangenenraten als die Bundesrepublik aufweisen. Für Polen ergab sich 1981 eine Quote von 250, 1982 sank diese nach Angaben von Jasiński auf 215. In Bulgarien und Jugoslawien lag die Quote 1977 bei 149 bzw. 101, in Ungarn 1979 bei 132[41]. Eine der höchsten Gefangenenraten in der Welt weisen neben Südafrika (440)[42] die USA mit 237/100.000 der Wohnbevölkerung auf (1980 bzw. 1982)[43].

Aus der obigen Übersicht im westeuropäischen Vergleich wird deutlich, daß die nach Österreich höchste **Gefangenenrate** in der **Bundesrepublik** vor allem darauf beruht, daß die **durchschnittlichen Haftzeiten** im Vergleich zum Ausland **bedeutend länger** sind. Mit 6,4 Monaten durchschnittlicher Aufenthaltszeit einschließlich der lediglich in Untersuchungshaft Genommenen liegt die Bundesrepublik etwa doppelt so hoch wie England/Wales oder Spanien und etwa drei- bis sechsfach so hoch wie die skandinavischen Länder (Dänemark, Norwegen) und die Niederlande. So werden insbesondere in Dänemark (712/100.000 der Wohnbevölkerung) und Norwegen (262) bedeutend mehr Personen jährlich inhaftiert als in der Bundesrepublik (187), jedoch führen die jeweils sehr viel geringeren Haftzeiten zu den entsprechend niedrigeren Gefangenenraten. Ähnliches gilt für England/Wales (307), Schottland (689) und selbst die Schweiz (421), während in Italien (182) und den Niederlanden (172) die Zahl der Aufnahmen in den Strafvollzug nur geringfügig niedriger ist als in der Bundesrepublik. Die besonders niedrige Gefangenenrate in Spanien kommt durch durchschnittlich geringere Haftzeiten **und** einen entsprechend geringeren Personenkreis, der jährlich in den Vollzug gelangt, zustande. Nimmt man zur Beurteilung der Punitivität eines Landes die Zahl der Aufnahmen in den Vollzug zum Maßstab, so schneidet die BRD relativ günstig ab, indem von den Industrieländern nur Griechenland, Portugal, Spanien und Frankreich bedeutend weniger Menschen jährlich inhaftieren, während die vielfach als vorbildlich angesehenen skandinavischen Länder (mit Ausnahme von Finnland, das in der Sanktionsstruktur der BRD ähnlicher ist), aufgrund ihrer Tradition eines weitverbreiteten Einsatzes der kurzen Freiheitsstrafe (der auch für die Beneluxstaaten typisch ist) teilweise auf erheblich höhere Inhaftierungsraten kommen.

Der **internationale Vergleich** macht deutlich, daß eine **Reduzierung** der **Gefängnisbelegung** in der Bundesrepublik Deutschland vor allem über eine **Verkürzung der durchschnittlichen Haftzeiten** erreichbar erscheint. Dies könnte einmal im Wege einer Reduzierung der von den Gerichten ausgesprochenen Strafen (Minderung der Strafrahmen, Wegfall der Strafschärfung bei Rückfall etc.) oder eine Verkürzung der verbüßten Haftzeiten durch Ausweitung der bedingten Entlassung (z.B. nach Verbüßung der Hälfte der Strafe) erfolgen. Vor allem der westeuropäische Vergleich der industrialisierten Länder mit entsprechenden Problemlagen, was die Entwicklung der Kriminalität und Kriminalitätsstruktur anbelangt, macht deutlich, daß der Ausbau des Gefängniswesens und der Umfang des Gebrauchs von Freiheitsstrafen eine in erster Linie **kriminalpolitische Entscheidung** ist. Dementsprechend - und dies zeigt das Beispiel zahlreicher Länder[44] - kann steigenden Gefangenenzahlen durch entsprechende kriminalpolitische Maßnahmen wirksam begegnet werden. Die Ausweitung der Alternativen zur Freiheitsstrafe (einschließlich der gemeinnützigen Arbeit als selbständige Sanktion), der ambulanten sozialen Dienste (Bewährungshilfe) und die Reduzierung angedrohter und verhängter Freiheitsstrafen können nur beispielhaft in diesem Zusammenhang genannt werden[45]. So wurden in Dänemark 1982 (zuvor schon einmal 1973) die Höchststrafen insbesondere bei Eigentums- und Vermögensdelikten um ein Drittel herabgesetzt

[46]. Allerdings dürften entsprechende Reformvorschläge in der Bundesrepublik derzeit nur schwer durchsetzbar sein. Die Tendenz geht eher dahin, ungeheuer kostenintensive Gefängnisneubauprogramme zu realisieren, ohne daß der qualitative Standard im bezug auf Personal und das Angebot an Behandlungsmaßnahmen in vollem Umfang gesichert werden wird. Von daher sind die Gefahren für die Umsetzung der Strafvollzugsreform, die von einer weiteren Kapazitätsausweitung des Strafvollzugs drohen, nicht zu unterschätzen. Dementsprechend werden vor allem von Kriminologen und kriminalpolitisch engagierten Strafrechtswissenschaftlern in jüngster Zeit verstärkt die erwähnten alternativen Strategien gefordert[47].

6. Offener Vollzug und die Öffnung des Vollzugs im allgemeinen als Aspekt der Gefängnisreform

Eine der **grundlegenden Neuerungen** des deutschen Strafvollzugs stellt die vermehrte **Öffnung des Vollzugs** insbesondere durch **Ausgang**, **Freigang** und **Urlaub** (§§ 11, 13, 15, 35) dar. Ferner hat das StVollzG (§ 10) programmatisch den **Vorrang des offenen** vor dem geschlossenen **Vollzug** festgelegt und die offenen Anstalten durch "keine oder nur verminderte Vorkehrungen gegen Entweichungen (§ 141 Abs. 2) gesetzlich definiert.

Der offene Vollzug hat seit Ende der 60er Jahre zwar erheblich an Bedeutung gewonnen, dennoch ist er entgegen der Gesetzessystematik des § 10 StVollzG die Ausnahme. So waren am 31.3.1985 lediglich 19,3 % der Strafgefangenen im Vollzug von Freiheitsstrafe in offenen Anstalten untergebracht (Vergleichswert für den Jugendstrafvollzug: 12,9 %). Dabei ist die Klassifikation der Anstalten als "offen" bezüglich der Sicherung nach außen nicht in allen Bundesländern einheitlich. Eine repräsentative Erhebung des Max-Planck-Instituts in 7 Bundesländern ergab, daß knapp 40 % der offenen Anstalten durch eine Mauer und jede fünfte sogar zusätzlich durch Stacheldraht gegen Entweichungen gesichert waren[48]. Dennoch unterscheiden sich Anstalten des offenen Vollzugs generell ganz wesentlich von solchen des geschlossenen, indem z.B. die interne Freizügigkeit (offene Zellen u.ä.) erheblich ausgeweitet ist. Der offene Vollzug unterscheidet sich strukturell vom geschlossenen vor allem durch eine erheblich vermehrte Gewährung von Vollzugslockerungen und Beurlaubungen. 1984 wurden im Bundesgebiet (ohne Bayern und Schleswig-Holstein, die keine entsprechenden Daten ausweisen) durchschnittlich pro 100 Gefangene im offenen gegenüber dem geschlossenen Vollzug etwa neunmal soviele Beurlaubungen, siebenmal soviele tageweise Ausgänge und sogar knapp dreißigmal soviele Zulassungen zum Freigang, d.h. regelmäßige Arbeit außerhalb der Anstalt, gewährt. Auf der anderen Seite ist das Konfliktpotential, was Selbstmord, Selbstmordversuche, Selbstbeschädigungen oder Nahrungsverweigerung anbelangt, im offenen Vollzug traditionell erheblich niedriger[49]. Gleiches gilt für besondere Sicherungsmaßnahmen, vor allem die Unterbringung in einer Beruhigungszelle und Fesselungen. Überraschend ist lediglich die um mehr als das Doppelte erhöhte Zahl von Disziplinarfällen im offenen Vollzug, was allerdings zum Teil zumindest auf die vermehrten Lockerungsmaßnahmen in dieser Vollzugsform und den damit möglichen Mißbrauch (zu späte Rückkehr, Alkoholmißbrauch während des Urlaubs u.ä.) zurückzuführen ist. Bedenklich erscheint weiterhin der in einigen Bundesländern häufige Gebrauch von Arrest im offenen Vollzug[50].

Insgesamt können die Entwicklung und der **Ausbau des offenen Vollzugs** - 1970 waren schätzungsweise noch lediglich 2 % der Strafgefangenen in offenen Abteilungen oder Anstalten untergebracht - positiv bewertet werden, da ein **erhöhtes Risiko für die Allgemeinheit nicht festzustellen** war, während auf der anderen Seite durchaus günstige Resozialisierungserfolge im Hinblick auf eine verminderte Rückfälligkeit von aus dem offenen Vollzug Entlassenen berichtet werden[51]. Allerdings stellt sich hier das schwierige methodische Problem einer Vergleichbarkeit von aus unterschiedlichen Vollzugsformen entlassenen Gefangenen, so daß eher der Schluß gerechtfertigt sein dürfte, daß die vermehrte Einrichtung offener Anstalten zumindest zu keiner schlechteren Legalbewährung der betroffenen Entlassenen geführt hat. Eindeutig sind die Ergebnisse jedenfalls im Hinblick auf den Mißbrauch von Lockerungen. Obwohl im **offenen Vollzug** um ein Vielfaches häufiger **Lockerungen** gewährt werden, sind die **Mißbrauchsquoten** (keine oder zu späte Rückkehr aus dem Urlaub etc.) deutlich **geringer**.

Die **quantitative Entwicklung** von **Beurlaubungen**, **Ausgängen** und **Freigang** allein in dem statistisch für uns überschaubaren Zeitraum seit 1977 ist beeindruckend. So haben sich Beurlaubungen und Ausgänge relativ pro 100 Strafgefangene mehr als verdoppelt und auch bei den Zulassungen zum Freigang war eine Steigerung um 40 % zu registrieren.
Schaubild 4 zeigt die entsprechenden Quoten pro 100 Strafgefangene für die **Beurlaubungsfälle** bis 1984 auf. Bei einer durchschnittlichen Beurlaubungsquote von 514 variiert die Praxis im Bundesländervergleich ganz erheblich. In Bremen (999), Hessen (797), Hamburg (773) und Berlin (730) kamen 1984 drei- bis viermal soviele Gefangene in den Genuß von Urlaub als in Bayern (236). Allerdings handelte es sich dabei vermehrt auch um dieselben Gefangenen, die wiederholt von derartigen Maßnahmen profitierten. Die 1984 insgesamt gewährten 271.563 **Ausgänge** ergeben auf 100 Strafgefangene bezogen nicht weniger als 587. Auch hier schwanken die Quoten zwischen 1447 (Niedersachsen) und 218 (Bayern) ganz erheblich. Beim **Freigang** bedeutet die Quote von 45 allerdings nicht, daß fast jeder zweite Strafgefangene in den Genuß derartiger Lockerungsmaßnahmen kam. Denn in den insgesamt 20.868 Freigangszulassungen sind ebenfalls wiederholte Lockerungen bei ein und demselben Gefangenen mit enthalten.

Schaubild 4:

Zahl der Beurlaubungen 1977 - 1984 im Ländervergleich

Angaben pro 100 Strafgefangene am 30. 6. des Jahres

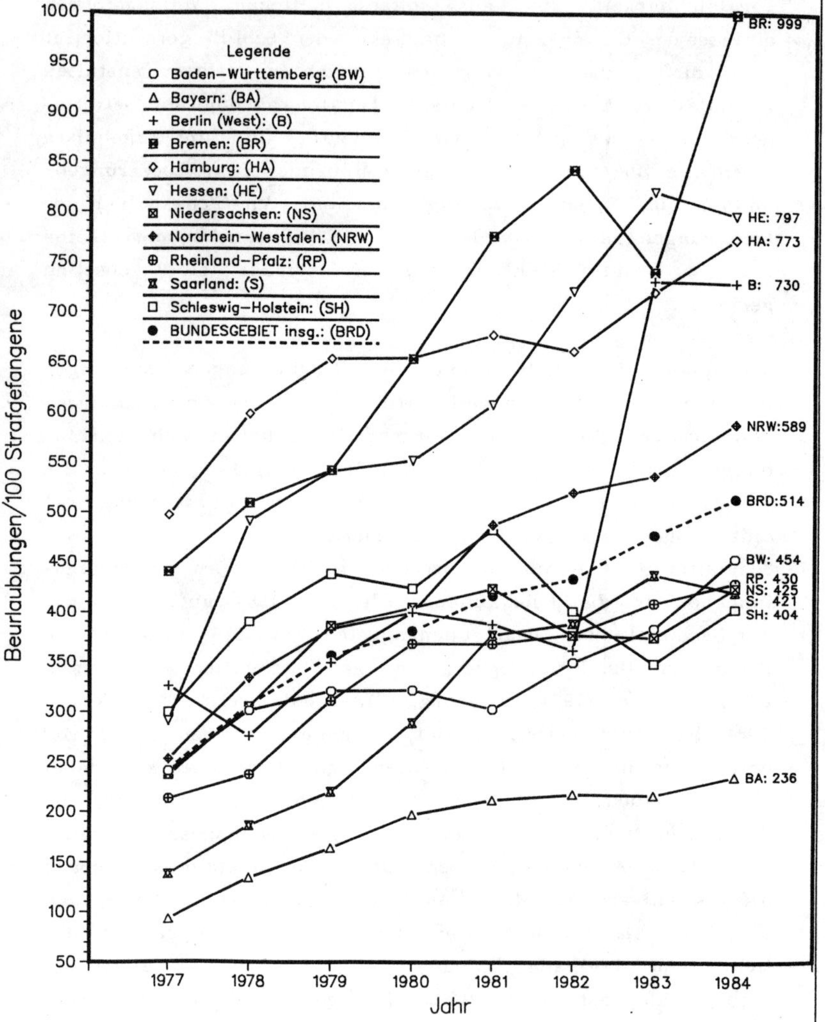

Schaubild 5:

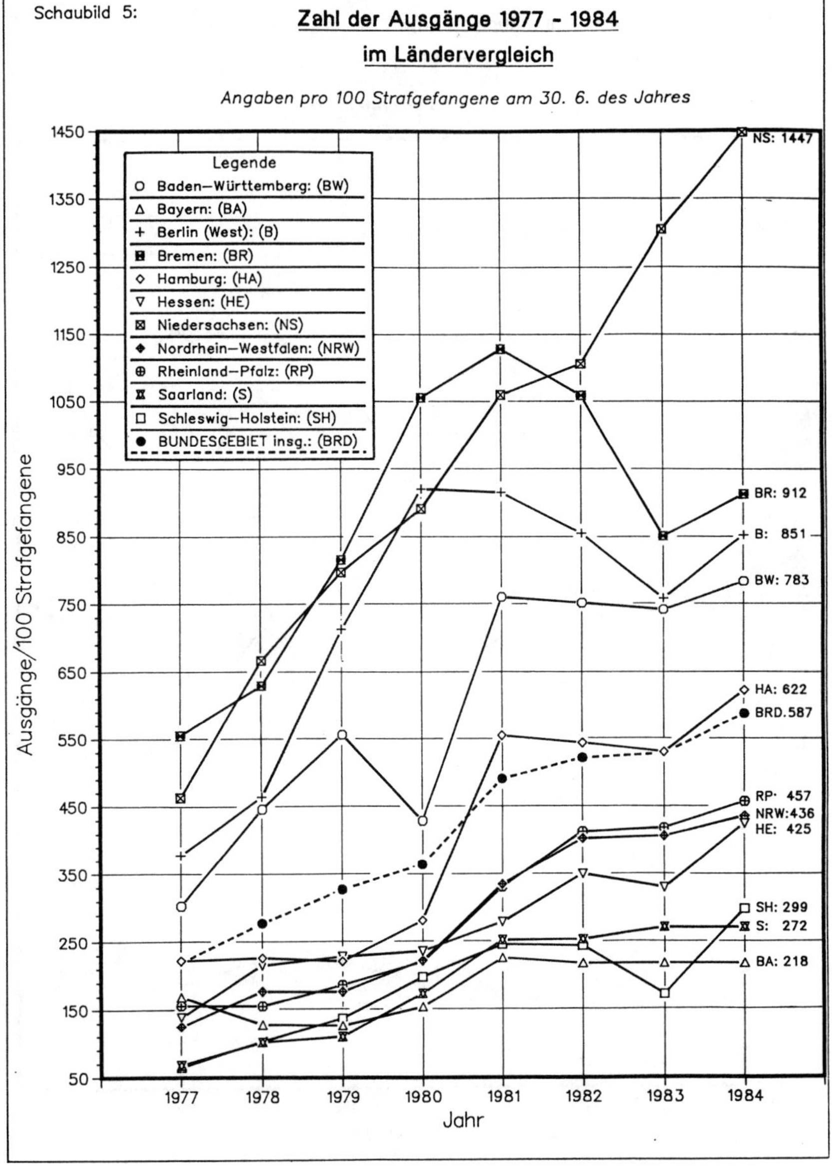
Zahl der Ausgänge 1977 - 1984
im Ländervergleich
Angaben pro 100 Strafgefangene am 30. 6. des Jahres
Legende
Baden-Württemberg: (BW)
Bayern: (BA)
Berlin (West): (B)
Bremen: (BR)
Hamburg: (HA)
Hessen: (HE)
Niedersachsen: (NS)
Nordrhein-Westfalen: (NRW)
Rheinland-Pfalz: (RP)
Saarland: (S)
Schleswig-Holstein: (SH)
BUNDESGEBIET insg.: (BRD)
NS: 1447
BR: 912
B: 851
BW: 783
HA: 622
BRD.587
RP: 457
NRW:436
HE: 425
SH: 299
S: 272
BA: 218
Ausgänge/100 Strafgefangene
1450
1350
1250
1150
1050
950
850
750
650
550
450
350
250
150
50
1977
1978
1979
1980
1981
1982
1983
1984
Jahr

Schaubild 6:

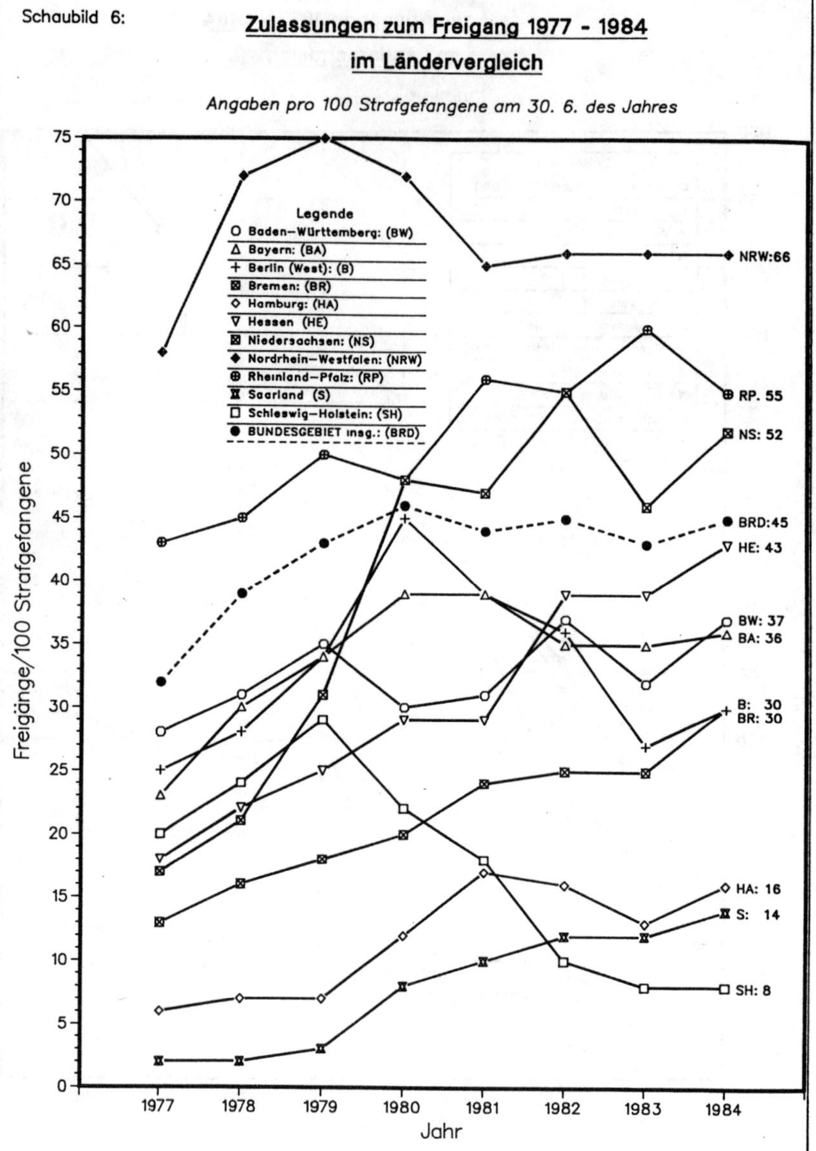

Zulassungen zum Freigang 1977 - 1984
im Ländervergleich
Angaben pro 100 Strafgefangene am 30. 6. des Jahres
Legende
Baden-Württemberg: (BW)
Bayern: (BA)
Berlin (West): (B)
Bremen: (BR)
Hamburg: (HA)
Hessen (HE)
Niedersachsen: (NS)
Nordrhein-Westfalen: (NRW)
Rheinland-Pfalz: (RP)
Saarland (S)
Schleswig-Holstein: (SH)
BUNDESGEBIET insg.: (BRD)
NRW:66
RP. 55
NS: 52
BRD:45
HE: 43
BW: 37
BA: 36
B: 30
BR: 30
HA: 16
S: 14
SH: 8
Freigänge/100 Strafgefangene
Jahr
0
5
10
15
20
25
30
35
40
45
50
55
60
65
70
75
1977
1978
1979
1980
1981
1982
1983
1984

Bezieht man diese Zahl auf die 1984 insgesamt 68.530 aus dem Strafvollzug in die Freiheit Entlassenen, so kann man von allenfalls einem Drittel entsprechend geförderter Gefangener ausgehen (bei erheblichen länderspezifischen Differenzen, vgl. Schaubild 6).
Eine Addition von Urlaubs- und Ausgangsmaßnahmen pro 100 Gefangene am 30.6. d.J. ergibt für 1984 (Bundesdurchschnitt: 1101) folgende Rangreihe:

1.	Bremen	1.912
2.	Niedersachsen	1.872
3.	Berlin	1.581
4.	Hamburg	1.394
5.	Baden-Württemberg	1.237
6.	Hessen	1.222
7.	Nordrhein-Westfalen	1.024
8.	Rheinland-Pfalz	886
9.	Schleswig-Holstein	703
10.	Saarland	693
11.	Bayern	454

Damit wird ein "**Nord-Süd-Gefälle**" des **Öffnungsgrades** im Strafvollzug ersichtlich. Selbst wenn man Mehrfachbeurlaubungen u.ä. vor allem in Niedersachsen und den Stadtstaaten berücksichtigt, darf man davon ausgehen, daß in Bayern der Personenkreis, dem entsprechende Lockerungen gewährt werden, stärker eingegrenzt ist.
Trotz der insgesamt immensen Ausweitung von Urlaub, Ausgang und Freigang seit 1977 sind die **Mißbrauchsquoten** kontinuierlich **rückläufig**[52)]. Selbst wenn man die Mißbrauchsquoten nicht auf die gewährten Maßnahmen, sondern die betroffenen Gefangenen bezieht, halten sich Fluchtfälle und strafbare Handlungen in Grenzen: Nach zwei Untersuchungen in Hamburg bzw. Niedersachsen wurde bei jedem 4. bzw. 5. "Versager" im Falle von Urlaub oder Ausgang eine erneute Straftat registriert, was jeweils weniger als 10 % der Gefangenen mit

Schaubild 7:

Nicht rechtzeitige Rückkehr bei verschiedenen Lockerungsmaßnahmen von 1977 - 1984 im Bundesgebiet

Angaben in Prozent der jeweiligen Lockerungsmaßnahmen

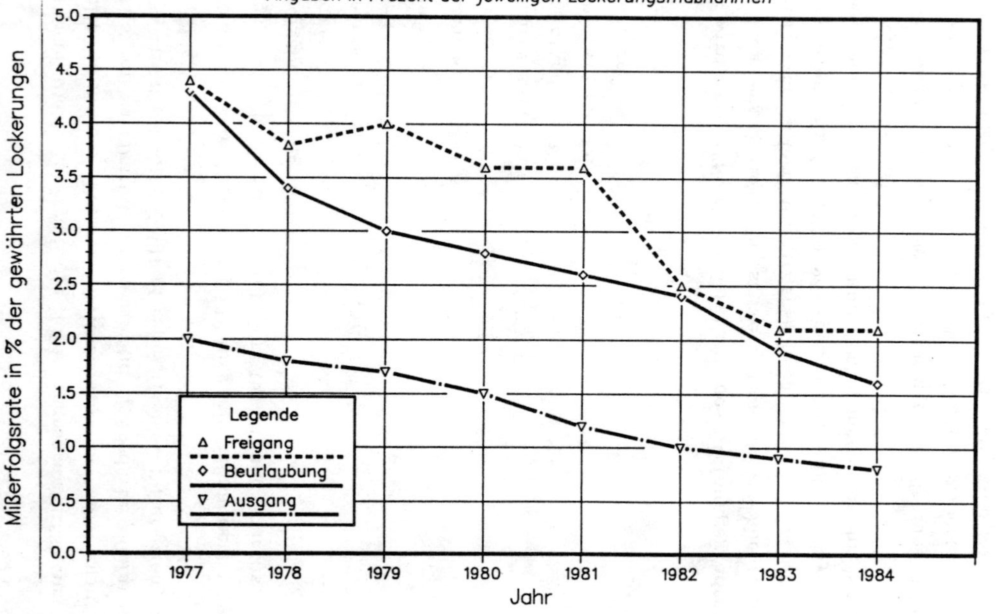

Schaubild 8:

Urlaubsmißbrauch im Jahre 1984 im Ländervergleich

Angaben pro 100 Strafgefangene am 30. 6. des Jahres

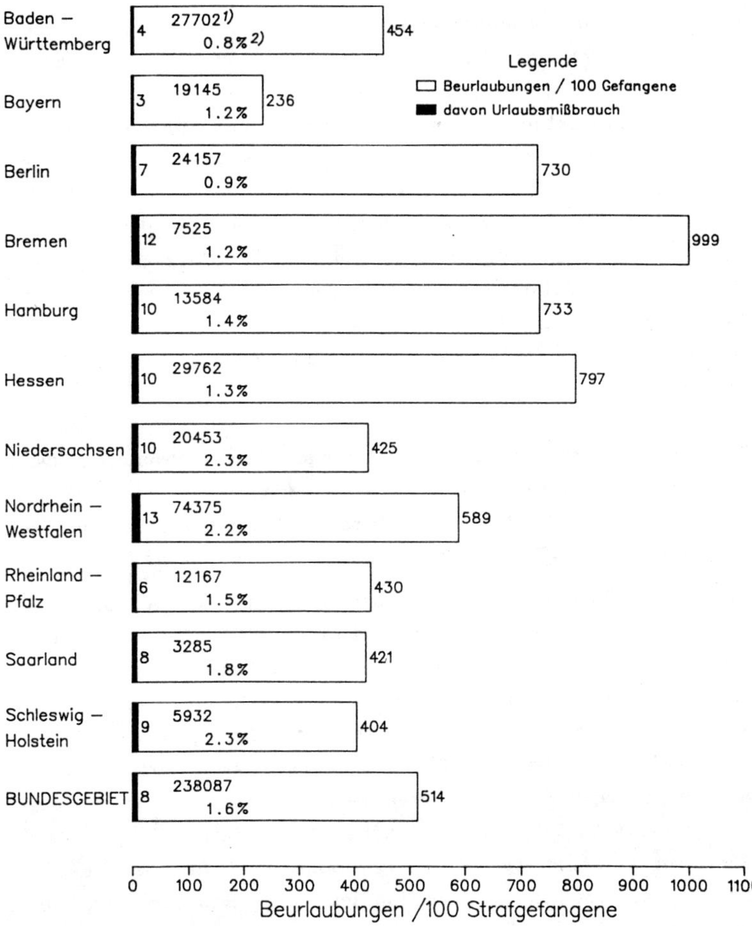

1) Zahl der Beurlaubungen (absolut)
2) Prozentanteil Urlaubsmißbrauch (bezogen auf 1)

Lockerungen betrifft[53]. Von daher kann die weitgehende Öffnung des Vollzugs als Ergebnis der Gefängnisreform nur positiv bewertet werden. Dies um so mehr, als die Ausweitung des offenen Vollzugs ebenso wie der Vollzugslockerungen sich auch für einen Personenkreis als geeignet erwies, der zu Beginn der Vollzugsreform noch durchaus als ungeeignet oder problematisch für derartige Programme angesehen wurde. Eine ähnliche Entwicklung hat sich im Bereich der Alternativen zur Freiheitsstrafe, insbesondere bei der Strafaussetzung zur Bewährung und Bewährungshilfe ergeben, wo heute vielfach Personen auf ambulante Weise betreut werden, die der Klientel des Strafvollzugs weitgehend ähnlich sind[54]. Insgesamt könnte diese positive Bilanz eine weitere Verlagerung des stationären Freiheitsentzugs in den Bereich ambulanter Maßnahmen ebenso stützen wie die weitergehende Öffnung bisher geschlossener Vollzugsbereiche.

7. Einige strukturelle Veränderungen und Probleme der Gefängnisorganisation und des Gefängnislebens im Laufe der 70er und 80er Jahre: Personalausstattung, Kosten des Vollzugs, Konfliktpotentiale, Arbeitslosigkeit etc.

Neben der Insassenstruktur haben auch der **Ausbau** und die Zusammensetzung des **Vollzugspersonals** seit Anfang der 70er Jahre wesentliche Veränderungen erfahren. Kamen 1970 noch auf einen Mitarbeiter 2,7 Gefangene, so verbesserte sich das Verhältnis trotz der erheblich gestiegenen Gefangenenzahlen bis 1980 auf 1:2,2. Das Verhältnis ist aber damit nach wie vor weit ungünstiger als in anderen westeuropäischen Ländern, wie z.B. Dänemark, Schweden und selbst Großbritannien[55]. Die bis 1984 weiter angestiegene Gefängnispopulation hat bei weitgehend stagnierenden Personalstellen die Situation in der Bundesrepublik wieder etwas verschlechtert, jedoch wurde durch den Belegungsrückgang bis Ende 1985 eine dem Jahr 1980 vergleichbare Ausstattung erreicht.

Das Verhältnis Sozialarbeiter:Gefangene mit 1:64 im Jahre 1980 hat sich ebenso wie dasjenige von Psychologen:Gefangene (1:195) am deutlichsten verbessert (1970: 1:126 bzw. 1:624). Die Zahlen belegen angesichts des Aufgabenzuwachses allerdings eindrucksvoll die **nach wie vor** bestehenden **Mängellagen**. Eine schwierige Situation u.a. aufgrund der hohen Fallzahlen besonders für Psychologen, Pädagogen, aber auch Sozialarbeiter ergibt sich aus der übermäßigen Belastung mit organisatorischen und Verwaltungsaufgaben, die eine systematische Einzel- oder Gruppenarbeit mit Gefangenen stark einengt. Der Aufsichtsdienst mit einem Anteil von 72 % der Vollzugsbediensteten stellte 1980 zwar nach wie vor die wesentlichste Personalgruppe dar, hat aber seit 1970 (76 %) trotz des absolut gesehenen größten Zuwachses etwas an Bedeutung verloren[56)]. Trotz der personellen Verbesserung bei den sozialen Diensten machten auch 1980 Sozialarbeiter nur 3,4 %, Psychologen und Lehrer sogar nur 1,1 % bzw. 1,4 % des Vollzugspersonals aus. D.h., auf eine Anstalt mit 200 Gefangenen kamen durchschnittlich zwar 66 Aufsichtsbeamte, 14 Verwaltungsbeamte und 5 Beamte des Werkdienstes, jeweils aber nur ein Arzt, Lehrer, Psychologe, Theologe und drei Sozialarbeiter (vgl. Schaubild 9). Die erwähnten Durchschnittswerte der Fallbelastung sind natürlich von Anstalt zu Anstalt bzw. Vollzugsform zu Vollzugsform sehr unterschiedlich. Den günstigsten Personalschlüssel, insbesondere hinsichtlich der sog. Sozialen Dienste (Sozialarbeiter, Psychologen, Lehrer u.ä.) weisen die sozialtherapeutischen Anstalten[57)] und der Jugendvollzug[58)] auf. Zu beachten ist ferner, daß ein nicht unerhebliches Gefälle zwischen den einzelnen Bundesländern in der Ausstattung mit Sozialarbeitern, Psychologen etc. besteht. Insgesamt haben vor allem die Stadtstaaten (Berlin, Bremen, Hamburg) fast doppelt soviele Personalstellen im Vollzug eingerichtet wie z.B. Bayern oder Rheinland-Pfalz. Diese vollzugspolitischen Schwerpunktsetzungen spiegeln die Ungleichheiten in der Umsetzung der Strafvollzugsreform in den Bundes-

Schaubild 9: Personalsituation in einer durchschnittlichen Vollzugsanstalt mit einer Belegung von 200 Gefangenen (1980) 1)

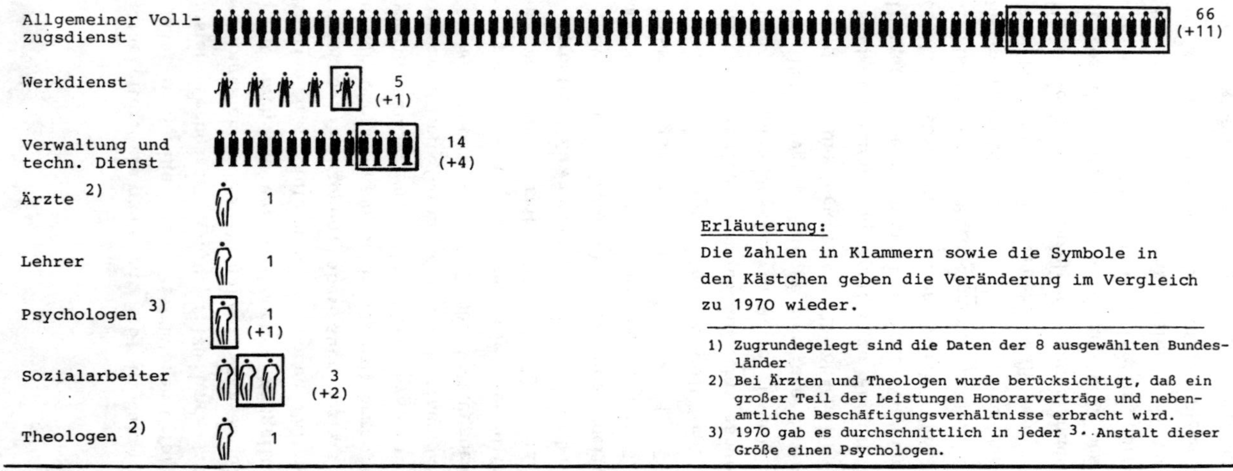

<u>Erläuterung:</u>
Die Zahlen in Klammern sowie die Symbole in den Kästchen geben die Veränderung im Vergleich zu 1970 wieder.

1) Zugrundegelegt sind die Daten der 8 ausgewählten Bundesländer
2) Bei Ärzten und Theologen wurde berücksichtigt, daß ein großer Teil der Leistungen Honorarverträge und nebenamtliche Beschäftigungsverhältnisse erbracht wird.
3) 1970 gab es durchschnittlich in jeder 3. Anstalt dieser Größe einen Psychologen.

Quelle: Dünkel,F.,Rosner,A.: Die Entwicklung des Strafvollzugs in der Bundesrepublik Deutschland seit 197o. 2.Aufl. Freiburg 1982, S.263.

ländern, wie sie auch anhand anderer struktureller Merkmale deutlich werden, wieder.

Vor allem die Vermehrung des Vollzugspersonals, ebenso wie die Ersetzung alter Anstaltsbauten durch modernen Behandlungsgesichtspunkten entsprechende Neubauten (z.T. handelt es sich allerdings auch um sog. Hochsicherheitstrakte für die quantitativ kleine Minderheit von Terroristen u.ä) haben zu einer **erheblichen Kostensteigerung** beigetragen. Die jährlichen Bruttokosten des Justizvollzugs stiegen von **1970 bis 1980** von 0,54 auf 1,67 Milliarden DM, d.h. unter Berücksichtigung der Geldentwertung um mehr als das Dreifache. Die **Nettokosten pro Gefangener und Hafttag** sind im gleichen Zeitraum **von 23 auf 70 DM angestiegen**. Allein diese Haftkostenentwicklung lassen die derzeit angelaufenen Gefängnisneubauprogramme als fragwürdig erscheinen, wenn bei gleicher Effizienz in spezial- wie generalpräventiver Hinsicht eine Ausweitung der Alternativen bzw. Verkürzung der stationär verbüßten Haftzeiten realistisch möglich wäre[59]. Die Kosten eines Bewährungshilfeprobanden wurden beispielsweise für 1984 vom baden-württembergischen Justizministerium mit 3,70 DM pro Tag angegeben[60], betragen also rund ein Zwanzigstel einer stationären Unterbringung.

Die Vollzugspraxis weist aber gerade im Verlaufe der 70er Jahre mit dem Auftreten **neuer Problemgruppen** wie z.B. inhaftierten Terroristen und Drogenabhängigen eine eher "repressive" Kehrseite auf, wie sie nicht nur durch die neu erbauten Hochsicherheitstrakte plastisch zum Ausdruck kommt. Daß diese Problemgruppen für die liberale Entwicklung des Strafvollzugs, insbesondere einer noch weitergehenden Öffnung gewisse Grenzen gesetzt hat, steht wohl außer Zweifel. Gerade in einzelnen geschlossenen Anstalten wurden restriktive, den **gesamten** Vollzugsablauf betreffende Maßnahmen (etwa im Besuchsverkehr) als Auswirkungen einiger weniger derartiger Gefangener bekannt. Das im Rahmen einer Untersuchung des

Max-Planck-Instituts zugängliche statistische Datenmaterial über "Konfliktpotentiale" des Strafvollzugs ergab bei den **Selbstmordraten**, die allerdings mit 14 pro 10.000 Gefangene im internationalen Vergleich relativ hoch liegen, und den etwa fünfmal häufiger auftretenden Selbstmordversuchen keine wesentlichen Veränderungen. Selbstmord im Strafvollzug, vermutlich vor allem ein Problem des Untersuchungshaftvollzugs, kam im Vollzug **im Vergleich zur Situation in Freiheit** im übrigen etwa **4,5mal häufiger** vor. Selbstbeschädigungen waren im Laufe der 70er Jahre rückläufig, während neue Protestformen wie Nahrungsverweigerungen (sog. Hungerstreiks) über den kleinen Kreis der politisch motivierten Inhaftierten hinaus häufiger aufgetreten sind[61].

Eine erstaunliche Entwicklung war im Bereich der **Disziplinarfälle und -maßnahmen** zu beobachten, denn entgegen unserer Erwartung hat sich mit der zunehmenden Liberalisierung keine Ab-, sondern **Zunahme entsprechender Konfliktfälle** ergeben. Dies läßt sich möglicherweise mit den häufigeren Gelegenheiten zu disziplinarischem Fehlverhalten im Zusammenhang mit der Ausweitung von Vollzugslockerungen erklären. Auch ist die Zunahme vor allem auf weniger "eingriffsintensive" Disziplinarmaßnahmen (Einkaufs-, Freizeitsperre u.ä.) zurückzuführen, während der **Arrest** kontinuierlich von 30 (1970) auf 16 (1984) Fälle pro 100 Gefangene **abnahm**[62]. Dennoch muß die Entwicklung um so bedenklicher stimmen, wenn man die offiziell nicht ausgewiesenen und im Katalog disziplinarischer Maßnahmen nicht vorgesehenen **"informellen" Sanktionen** wie Urlaubssperre, Rückverlegung aus offenen oder gelockerten Vollzugsbereichen u.ä. in Betracht zieht, die die "offiziellen" Sanktionen quantitativ weit übertreffen und mangels ausreichender rechtlicher Kontrollmöglichkeiten ein gravierendes **rechtsstaatliches Problem** darstellen[63].

Die **vermehrte Anwendung** von **besonderen Sicherungsmaßnahmen** (vgl. § 88) deutet ebenfalls zwar ein gesteigertes Konfliktpotential an (vgl. etwa Problemgruppen wie Drogenabhängige,

Suizidgefährdete etc.), allerdings blieb die Unterbringung in einer Beruhigungszelle mit 1984 6,7 Fällen pro 100 Gefangene konstant und haben lediglich die übrigen Maßnahmen wie die Absonderung, Beobachtung bei Nacht, Fesselungen u.ä. in den letzten Jahren deutlich zugenommen. Allerdings sind hier auch Unregelmäßigkeiten im Registrierverhalten der Anstalten für die beobachtete statistische Entwicklung möglicherweise mitverantwortlich[64)].

Ein mit der zunehmenden Überbelegung besonders gravierender Problembereich ist die **Beschäftigung von Strafgefangenen** geworden. Bereits 1981 (31.3.) waren z.B. in Berlin 25 %, in anderen Bundesländern zwischen 6 und 21 % der Strafgefangenen unverschuldet ohne Arbeit. Obwohl zum gleichen Zeitpunkt die Arbeitslosigkeit als gesamtgesellschaftliches Problem erhebliche Ausmaße angenommen hatte, lag damit die Arbeitslosenquote im Strafvollzug um das Doppelte bis Fünffache darüber[65)]. Selbst für diejenigen Gefangenen, die eine Arbeit im Strafvollzug zugewiesen bekommen, stellt sich die Situation insoweit unter Behandlungsgesichtspunkten negativ dar, als ein Drittel bis die Hälfte lediglich einfache bis einfachste Arbeiten verrichten dürfen. Angesichts der nur mit 5 % des Durchschnittslohns der Sozialversicherten angesetzten Arbeitsentgelts kommt ein Gefangener gegenwärtig lediglich auf ca. 120-180 DM im Monat. Ein Teil (durchschnittlich ein Drittel) hiervon wird als Rücklage für die Zeit nach der Entlassung einbehalten, lediglich vom übrigen Betrag kann sich der Gefangene Lebensmittel u.a. Güter des persönlichen Bedarfs kaufen. Obwohl damit offensichtlich weder Geldbeträge für die Schadenswiedergutmachung beim Opfer, noch die Regulierung der sich im Durchschnitt auf mehr als 10.000 DM belaufenden Schulden[66)] verwendet werden können, haben entsprechende Forderungen im Schrifttum, die Arbeitsentlohnung von Gefangenen zu verbessern, bisher zu keinem Erfolg geführt[67)].

8. Behandlungsprogramme innerhalb des Strafvollzugs: Das Beispiel der sozialtherapeutischen Anstalt

Trotz der vor allem in Skandinavien und den USA spürbaren Tendenzen einer Abkehr vom Behandlungsgedanken[68], hat der deutsche Gesetzgeber den Behandlungsvollzug programmatisch in den Vordergrund gestellt (§ 2). Allerdings hat er es vermieden, Elemente des Behandlungsvollzugs genauer zu definieren. Doch wird aus dem StVollzG klar, daß als Mittel der Behandlung nicht nur therapeutische Maßnahmen im engeren Sinne, sondern ganz allgemein auch Vollzugslockerungen (Ausgang, Freigang), Urlaub, Arbeit, Berufs- und Schulausbildungsmaßnahmen verstanden werden sollen. Geht man von einem derart weiten Behandlungsbegriff aus, so hat der "Behandlungsvollzug" in der Bundesrepublik einen beachtlichen Stellenwert erlangt, wenn man etwa die erwähnten Vollzugslockerungen in Betracht zieht. Allerdings kann gegenwärtig noch immer nicht von einer Umgestaltung des gesamten Vollzugs unter dem Primat des Behandlungsgedankens gesprochen werden. Dies wird verdeutlicht durch die Tatsache, daß jeweils durchschnittlich meist weniger als 10 % der Strafgefangenen an einer Schul- oder Berufsausbildungsmaßnahme teilnehmen (31.3.1981)[69]. Anders verhält es sich lediglich, wenn man einen sehr weiten Behandlungsbegriff zugrunde legt, da in der Tat ein Großteil der Gefangenen an Erwachsenenbildungs- und Freizeitmaßnahmen sowie die Entlassung vorbereitenden Lockerungsmaßnahmen partizipiert.

Dennoch gestaltet sich die Entlassungsvorbereitung in vielen Fällen nach wie vor problematisch. Nach einer Untersuchung in Baden-Württemberg[70] erhielten zwar drei Viertel der Gefangenen im sog. Langstrafenvollzug bei Erwachsenen ebenso wie im Jugendvollzug Lockerungsmaßnahmen in der Entlassungsphase, bei kürzeren Freiheitsstrafen jedoch nur 27 %. Die Vermittlung eines Arbeitsplatzes gelang nur bei 27 %, einer Wohnung bei 10 %, Arbeitspapiere wurden bei 16 % der erfaßten Gefangenen beschafft usw. Von daher wird die Bedeutung von Nachsorgeeinrichtungen der Bewährungshilfe oder der freien Straffälligenhilfe deutlich, zumal die Schuldenbelastung bei durchschnittlich 10.000 DM (Jugendvollzug) und 45.000 DM (Erwachsenenvollzug Männer) lag und nur in 10 % der Fälle schon im Vollzug eine verbindliche Planung der Schuldenregulierung möglich war.

Die **sozialtherapeutische Anstalt** als besondere Behandlungsmaßnahme für schwer rückfällige und rückfallgefährdete Verurteilte wurde als das "Kernstück der Strafrechts- und Strafvollzugsreform"[71] bezeichnet. Obwohl die Ende der 60er Jahre zu beobachtende Behandlungseuphorie auch in der Bundesrepublik einer eher nüchternen Einschätzung der Behandlungsmöglichkeiten im stationären Vollzug gewichen ist, wurde der Auf- und Ausbau sozialtherapeutischer Anstalten - wenn auch begrenzt - fortgesetzt. Die ersten Modellanstalten waren 1969 in Hamburg und Baden-Württemberg nach dem Vorbild dänischer und holländischer Anstalten eingerichtet worden[72]. Es folgten die mit 226 Plätzen größte Modellanstalt in Berlin-Tegel im Jahre 1970, deren Belegungskapazität 1983 durch die Vergrößerung der ursprünglich sehr kleinen Zellen (ca. 4 qm) auf die doppelte Grundfläche auf 182 Plätze reduziert wurde[73], sowie weitere mehrere kleinere Einrichtungen von maximal 60 Plätzen in Nordrhein-Westfalen, Rheinland-Pfalz, Bayern und Niedersachsen in den Jahren 1971-74. In Schleswig-Holstein wurde 1974 die einzige sozialtherapeutische Abteilung für Frauen (17 Plätze) eröffnet. Erst 1981 wurde mit der Anstalt in Kassel (60 Plätze) und einer weiteren Abteilung für Männer in Lübeck (42 Plätze) der Ausbau fortgesetzt, 1984 wurden die Abteilungen für Frauen und Männer in Lübeck in einem Gebäude zusammengefaßt; einzelne sozialtherapeutische Angebote werden zunehmend gemischt ausgestaltet[74]. Im Oktober 1984 wurde in Hamburg eine weitere sozialtherapeutische Anstalt (60 Plätze), die teilweise auch mit Frauen belegt wird, eröffnet[75].
Insgesamt sind damit 12 sozialtherapeutische Anstalten oder Abteilungen eingerichtet worden, die zusammen über knapp 700 Haftplätze verfügen. Dies bedeutet bezogen auf 1985, daß

lediglich etwa 1 % der Belegungskapazität des bundesdeutschen Strafvollzugs oder knapp 2 % bezogen auf die Gefangenen im Vollzug von Freiheitsstrafe für den sozialtherapeutischen Behandlungsvollzug vorgesehen sind. Nach Schätzungen von Fachleuten wäre jedoch eine sozialtherapeutische Behandlung bei ca. 10-15 % der Strafgefangenen angezeigt, d.h. der Bedarf ist bisher allenfalls zu einem Fünftel bis zu einem Zehntel gedeckt[76].

Sozialtherapeutische Behandlung in den bestehenden Modellanstalten der Bundesrepublik bedeutet auch nach teilweise mehr als zehnjähriger Erfahrung noch immer keine festgelegte einheitliche Behandlungsmethode. Auch fehlt es an gesichertem Wissen darüber, welche Maßnahmen bei welchen Tätern "wirken" und gegebenenfalls wie. Die therapeutische Behandlung im engeren Sinne umfaßt alle derzeit gängigen Therapiekonzepte, vor allem psychoanalytische Verfahren, Gesprächs-, Verhaltens- und Gestalttherapie. Medizinische Verfahren, insbesondere etwa Kastrationen oder stereotaktische Eingriffe bei Sexualtätern haben nur anfangs der 70er Jahre eine - wenn auch sehr bescheidene - Rolle in einzelnen Anstalten gespielt. Insgesamt haben sich die einem ursprünglich medizinischen Modell näherstehenden Behandlungskonzepte stark in Richtung eines lerntheoretisch orientierten sozialen Trainingsmodells gewandelt[77]. Von daher hat selbst psychotherapeutische Behandlung im engeren Sinne heute nicht mehr den zentralen Stellenwert wie zu Beginn der Modellversuche, sondern wird nur als **ein** Baustein innerhalb einer Kette von Trainingsfeldern verstanden, die vor allem der Vermittlung von sozialpraktischen Fähigkeiten dienen. Der Behandlungsverlauf ist meist in drei Phasen gegliedert. Nach der meist bis zu drei Monate andauernden Probezeit, während derer keine psychotherapeutischen Maßnahmen im engeren Sinne stattfinden, folgt eine intensive Behandlungsphase im geschlossenen Vollzug, die vielfach schon nach wenigen Monaten die weitgehende Öffnung durch Ausgang, Urlaub und in der letzten Phase durch Freigang als möglichst realitätsnahes Trainingsfeld mit einschließt. Über die insoweit auch für den allgemeinen Vollzug geltenden Vorschriften hinaus eröffnet § 124 StVollzG die Möglichkeit, Urlaub aus der Haft bis zu 6 Monaten zu gewähren. Die Urlaubs- und Ausgangsstatistiken belegen sehr eindrucksvoll die enorme Ausweitung von Lockerungsmaßnahmen gerade in der Sozialtherapie, wobei trotz der schwierigen Klientel die Mißbrauchsquoten sogar noch niedriger sind als im Normalvollzug[78]. Im Vergleich zum geschlossenen Erwachsenenvollzug wurden in der Sozialtherapie 1980 etwa dreifach so häufig Urlaub, dreizehnfach so häufig Ausgang und etwa doppelt so häufig Freigang gewährt. Die Praxis vermehrter Lockerungen in der Sozialtherapie wird ergänzt durch eine etwa doppelt so hohe Quote vorzeitiger Entlassungen nach Verbüßung von zwei Dritteln der Freiheitsstrafe (§ 57 StGB)[79]. Der sozialtherapeutische Behandlungsvollzug unterscheidet sich vom übrigen Erwachsenenvollzug aber auch in anderen strukturellen Merkmalen ganz wesentlich. So verfügen die Gefangenen in der Regel über einen eigenen Schlüssel, der ihnen eine ungehinderte Rückzugsmöglichkeit eröffnet. In einigen Anstalten können sie auch ungestörten Besuch von ihren Frauen oder Freundinnen empfangen. Sie tragen eigene Kleidung und verpflegen sich weitgehend selbst. Die Regeln des alltäglichen Zusammenlebens werden ebenfalls von den Insassen mitbestimmt. Auf der anderen Seite bestehen umfangreiche Verpflichtungen zur Teilnahme an Wohngruppenbesprechungen, Behandlungsgesprächen mit den Therapeuten, sozialen Trainingsgruppen usw., die vielfach auch als stärkere Belastung im Vergleich zum geschlossenen Regelvollzug erlebt werden. Anhand einiger weiterer statistischer Strukturmerkmale lassen sich die Besonderheiten der Sozialtherapie noch verdeutlichen: So wurden 1980 pro 100 Gefangene in der Sozialtherapie weniger als die Hälfte der im übrigen Erwachsenenvollzug aufgetretenen Disziplinarfälle registriert (25:54)[80], in einigen

Anstalten werden keinerlei der im StVollzG vorgesehenen formellen Sanktionen mehr angewendet. Auch ansonsten scheint das Konfliktpotential bedeutend geringer zu sein als im herkömmlichen Strafvollzug (vgl. Selbstmorde, Selbstbeschädigungen, besondere Sicherungsmaßnahmen u.ä.), wenngleich Probleme was die Rückverlegung von behandlungsunwilligen oder -ungeeigneten Gefangenen anbelangt, nicht zu übersehen sind. Die in den Anstalten zwischen 30 und 50 % liegenden Rückverlegungsquoten haben teilweise kritische Äußerungen provoziert, die eine dem eigentlichen Behandlungsauftrag zuwiderlaufende positive Selektion vermutet haben[81]. Dieser Vorwurf erscheint insgesamt gesehen jedoch nur teilweise berechtigt[82], da die gemäß § 9 StVollzG aufgrund eigener Bewerbung ausgewählten Gefangenen bezogen auf die Gesamtpopulation des Strafvollzugs eher eine Negativauswahl im Hinblick auf Vorstrafenbelastung, Deliktsstruktur etc. darstellen[83]. Die Anstalten setzen zumeist einen Zeitraum von 18-36 Monaten bis zur voraussichtlichen Entlassung für die Behandlung voraus. Eine Aufnahme gegen den Willen des Gefangenen wird in der Praxis der sozialtherapeutischen Anstalten als unzumutbar und nicht aussichtsreich abgelehnt. Die Einweisung kraft Richterspruch, wie sie § 65 StGB ermöglicht hätte (Maßregel der Besserung und Sicherung von unbestimmter Dauer bis zu maximal 5 Jahren), dessen Inkrafttreten für den 1.1.1985 vorgesehen war, wurde Ende 1984 endgültig aus dem Strafgesetzbuch gestrichen[84].

In jüngster Zeit wurden verschiedentlich Versuche der Evaluation sozialtherapeutischer Behandlung gemacht, die tendenziell alle positive Auswirkungen im Hinblick auf das Rückfall-, aber auch andere Kriterien wie z.B. die Persönlichkeitsveränderung, Selbsteinschätzung usw. andeuten, wenngleich infolge der fehlenden methodischen Voraussetzungen (Zufallszuweisungen zu Experimental- und Kontrollgruppe) keine entsprechenden **Nachweise** möglich sind[85]. Wesentlicher scheint jedoch, daß die mit der Einrichtung sozialtherapeutischer Anstalten verfolgte Zielsetzung, besonders schwierige und problembelastete Strafgefangene durch geeignete Behandlungsmaßnahmen in größerem Umfang in die Gesellschaft wiedereinzugliedern als dies nach den herkömmlichen Methoden des (geschlossenen) Regelvollzugs möglich war, durch die vorliegenden empirischen Untersuchungen **nicht widerlegt worden ist.** Im Gegenteil bestehen gewichtige Anhaltspunkte dafür, daß die Legalbewährung sozialtherapeutisch Behandelter nicht unerheblich verbessert wurde (**10-20 %**, d.h. eine **Verminderung der Rückfallkriminalität** um ca. **ein Drittel**)[86]. Die Abkehr vom Behandlungsgedanken, wie sie insbesondere aus amerikanischen und skandinavischen Untersuchungen nahegelegt zu werden scheint [87], ist von daher nicht berechtigt. Vielmehr scheint ein **begrenzter Optimismus** im Hinblick auf den Resozialisierungsbeitrag sozialtherapeutischer Anstalten durchaus **gerechtfertigt.**

9. Ein vernachlässigter Bereich der Gefängnisreform: Der Untersuchungshaftvollzug

Der prozentuale Anteil von Untersuchungshäftlingen an der Vollzugspopulation liegt seit 1970 relativ konstant bei ca. 25 %, ist allerdings in jüngster Zeit gesunken (30.11.1985: 22,1 %). Aus Schaubild 10 wird die Entwicklung der absoluten Untersuchungsgefangenenzahlen im gleichen Zeitraum ersichtlich, die nach dem erheblichen Anstieg seit 1979 ab Ende 1982 einen Rückgang auf das Niveau zu Beginn der 70er Jahre verdeutlichen. Bei Jugendlichen und Heranwachsenden macht diese Abnahme innerhalb von 3 Jahren prozentual nicht weniger als 47 % bzw. 33 % aus[88]. Die Bundesrepublik liegt im westeuropäischen Vergleich - wie aus der unter 5. aufgeführten Übersicht zu entnehmen ist - mit dem prozentualen Untersuchungshaftanteil etwa im Durchschnitt, zumal wenn man bedenkt, daß in Frankreich, Italien und Spanien mehr als die Hälfte, in den Niederlanden und Portugal 37 % bzw. 38 % der

Schaubild 10:

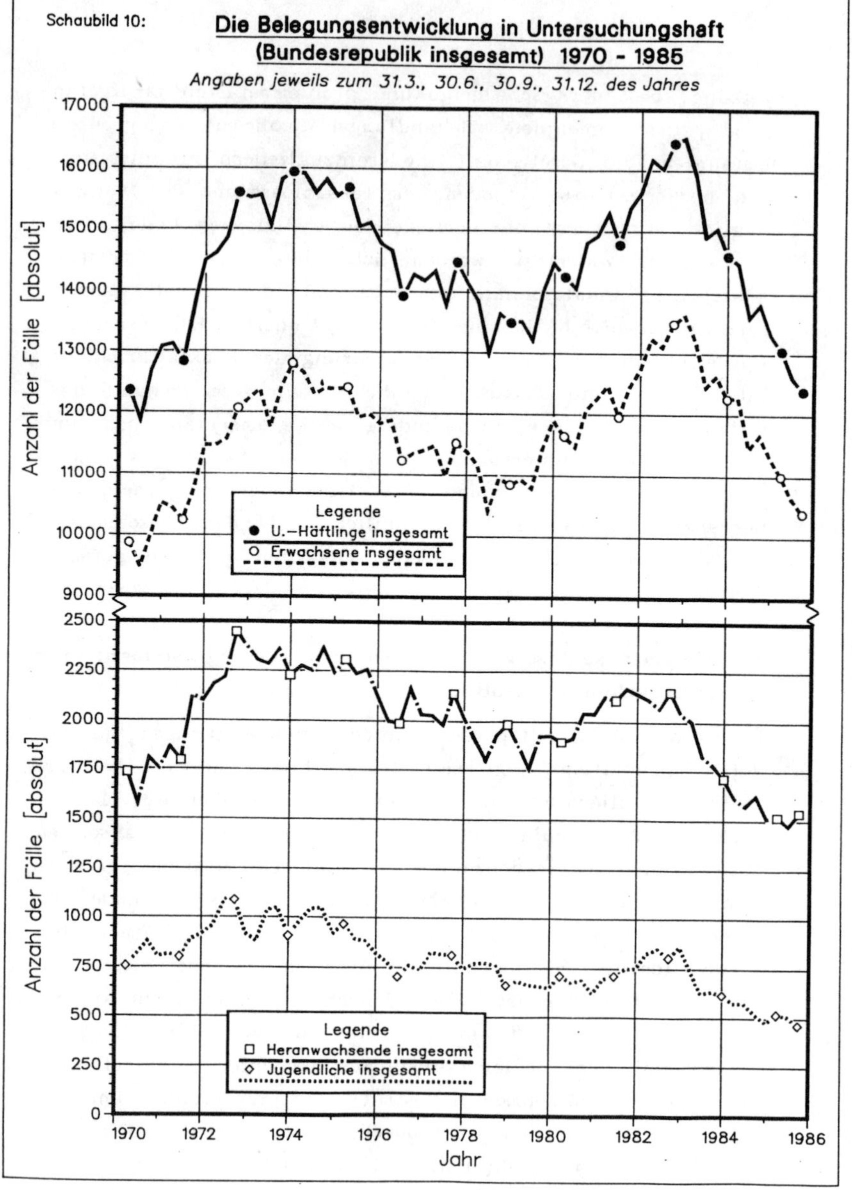

Vollzugspopulation Untersuchungsgefangene waren. Bezieht man die Untersuchungshaftzahlen auf 100.000 der Wohnbevölkerung, so lag die Bundesrepublik trotz des erwähnten Rückgangs Anfang 1985 mit 24 allerdings im oberen Drittel mit etwa doppelt sovielen Untersuchungsgefangenen als beispielsweise die Niederlande (13), Norwegen (12), Finnland (11) oder Schweden (10). Auch Dänemark und die Schweiz (jeweils 16) kamen auf erheblich niedrigere Untersuchungsgefangenenraten. Je nach Betrachtungsweise kann man demgemäß auf den ersten Blick die Situation in der Bundesrepublik als beängstigend oder aber durchaus im Bereich des üblichen ansehen. In jüngster Zeit haben sich allerdings die kritischen Stimmen, sowohl was die Anwendungshäufigkeit der Untersuchungshaft, als auch deren Dauer und letztlich Vollzugsgestaltung anbelangt, gehäuft[89]. Auch dies läßt sich widerum an statistischen Zahlen verdeutlichen: Von den 1984 Abgeurteilten mit Untersuchungshaft (N= 34.557) wurden nämlich lediglich 55 % zu einer Freiheits- oder Jugendstrafe ohne Bewährung verurteilt (in den Jahren zuvor lag der Anteil sogar nur bei 50 %), während knapp 30 % Freiheitsstrafen mit Bewährung und weitere 13 % Geldstrafen oder Zuchtmittel bzw. Erziehungsmaßregeln nach Jugendstrafrecht erhielten[90]. Damit stellt sich die Untersuchungshaft in knapp der Hälfte der Fälle als der schwerste strafrechtliche Eingriff für die Betroffenen dar, was nicht zuletzt unter Verhältnismäßigkeitsgesichtspunkten in Frage gestellt wird. Darüber hinaus ist vor allem im Bereich des Jugendstrafrechts bekannt, daß vielfach über die allein zulässigen verfahrenssichernden Haftgründe hinaus zweckwidrige Gesichtspunkte, wie z.B. Untersuchungshaft aus erzieherischen Gründen eine Rolle spielen[91]. Indizien einer vielfach **unverhältnismäßigen** und von **sachfremden Gesichtspunkten** getragenen **Untersuchungshaftanordnungspraxis** (U-Haft aus "erzieherischen Gründen" i.S. einer kurzen "Schockstrafe" u.ä.) liefert auch der Befund, daß 1984 jeder zehnten Strafaussetzung gem. § 56 StGB (11 %) und jeder sechsten (17 %) nach § 21 JGG Untersuchungshaft

vorausging[92]. Der vom Gesetzgeber verfolgte Zweck, mit der unmittelbaren Strafaussetzung die desintegrativen Folgen der Inhaftierung zu vermeiden, wird damit in großem Umfang nicht erreicht. Die Aufgaben der Bewährungs- und Straffälligenhilfe verlagern sich demgemäß verstärkt in den Bereich einer faktischen Entlassenenhilfe, die zahlreiche erst durch die Untersuchungshaftanordnung entstandenen Probleme kompensatorisch aufzuarbeiten hat.
Mehr als ein Drittel (1984: 38,8 %) der Unterbringungen in Untersuchungshaft dauert länger als drei und etwa jede fünfte Untersuchungshaft (1984: 18,7 %) sogar länger als sechs Monate, obwohl dies nur unter ganz besonderen Umständen zulässig ist (vgl. § 121 StPO). Durchschnittlich kann von einer Untersuchungshaftdauer von zwei bis drei Monaten ausgegangen werden, was angesichts einer großen Zahl von sehr kurzen Unterbringungszeiten (bis zu einem Monat) entsprechende **Probleme der Vollzugsgestaltung** evident macht[93].
Der Untersuchungshaftvollzug ist gesetzlich bisher nur marginal geregelt. § 119 StPO bestimmt lediglich die getrennte Unterbringung von Untersuchungs- und Strafgefangenen, während die Gestaltung des Vollzugsalltags durch unbestimmte Rechtsbegriffe wie "Zweck der Untersuchungshaft" oder "Ordnung in der Vollzugsanstalt" weitgehend dem Ermessen des Haftrichters überlassen sind (vgl. i.e. § 119 Abs. 3 und 6 StPO). Wesentlich für Reformmaßnahmen de lege lata[94] ist der in § 119 Abs. 3 StPO verankerte Grundsatz, wonach dem Verhafteten "nur solche Beschränkungen auferlegt werden dürfen, die der Zweck der Untersuchungshaft oder die Ordnung in der Vollzugsanstalt erfordert". Damit wird eine Überprüfung der Vollzugsgestaltung in jedem Einzelfall unter Verhältnismäßigkeitsgesichtspunkten gefordert. Die meisten der heute üblicherweise Untersuchungsgefangenen auferlegten Beschränkungen, wie sie auch die UVollzO vorsieht, können vom Zweck der Untersuchungshaft als verfahrenssichernder Maßnahme

nicht legitimiert werden[95]. Für jugendliche und heranwachsende Untersuchungsgefangene gilt die Besonderheit, daß der Vollzug der Untersuchungshaft "erzieherisch gestaltet werden" soll (§ 93 Abs. 2 JGG).
Es herrscht Übereinstimmung darüber, daß die bestehenden gesetzlichen Regelungen nicht ausreichend sind und es eines besonderen Untersuchungshaftvollzugsgesetzes bedarf. Aus diesem Grunde wurden seit 1981 mehrere Gesetzesentwürfe vorgelegt, die teils die Voraussetzungen der Untersuchungshaft selbst eingrenzen wollen, teilweise die konkrete Vollzugsgestaltung betreffen[96].
Zu Recht wird die Untersuchungshaft, insbesondere nach Verabschiedung der Strafvollzugsreform, als **"Stiefkind der Strafjustiz"**[97] bezeichnet. Die defizitäre Situation trifft auch zu im Hinblick auf den empirischen Kenntnisstand kriminologischer Forschung. Während im Strafvollzug in den letzten Jahren vergleichsweise zahlreiche Untersuchungen durchgeführt wurden, blieb die Untersuchungshaft zumeist ausgespart. Das Bild, das die wenigen Berichte und Untersuchungen zur Vollzugspraxis vermitteln, macht deutlich, daß der Untersuchungshaftvollzug weitgehend noch auf dem Stand der 60er Jahre zurückgeblieben ist. So fehlt es vielfach an den "personellen, räumlichen und organisatorischen Voraussetzungen für die Gewährung sozialer Hilfe"[98]. Selbst ein systematisches Freizeitangebot bereitet Schwierigkeiten. Die gesetzlich vorgeschriebene Trennung von Untersuchungs- und Strafgefangenen in besonderen Abteilungen und Anstalten wird häufig nicht realisiert. Obwohl für (erwachsene) Untersuchungshaftgefangene keine Arbeitspflicht besteht, wären viele auf Arbeitsmöglichkeiten wegen der ansonsten fehlenden finanziellen Mittel angewiesen. Von daher muß die Arbeitslosenquote zwischen knapp 50 % (Bremen) und 82 % (Berlin), wie sie in einer Erhebung des Max-Planck-Instituts zum 31.3.1981 ermittelt wurde, besonders bedenklich erscheinen. Hinzu kommt, daß für die wenigen beschäftigten Untersuchungsgefangenen in 60-95 % der Fälle

lediglich einfache bis einfachste Arbeiten bei entsprechend niedrigerer Entlohnung vorhanden waren[99]. Die bei Jugendlichen und Heranwachsenden geforderte erzieherische Ausgestaltung wird in keiner Weise eingelöst[100].

Die vorliegenden **Reformüberlegungen** lassen sich in drei Bereiche gliedern: Zum ersten geht es um die Frage einer Rücknahme von Beschränkungen, die Untersuchungshaftgefangenen auferlegt werden, und weitergehende Hafterleichterungen (**rechtsstaatlicher Aspekt**). Zum zweiten die Frage eines verstärkten Angebots an sozialen und therapeutischen Hilfen, Beratung sowie Berufs- und Schulausbildungsmaßnahmen (**sozialstaatlicher Aspekt**), und zum dritten die Frage der Zuständigkeitsregelung im Verhältnis von Haftrichter, Staatsanwalt und Anstaltsleiter (**rechtspraktischer Aspekt**), wo vor allem die Vollzugspraktiker für eine stärkere Kompetenzzuweisung, insbesondere was die Ausgestaltung des Vollzugsalltags anbelangt, zu ihren Gunsten fordern[101]. Wesentliche Verbesserungen der Situation in Untersuchungshaft werden sich - ebenso wie im gesamten Strafvollzug - nur durch eine weitere quantitative Begrenzung bzw. Reduzierung des betroffenen Personenkreises realisieren lassen. Soweit Behandlungs- und Betreuungsangebote wegen der zu beachtenden Unschuldsvermutung lediglich auf freiwilliger Basis organisiert werden, bestehen hinsichtlich einer derartigen qualitativen Verbesserung des Untersuchungshaftvollzugs auch keine rechtsstaatlichen Bedenken.

10. Zusammenfassende Einschätzung der Gefängnisreform: Erfolge, Fehlschläge, neue Probleme und zukünftige Orientierungen

Der Strafvollzug in der Bundesrepublik Deutschland hat sich im Verlaufe der letzten 15 Jahre tiefgreifend verändert. Die Verbesserung der personellen Ausstattung, die teilweise Ersetzung veralteteter Gebäude durch für einen modernen **Wohngruppenvollzug** geeignete Neubauten, die Einrichtung **sozialthera-**

peutischer Behandlungsanstalten, die weitgehende **Öffnung des Vollzugs** durch regelmäßige Beurlaubung, Ausgänge und die Zulassung zum Freigang dürfen sicherlich als **positive Aspekte** der **Gefängnisreform** bewertet werden. Offene und sozialtherapeutische Anstalten haben sich darüber hinaus auch in Hinblick auf ihren Resozialisierungsbeitrag im Vergleich zum herkömmlichen geschlossenen Vollzug als zumindest ebenbürtig erwiesen.

Neben den positiv bewerteten Veränderungen dürfen allerdings durchaus **problematische Entwicklungen** nicht übersehen werden. Diese betreffen einmal die **Ungleichheit** in der Verwirklichung der Gefängnisreform im Vergleich der einzelnen Bundesländer ("**Nord-Süd-Gefälle**")[102), die im Vergleich zu 1970 die Unterschiede weiter vertieft statt nivelliert hat, zum anderen die **Ausweitung** des **disziplinarischen Sanktionsapparates**, auch wenn der Arrest zunehmend eine geringere Rolle spielt. Das Konfliktpotential hat sich teilweise zwar verringert, aber es werden im Zusammenhang mit der veränderten Insassenstruktur (u.a. vermehrt Ausländer, Drogenabhängige, Terroristen als besondere Problemgruppen) neue Aufgaben sichtbar, die die Fortführung der Reform vor eine schwere Belastungsprobe gestellt haben und weiter stellen. Auch bedürfen bestimmte vernachlässigte oder besonders problematische Vollzugsbereiche wie etwa der **Frauenvollzug** mit einer erheblich **restriktiveren Lockerungspraxis**[103), der **Jugendvollzug** mit einem weit **überhöhten disziplinarischen Sanktionspotential**[104) oder der Vollzug in Hochsicherheitsbereichen, auf die hier nicht im einzelnen eingegangen werden konnte, verstärkter Aufmerksamkeit. Die **Vollzugsreform** wird darüber hinaus durch den im Gefolge einer sich **verschärfenden Strafzumessungspraxis** zu beobachtenden **Anstieg der Belegung** und von gegenläufigen Tendenzen eines traditionellen Verwahrdenkens **in Frage gestellt.** Zwar hat der jüngste Belegungsrückgang vor allem in der Untersuchungshaft und im Jugendstrafvollzug etwas Entlastung verschafft, jedoch muß die **bundesdeutsche Gefängnispopulation** im **internationalen**

Vergleich und im Hinblick auf die anfangs der 70er Jahre erreichte Situation **nach wie vor** als **zu hoch** erscheinen. Dem Reformoptimismus anfangs der 70er Jahre ist angesichts der sich verschlechternden Personalsituation teilweise Resignation gefolgt. Die **Überbelegung** hatte anfangs der 80er Jahre in einigen Bundesländern derartige Ausmaße angenommen, daß die Realisierung von Behandlungsangeboten, ja sogar eine humane Verwahrung in weiten Bereichen gefährdet waren. Diese Entwicklung fand statt vor dem Hintergrund einer allein innerhalb von zehn Jahren mehr als **verdreifachten Kostensteigerung**. Pro Gefangener und Hafttag waren bereits 1980 netto 70 DM aufzuwenden. Die **verstärkte Anwendung** von **Alternativen zur Freiheitsstrafe**[105)], ebenso wie die **Verkürzung der** angedrohten und verbüßten **Strafen** bei gleichzeitiger **Einschränkung** auch der **Untersuchungshaft** wird auf absehbare Zeit das für die **inhaltliche Verbesserung des Vollzugs** im Innern **entscheidende** Thema bleiben. Von daher ist die Verwirklichung und Weiterentwicklung der Strafvollzugsreform in der Bundesrepublik eng mit den allgemeinen anstehenden kriminalpolitischen Entscheidungen der Gegenwart verbunden. Ein **humaner Strafvollzug** scheint dabei **nur** über den Weg einer **Zurückdrängung von Freiheitsstrafe** wie strafrechtlicher Sozialkontrolle insgesamt möglich. Das Postulat des **Behandlungsvollzugs** bleibt weiterhin als **sozialstaatliches Prinzip** Auftrag und **Herausforderung**. Hierbei gilt es auch, **rechtsstaatliche Garantien** zu **verstärken**, etwa im Bereich der Nachprüfbarkeit von negativen Entscheidungen des Behandlungspersonals (z.B. Rückverlegungen etc.). Tendenzen einer **Behandlung als Strafe**, wie sie insbesondere im Betäubungsmittelrecht zunehmend zu beobachten sind, sollte auf der anderen Seite **entgegengewirkt** werden. Weiterhin darf die Weigerung, an (therapeutischen) Behandlungsmaßnahmen teilzunehmen, nicht zu Nachteilen (etwa bez. Lockerungen) und damit einem indirekten Zwang führen. **Behandlung** und **Resozialisierung** dürfen in **keinem Fall Anlaß** bzw. **Grund stationärer Freiheitsentziehung** oder gar ihrer

Verlängerung werden; wo Freiheitsentzug jedoch unumgänglich erscheint, sind sie unerläßliche Grundsätze, die zu einer Humanisierung und möglicherweise auch effektiveren Integrationshilfen beitragen **können**. Die im Ausland vielfach im Vordringen befindlichen neoklassizistischen Strafphilosophien bergen zumindest teilweise die Gefahr längerer Freiheitsentziehung als unter dem "Behandlungsmodell", eines Abbaus von Rechten von Gefangenen und damit eines Rückschritts in die Zeiten eines überkommenen Verwahrvollzugs. Das Festhalten an Behandlungsgrundsätzen sollte aber stärker an **vollzugsbezogenen realistischen Zielsetzungen** orientiert sein, die vor allem die **Humanisierung des Alltagslebens** und die **Vermeidung von Haftschäden** betreffen. Der Abbau von an einem übertriebenen Sicherungsdenken orientierten Vorschriften, von bürokratisierten Vollzugsabläufen und von die zwischenmenschliche Kommunikation behindernden Anstaltsstrukturen (z.B. Besuchs-, Schriftverkehrüberwachung usw.) könnten Leitlinien für konkrete Veränderungen sein, die den liberalen Grundgedanken des StVollzG vielleicht mehr Geltung verschaffen als manches anspruchsvolle (in der Realität mangels Personal aber nur unzulänglich umsetzbare) "Behandlungsprogramm". Mit anderen Worten sollte der gleichfalls im **StVollzG** in **§ 3** formulierte **Grundsatz** einer **möglichst weitgehenden Angleichung der Verhältnisse in Haft an diejenigen in Freiheit** stärker in den Vordergrund gestellt werden, zumal dieser auch Reformen sozusagen zum Nulltarif oder zumindest von begrenzter finanzieller Tragweite erlaubt (z.B. interne und externe Öffnung des Vollzugs durch offene Zellen, Gemeinschaft in Wohngruppen, Tragen von Zivilkleidung, Selbstversorgung, vermehrter Freigang usw.). Die theoretische und empirisch belegte Einsicht, daß Freiheitsentzug im Zweifel spezialpräventiv immer ungünstiger als ambulante Alternativen erscheint[106], könnte Aktivitäten aus dem Vollzug heraus fördern, die unter der Prämisse einer Vermeidung von Haftschäden letztlich zu einer **Verkürzung** zu verbüßender Haftzeiten und damit einer

Reduzierung der in der Bundesrepublik im internationalen Vergleich besonders hohen Gefangenenrate führt.

Anmerkungen:

1) Vgl. Kaiser, in: Kaiser/Kerner/Schöch 1982, 57 ff.; Dünkel 1983, 35 ff.

2) Vgl. hierzu die empirischen Bestandsaufnahmen Ende der 60er Jahre von Müller-Dietz/Würtenberger 1969 und Calliess 1970.

3) Vgl. z.B. die Entscheidung des OLG Hamm aus dem Jahre 1967 (abgedruckt in NJW 1967, 2.024 ff.), die zu einem vorläufigen Vollstreckungsstop bei Freiheitsstrafen unter 3 Monaten in Nordrhein-Westfalen führte, nachdem das Gericht die Unterbringung von drei Gefangenen in einer Einmannzelle als Verstoß gegen die Menschenwürde gewertet hatte.

4) Vgl. Kaiser, in: Kaiser/Kerner/Schöch 1982, 67 m.w.N.

5) Deren wichtigste Etappen wohl in den beiden Strafrechtsreformgesetzen des Jahres 1969 (u.a. mit der Einführung der inzwischen noch vor Inkrafttreten wieder aufgehobenen Maßregel der sozialtherapeutischen Anstalt) und der Reform des allgemeinen Teiles eines StGB im Jahre 1975 (u.a. mit der Einführung des Tagessatzsystems bei der Geldstrafe) zu sehen sind, vgl. zur Geschichte und den wesentlichen Gegenstandsbereichen der Reform Jescheck 1983, 1 ff.; Weber 1983, 40 ff.

6) Die Arbeiten der Strafvollzugskommission wurden in den vom Bundesjustizministerium herausgegebenen Tagungsberichten Bd. 1 bis 7, Bonn 1968-1970 festgehalten; hierauf basiert der sog. Kommissionsentwurf aus dem Jahre 1971.

7) Vgl. Tagungsberichte der Strafvollzugskommission Bd. 5, 136 ff.

8) Vgl. Tagungsberichte der Strafvollzugskommission Bd. 1, 155, Bd. 2, 101 ff.

9) Vgl. Baumann u.a. 1973; vgl. zu den Entwürfen im einzelnen ausführlich Müller-Dietz 1978, 51 ff.

10) Vgl. hierzu auch Baumann 1974.

11) Vgl. BVerfGE 33,1 ff. v. 14.3.1972 (hierbei ging es um die Zulässigkeit des Anhaltens von Gefangenenpost mit beleidigendem Inhalt).

12) Die 1976 eingesetzte Jugendstrafvollzugskommission legte Ende 1979 einen Abschlußbericht vor, vgl. Bundesminister der Justiz 1980, auf dem ein Arbeitsentwurf des Bundesjustizministeriums v. 30.6.1980 basierte. Allerdings sind die Chancen für eine umfassende Reform des Jugendstrafvollzugs, die auch kostenträchtige bauliche und personelle Strukturverbesserungen beinhaltet, derzeit gering. Konsens besteht lediglich insoweit, daß die Rechtsgrundlage des § 91 JGG und die in Ergänzung fast wörtlich übernommenen Regelungen des StVollzG für Erwachsene im Jugendvollzug als Verwaltungsvereinbarung der Bundesländer (VVJuG) unzureichend sind und der besonderen Situation des Jugendstrafvollzugs nicht gerecht werden; eine selbst die geringen innovatorischen Ansätze des Arbeitsentwurfes aus dem Jahre 1980 zurücknehmende Minimallösung stellt der Arbeitsentwurf eines Jugendstrafvollzugsgesetzes vom 1.6.1984 dar, vgl. zusammenfassend Dünkel 1984a, 1985a.

13) Die Paragraphenangaben beziehen sich, soweit nichts anderes angegeben ist, im folgenden auf das StVollzG.

14) Vgl. hierzu das ausführliche statistische Material anhand der Haushaltspläne der Bundesländer bei Dünkel/Rosner 1982, 297 ff.

15) Vgl. Kaiser, in, Kaiser/Kerner/Schöch 1982, 74 f.

16) Vgl. die jeweils fast gleichlautenden Verwaltungsvorschriften zu den §§ 10, 11, 13 und 35 StVollzG, abgedruckt bei Calliess/Müller-Dietz 1983, 513 ff.

17) Vgl. hierzu Dünkel 1982, 669 ff.

18) Vgl. zum Streitstand Meier 1982, 105 ff.

19) Vgl. z.B. OLG Frankfurt NStZ 1983, 140 ff. m.w.N. mit kritischer Anmerkung Kaiser (142 f.) und Feest (143 f.); zur Kritik vgl. auch Meier 1982, 200 ff.; das BVerfG hat die Berücksichtigung der Tatschuld in einer Entscheidung zur Frage der Beurlaubung Lebenslänglicher gebilligt, vgl. BVerfG NStZ 1983, 476 ff.; dies wird man im Hinblick auf § 13 Abs. 3 StVollzG zwar für vertretbar halten können, problematisch erscheint jedoch eine Generalisierung auf andere Gefangene mit zeitigen Freiheitsstrafen und ferner auf die in der erwähnten OLG-Rechtsprechung behandelte Frage der Verlegung in den offenen Vollzug gem. § 10 StVollzG; hierzu hat sich das BVerfG nicht geäußert; im übrigen hatte das BVerfG nur darüber zu entscheiden, ob ein Verfassungsverstoß vorliegt, während ein Verstoß gegen einfaches Recht wie das StVollzG durchaus angenommen werden könnte, vgl. hierzu Kreuzer 1985a, 496; zur Kritik zusammenfassend

Müller-Dietz 1984a, 1985; Baden-Württemberg hat dennoch als erstes Bundesland diese Rechtsprechungstendenzen in der Weise aufgegriffen, daß die Vollzugsanstalten im Wege einer Allgemeinverfügung v. 15.2.1985 angewiesen wurden, bei der Gewährung von Lockerungen und Urlaub zu prüfen, ob die allgemeinen Strafzwecke, insbesondere die Tatschuld nicht entgegenstehen, vgl. Landtag von Baden-Württemberg, Drucksache 9/2114 v. 25.9.1985, S. 21.

20) Aus den in Tabelle 1 ersichtlichen Zahlenangaben errechnet sich ein Anteil von 53,4 % Gefangenen im Vollzug der Freiheitsstrafe mit einer voraussichtlichen Vollzugsdauer von mindestens einem Jahr.

21) Diese war in der Vergangenheit im Rahmen von sogenannten Hungerstreiks politisch motivierter Gefangener Gegenstand heftiger Kontroversen, vgl. z.B. Nöldecke/Weichbrodt 1981 m.w.N.

22) Vgl. schon Berger 1974, weitere Nachweise bei Dünkel/Rosner 1982, 21.

23) Vgl. z.B. Kerner 1977; Rehn 1977.

24) Vgl. Kaiser 1981, 14.

25) Vgl. Kaiser, in: Kaiser/Kerner/Schöch 1982, 207.

26) Vgl. Kaiser, in: Kaiser/Kerner/Schöch 1982, 206.

27) Vgl. zusammenfassend Dünkel/Rosner/Nemec 1986.

28) Vgl. Dolde/Rössner 1983, 1719 ff.

29) Vgl. Dünkel 1984a; 1985a, 103 f.; am 31.3.1984 waren noch ganze 734 der insgesamt 6.932 Jugendstrafgefangenen (= 10,6 %) unter 18 Jahre alt, vgl. Statistisches Bundesamt (Hrsg.): Strafvollzugsstatistik 1984, 20.

30) Vgl. zu Problemen des Strafvollzugs bei alten Menschen, Albrecht/Dünkel 1981, 267 ff.

31) Vgl. Dünkel/Rosner 1982, 401; Statistisches Bundesamt (Hrsg.): Strafvollzugsstatistik 1984, 34.

32) Vgl. die vom Wirtschafts- und Sozialrat der Vereinten Nationen gebilligten und empfohlenen "minimum rules" in der europäischen Fassung von 1973.

33) Vgl. hierzu Kaiser, in: Kaiser/Kerner/Schöch 1982, 78; Dünkel, in: Dünkel/Spieß 1983, 3, 15.

34) Vgl. Statistisches Bundesamt (Hrsg.): Strafvollzugsstatistik 1974, 23; 1984, 7.

35) Letzteres gilt insbesondere für den Frauenstrafvollzug mit 1984 (31.3.) 14,9 % Betäubungsmitteldelinquenten (der entsprechende Anteil bei Männern betrug 8,3 %); die Zahl Drogenabhängiger, die nicht exakt feststellbar ist, da diese auch häufiger wegen anderer als Betäubungsmitteldelikte inhaftiert werden, wird z.T. noch höher geschätzt, vgl. Hasenpusch 1981; zu den **Ursachen der Überbelegung** bis Anfang der 80er Jahre vgl. zusammenfassend Homann 1984, 332 ff.; Kreuzer 1985, 470 ff.; Oberheim 1985, 88 ff.

36) Vgl. zur Entwicklung der Sanktionspraxis zusammenfassend Heinz 1984, 13 ff.; Horstkotte 1984, 4 ff.; Homann 1984, 332 ff.; Voß 1985, 300 ff.

37) Vgl. Dünkel 1984a; 1985a, 85 ff.

38) Vgl. ausführlich Rutherford 1984, 54 ff.

39) Vgl. Dünkel 1983a, 427, 462.

40) Vgl. Cornils/Wiskemann 1983, 123 ff.

41) Vgl. Jasiński 1984, 59, 63.

42) Vgl. Haesler 1986, 14.

43) Vgl. Dünkel 1984, 168; ein aktueller Vergleich von Gefangenenraten zum 1.2.1985 für die Länder des Europarats findet sich in Council of Europe 1985, 16 ff.

44) Zur Entwicklung der Alternativen zur Freiheitsstrafe im internationalen Vergleich vgl. zusammenfassend Dünkel/Spieß 1983.

45) Ausführlich Dünkel 1983a; Dünkel/Spieß 1983a, 506 ff.; Kreuzer 1985, 474 ff.; Oberheim 1985, 187 ff., insbesondere 236 ff., 315 ff.; Voß 1985, 308 ff.

46) Vgl. Klages 1985, 4 f.

47) Dies verdeutlichte u.a. eine Anhörung im Hessischen Landtag am 6./7.9.1984 zu dem vom Lande Hessen geplanten Gefängnisneubauprogramm mit einem Volumen von ca. 1.400 neuen Haftplätzen, wo die ganz überwiegende Mehrheit der 22 geladenen Sachverständigen das Neubauprogramm zugunsten einer Ausweitung der Alternativen zur Freiheitsstrafe bzw. einer Verkürzung angedrohter und verhängter Freiheitsstrafen ablehnte, vgl. die

stenographischen Niederschriften über die 4./5. Sitzung des Rechtsausschusses, 7./8. Sitzung des Unterausschusses Justizvollzug zur Situation des Strafvollzuges in Hessen. Wiesbaden 1984; ferner Kreuzer 1985, 474 ff. und die Beiträge in Kriminalsoziologische Bibliographie Heft 45/1984.

48) Vgl. Dünkel 1982, 680 f.

49) Vgl. zusammenfassend Dünkel/Rosner 1982, 353 ff.

50) Hier scheinen wesentlich unterschiedliche Sanktionsstile vorzuliegen, indem z.B. in Hamburg, Hessen oder Niedersachsen sechs- bis fünfzehnmal häufiger Arrest im offenen im Vergleich zum geschlossenen Vollzug verhängt wurde, während andere Länder wie etwa Baden-Württemberg, Berlin oder Bremen von dieser Sanktionsform im offenen Vollzug praktisch keinerlei Gebrauch machten (1980), vgl. Dünkel/Rosner 1982, 354.

51) Vgl. Rüther/Neufeind 1978; Dünkel 1980, 275 ff.; Klotz 1980, 70 ff.

52) Vgl. im einzelnen Schaubild 7. Schaubild 8 verdeutlicht bezogen auf das Jahr 1984 im Bundesländervergleich, daß eine restriktive Urlaubspraxis keineswegs geringere Mißerfolgsraten ergibt und umgekehrt die beispielsweise in Bremen und Hessen besonders extensive Urlaubspraxis keineswegs ein höheres Risiko für die Allgemeinheit durch flüchtige beurlaubte Gefangene beinhaltet; zur vergleichbaren Entwicklung bis 1980 vgl. Dünkel/Rosner 1982, 89 ff.

53) Vgl. Jürgensen/Rehn 1980, 232; Beckers 1983, 388; nach Angaben des baden-württembergischen Justizministeriums betrugen die Mißerfolgsquoten bezogen auf die von Lockerungen betroffenen Gefangenen 1984 beim Freigang 1,9 %, beim Ausgang 4,4 % und bei Beurlaubungen 4,9 %, vgl. Landtag von Baden-Württemberg, Drucksache 9/2114 v. 25.9.1985, S. 71.

54) Vgl. Spieß 1981, 296 ff.; 1983, 30.

55) Vgl. zur Entwicklung in England Rutherford 1984, 53 f.

56) Vgl. Dünkel/Rosner 1982, 259 ff.

57) Vgl. Schmitt 1981, 123 ff.; Egg 1983, 128 ff.; zusammenfassend zu Strukturmerkmalen der Sozialtherapie vgl. Kaiser/Dünkel/Ortmann 1982, 198 ff.; Egg 1984.

58) Vgl. Dünkel 1984a, 311; 1985a, 146 ff..

59) Vgl. zusammenfassend Albrecht/Dünkel/Spieß 1981.

60) Vgl. Landtag von Baden-Württemberg, Drucksache 9/2114 v. 25.9.1985, S. 16.

61) Vgl. Dünkel/Rosner 1982, 133, 135 ff.

62) Die Quoten in diesem Abschnitt sind jeweils berechnet auf 100 Gefangene der Jahresdurchschnittsbelegung (einschließlich Untersuchungsgefangene); zur Entwicklung bis 1980 vgl. Dünkel/Rosner 1982, 164 ff.

63) Nach einer Untersuchung im baden-württembergischen Jugendstrafvollzug betrafen lediglich etwa ein Drittel der bei Regelverstößen verhängten Sanktionen die "offiziellen" Disziplinarmaßnahmen, während der überwiegende Anteil den Widerruf von Lockerungen, Verlegungen in andere Vollzugsbereiche u.ä. betrafen, vgl. Lambropoulou 1986.

64) Die entsprechenden Statistiken werden zwar bundeseinheitlich geführt, jedoch sind immer wieder unterschiedliche Definitionen im Vergleich der einzelnen Bundesländer bekannt geworden, vgl. zu einigen der methodischen Probleme Dünkel/Rosner 1982, 6 ff.; Böhm 1985, 583 ff.

65) Vgl. Dünkel 1983b; 1985, 341 f.; das baden-württembergische Justizministerium gab für 1984 im Erwachsenenvollzug eine Arbeitslosenquote von ca. 20 %, im Jugendvollzug von ca. 10 % an, vgl. Landtag von Baden-Württemberg, Drucksache 9/2114 v. 25.9.1985, S. 21.

66) Vgl. z.B. Kühne 1982, 203 ff., 211; Klotz 1983, 31; Seebode 1983, 175 m.jew.w.N.

67) Entsprechende legislative Initiativen sind sowohl in der 8., als auch 9. Wahlperiode des Bundestags an Widerständen der Bundesländer gescheitert, vgl. i.e. Calliess/Müller-Dietz 1983, Rdnr. 2 zu § 43 m.w.N.; in der laufenden Legislaturperiode wurde ein dem Gesetzesauftrag des § 200 Abs. 2 StVollzG entsprechender Vorschlag gar nicht erst eingebracht!

68) Vgl. zusammenfassend Dünkel 1981a.

69) Vgl. Dünkel 1983b; 1983c, 8.

70) Vgl. Klotz 1983, 5 ff., 30 ff.; die Untersuchung bezieht sich auf die Entlassungsdaten von 567 1981/82 erfaßten Gefangenen unterschiedlicher Vollzugsbereiche.

71) Vgl. Einsele 1971, 145.

72) Vgl. Kaiser/Dünkel/Ortmann 1982, 200 ff.; Egg 1983, 125 ff. m.jew.w.N.

73) Vgl. Essler, in: Justizministerium Baden-Württemberg 1985, 60.

74) Vgl. Zunke, in: Justizministerium Baden-Württemberg 1985, 124 ff.

75) Vgl. Becker/Rehn, in: Justizministerium Baden-Württemberg 1985, 81 ff.; in Hamburg hat man mit der gemeinsamen Unterbringung von Frauen und Männern bereits im Übergangsvollzug des Moritz-Liepmann-Hauses positive Erfahrungen gesammelt, vgl. Siekmann 1985, 11 ff.

76) In einer derzeit laufenden Untersuchung des Max-Planck-Instituts wurde bezogen auf eine Grundgesamtheit von 1.080 in den Einweisungsanstalten des Landes Nordrhein-Westfalen erfaßten Gefangenen bei nicht weniger als 66 % eine stärkere kriminelle Gefährdung, bei 45 % eine schwere bis sehr schwere Persönlichkeitsstörung, bei 28 % aggressive Verhaltensauffälligkeiten und bei 39 % eine sozialtherapeutische Behandlungs**bedürftigkeit** diagnostiziert, vgl. Ortmann 1984a; der geschätzte Haftplatzbedarf von 10-15 % für die Sozialtherapie würde dieser den gleichen Rang wie dem offenen Vollzug einräumen, vgl. Kaiser/Dünkel/Ortmann 1982, 205.

77) Vgl. Kaiser/Dünkel/Ortmann 1982, 201; Egg 1983, 125 ff.; für eine derartige Ausrichtung hatte schon Eisenberg 1974 plädiert.

78) Vgl. Dünkel/Rosner 1982, 115 f.

79) Vgl. zusammenfassend Dünkel/Rosner 1982, 358 ff.

80) Eine Ausnahme stellt insoweit die 1981 eröffnete sozialtherapeutische Anstalt Kassel II dar, die 1982-84 jeweils auf mehr als doppelt soviele Disziplinarmaßnahmen (und insbesondere auch Arreststrafen) kam wie die geschlossenen hessischen Regelvollzugsanstalten, vgl. Dünkel/Nemec/Rosner 1986, 14 ff.

81) Vgl. Albrecht/Lamott 1980, 263 ff.; Lamott 1984, 131 ff. bez. der Praxis in Erlangen.

82) Ähnlich hohe Rückverlegungsquoten wie in Erlangen wurden in Kassel ersichtlich (47 %), vgl. Dünkel/Nemec/Rosner 1986, 10 ff., allerdings ist dieser Befund differenziert zu bewerten und läßt vielfach kaum Rückschlüsse auf das Sanktionsverhalten der Bediensteten zu.

83) Vgl. insbesondere die Beiträge von Dünkel, Dolde und Rehn, in: Bundeszusammenschluß für Straffälligenhilfe 1981, 81 ff., 96 ff., 111 ff.; Ortmann 1984, 802 ff.

84) Vgl. das Gesetz zur Änderung des Strafvollzugsgesetzes (StVollzÄndG) vom 20.12.1984, Bundesgesetzblatt 1984, Teil I, S. 1654 ff.

85) Vgl. zur entsprechenden Methodendiskussion in der Bundesrepublik zusammenfassend die Beiträge in Kury 1983.

86) Vgl. Rehn 1979; Dünkel 1980; 1981; Rehn/Jürgensen 1983, 1910 ff.

87) Vgl. zur Kritik dieser "Tendenzwende" bereits Kaiser 1977; Dünkel 1981a, 27 ff.

88) Vgl. hierzu auch ausführlich Dünkel 1985, 335 f.

89) Vgl. Dünkel 1985, 334 ff. m.w.N., vgl. auch Dünkel 1984, 167 f.

90) Vgl. Strafverfolgungsstatistik 1984, 50 f.

91) Vgl. Schulz 1981, 402 ff.; Dünkel 1984a, 312; 1985, 337 ff.; 1985a, 163 f.

92) Berechnet nach Strafverfolgungsstatistik 1984, 50 f.; 74 f.; 98 f.; in früheren Jahren lag der Anteil noch höher.

93) Vgl. zusammenfassend Müller-Dietz 1984, 79 ff. m.w.N.; zur Dauer der Untersuchungshaft vgl. auch die empirischen Studien von Busch 1980, 358 ff. (Jugendliche und Heranwachsende 1978 in Baden-Württemberg: durchschnittlich 54 Tage); Carstensen 1981, 54 (alle Haftsachen des Landgerichts Kiel 1973: Median 133 Tage).

94) Vgl. hierzu ausführlich Dünkel 1985, 342 f.; Seebode 1985, 111 ff.

95) Vgl. insbesondere Seebode 1985, 111 ff.

96) Vgl. Baumann 1981; Döschl u.a. 1982; Amelung u.a. 1983; Jung/Müller-Dietz 1983; zusammenfassend Kaiser 1984, 299 ff.; Dünkel 1985, 342; zur Kritik der derzeitigen Praxis vgl. auch Hassemer 1984, 38 ff.

97) Vgl. Müller-Dietz 1984, 87.

98) Vgl. Müller-Dietz 1984, 81.

99) Vgl. Dünkel 1983b; 1985, 341 f.

100) Vgl. schon Zirbeck 1973; ferner: Busch 1980; zu einem Behandlungsexperiment in Untersuchungshaft in Baden-Württemberg vgl. Kury 1981.

101) Vgl. insbesondere Döschl u.a. 1982; stärker einschränkend Baumann 1981; Müller-Dietz 1984, 86 f.

102) Vgl. zusammenfassend Dünkel/Rosner 1982, 205 ff., 242.

103) Vgl. zusammenfassend Dünkel/Rosner 1982, 361 ff.

104) Vgl. Dünkel 1984a, 311 f., 326; 1985a, 127 ff.

105) Vgl. i.e. Dünkel/Spieß 1983.

106) Vgl. zusammenfassend Albrecht/Dünkel/Spieß 1981.

Literaturverzeichnis

AK StVollzG: Alternativkommentar zum Strafvollzugsgesetz. Hrsg. v. R. Wassermann, bearbeitet von E. Brandt u.a. Neuwied Darmstadt, 2.Aufl. 1982.

Albrecht, H.-J., Dünkel, F.: Die vergessene Minderheit - Alte Menschen als Straftäter. Zeitschrift für Gerontologie 14 (1981), S. 259-273.

Albrecht, H.-J., Dünkel, F., Spieß, G.: Empirische Sanktionsforschung und die Begründbarkeit von Kriminalpolitik. MschrKrim 64 (1981), S. 310-326.

Albrecht, P.-A., Lamott, F.: Wer braucht wen - Sozialtherapie in der Erprobung. MschrKrim 63 (1980), S. 263-277.

Amelung, K. u.a. (Arbeitskreis Strafprozeßreform): Die Untersuchungshaft. Gesetzentwurf mit Begründung. Heidelberg 1983.

Baumann, J.: Entwurf eines Untersuchungshaftvollzugsgesetzes. Tübingen 1981.

Baumann, J. (Hrsg.): Die Reform des Strafvollzugs. Programm nach den Vorstellungen des Alternativentwurfs zu einem Strafvollzugsgesetz. München 1974.

Baumann, J. u.a.: Alternativ-Entwurf eines Strafvollzugsgesetzes. Tübingen 1973.

Beckers, C.: Vollzugslockerung Urlaub - Erfahrungen und Erwartungen der Beteiligten -. In: Kury, H. (Hrsg.): Ambulante Maßnahmen zwischen Hilfe und Kontrolle. Köln u.a. 1984, S. 381-405.

Berger, T.: Geschichte und Schranken der Strafvollzugsreform. KJ 7 (1974), S. 237-250.

Bundesminister der Justiz (Hrsg.): Schlußbericht der Jugendstrafvollzugskommission. Köln 1980.

Bundeszusammenschluß für Straffälligenhilfe (Hrsg.): Sozialtherapie als kriminalpolitische Aufgabe. Empfehlungen zur zukünftigen rechtlichen und tatsächlichen Ausgestaltung der Sozialtherapie im Justizvollzug. Bonn-Bad Godesberg 1981.

Böhm, A.: Probleme der Strafvollzugsforschung, insbesondere bezüglich Vollzugslockerungen. In: Kury, H. (Hrsg.): Kriminologische Forschung in der Diskussion: Berichte, Standpunkte, Analysen. Köln u.a. 1985, S. 575-603.

Busch, B.: Vollzug der Untersuchungshaft in organisationsvergleichender Sicht. In: Forschungsgruppe Kriminologie (Hrsg.): Empirische Kriminologie. Freiburg 1980, S. 354-369.

Calliess, R.P.: Strafvollzug. Institution im Wandel. Eine empirische Untersuchung zur Lage des Männer-Erwachsenen-Vollzuges. Stuttgart 1970.

Calliess, R.P., Müller-Dietz, H.: Strafvollzugsgesetz. Kommentar. 3. Aufl. München 1983.

Carstensen, P.: Dauer von Untersuchungshaft. Berlin 1981.

Cornils, K., Wiskemann, B.: Strafvollzug in Freiheit und Bewährungshilfe in Schweden. In: Dünkel, F., Spieß, G. (Hrsg.): Alternativen zur Freiheitsstrafe. Freiburg 1983, S. 123-147.

Council of Europe (Ed.): Prison Information Bulletin No. 3, Strasbourg 1984, S. 17-30.

Döschl, E. u.a.: Entwurf eines Gesetzes über den Vollzug der Untersuchungshaft. Bonn 1982.

Dolde, G., Rössner, D.: Freiheitsstrafe ohne soziale Desintegration - Ein Programm zum Vollzug kurzer Freiheitsstrafe mit ersten empirischen Ergebnissen. In: Kerner, H.-J., Kury, H., Sessar, K. (Hrsg.): Deutsche Forschungen zur Kriminalitätsentstehung und Kriminalitätskontrolle. Bd. 3. Köln u.a. 1983, S. 1719-1743.

Dünkel, F.: Legalbewährung nach sozialtherapeutischer Behandlung. Eine empirische vergleichende Untersuchung anhand der Strafregisterauszüge von 1503 in den Jahren 1971-1974 entlassenen Strafgefangenen in Berlin-Tegel. Berlin 1980.

Dünkel, F.: Prognostische Kriterien zur Abschätzung des Erfolgs von Behandlungsmaßnahmen im Strafvollzug sowie für die Entscheidung über die bedingte Entlassung. MschrKrim 64 (1981), S. 279-295.

Dünkel, F.: Gegenwärtige kriminalpolitische Strömungen zur (sozialtherapeutischen) Behandlung im Strafvollzug. In: Bundeszusammenschluß für Straffälligenhilfe (Hrsg.): Sozialtherapie als kriminalpolitische Aufgabe. Bonn-Bad Godesberg 1981a, S. 27-52.

Dünkel, F.: Die Öffnung des Vollzugs - Anspruch und Wirklichkeit. ZStW 94 (1982), S. 669-710.

Dünkel, F.: Die Geschichte des Strafvollzuges als Geschichte von (vergeblichen?) Vollzugsreformen. In: Driebold, R. (Hrsg.): Strafvollzug. Erfahrungen, Modelle, Alternativen. Göttingen 1983, S. 25-54.

Dünkel, F.: Strafaussetzung zur Bewährung und Bewährungshilfe im internationalen Vergleich - ein Überblick. In: Dünkel, F., Spieß, G. (Hrsg.): Alternativen zur Freiheitsstrafe. Freiburg 1983a, S. 398-501.

Dünkel, F.: Strukturmerkmale des Berliner Strafvollzugs. Vorlage für die Enquête-Kommission des Berliner Abgeordnetenhauses. Freiburg 1983b.

Dünkel, F.: Strafvollzug aus der Sicht der Forschung. ZfStrVo 32 (1983c), S. 3-18.

Dünkel, F.: Neuere Entwicklungen im Bereich der Bewährungshilfe und -aufsicht im internationalen Vergleich. BewHi 31 (1984), S. 162-184.

Dünkel, F.: Die Reform von Jugendstrafe und Jugendstrafvollzug im internationalen Vergleich. RdJB 32 (1984a), S. 308-326.

Dünkel, F.: Zur Situation und Entwicklung von Untersuchungshaft und Untersuchungshaftvollzug in der Bundesrepublik Deutschland. ZfStrVo 34 (1985), S. 334-345.

Dünkel, F.: Situation und Reform von Jugendstrafe, Jugendstrafvollzug und anderen freiheitsentziehenden Sanktionen gegenüber jugendlichen Rechtsbrechern in der Bundesrepublik Deutschland. In: Dünkel, F., Meyer, K. (Hrsg.): Jugendstrafe und Jugendstrafvollzug - stationäre Maßnahmen der Jugendkriminalrechtspflege im internationalen Vergleich. Freiburg 1985a, S. 45-256.

Dünkel, F.: Kriminalisierung und Entkriminalisierung von Drogentätern in der Bundesrepublik Deutschland. In: Brusten, M., Häußling, J.M. (Hrsg.): Kriminologie im Spannungsfeld von Kriminalpolitik und Kriminalpraxis. Deutsche Beiträge zum 9. Weltkongreß für Kriminologie 1983 in Wien. Wuppertal 1986, S. 229-266.

Dünkel, F., Rosner, A.: Die Entwicklung des Strafvollzugs in der Bundesrepublik Deutschland seit 1970 - Materialien und Analysen. 2. Aufl. Freiburg 1982.

Dünkel, F., Rosner, A., Nemec, R.: Organisationsstruktur, Behandlungsmaßnahmen und Veränderungen bei Insassen in einer sozialtherapeutischen Anstalt. MschrKrim 69 (1986), S. 1-21.

Dünkel, F., Spieß, G. (Hrsg.): Alternativen zur Freiheitsstrafe - Strafaussetzung zur Bewährung und Bewährungshilfe im internationalen Vergleich. Freiburg 1983.

Dünkel, F., Spieß, G.: Kriminalpolitische Bewertung der Strafaussetzung und Folgerungen für die Praxis in der Bundesrepublik. In: Dünkel, F., Spieß, G. (Hrsg.): Alternativen zur Freiheitsstrafe. Freiburg 1983a, S. 503-514.

Egg, R.: Die sozialtherapeutische Behandlung von Straftätern in der Bundesrepublik Deutschland. In: Driebold, R. (Hrsg.): Strafvollzug. Erfahrungen, Modelle, Alternativen. Göttingen 1983, S. 124-143.

Egg, R.: Straffälligkeit und Sozialtherapie. Köln u.a. 1984.

Eisenberg, U.: Sozialtherapeutische Behandlung von Gefangenen. ZStW 86 (1974), S. 1042-1066.

Haesler, W.T.: Südafrikanischer Strafvollzug. ZfStrVo 35 (1986), S. 11-17.

Hasenpusch, B.: Zum Drogenproblem im Strafvollzug. Versuche zur Erfassung der Anzahl drogenabhängiger Gefangener. ZfStrVo 30 (1981), S. 270-276.

Hassemer, W.: Die Voraussetzungen der Untersuchungshaft. Strafverteidiger 4 (1984), S. 38-42.

Heinz, W.: Strafrechtliche Sozialkontrolle - Beständigkeit im Wandel? BewHi 31 (1984), S. 13-37.

Homann, C.: Freiheitsentziehende Sanktionen und Haftplatzbedarf, dargestellt an der Entwicklung von Verurteiltenzahlen und Belegungszahlen der Gefangenen in den Justizvollzugsanstalten 1971-1982. MschrKrim 67 (1984), S. 332-338.

Horstkotte, H.: Rückblick auf die Strafrechtsreform von 1969: Erwartungen, Erfolge, Enttäuschungen. BewHi 31 (1984), S. 2-13.

Jasiński, J.: Punitywność systemów karnych (kontynocje). In: Państwo i Prawo 39 (1984), Nr. 6, S. 52-66.

Jescheck, H.-H.: Strafrechtsreform in Deutschland. Allgemeiner und Besonderer Teil. Schweizerische Zeitschrift für Strafrecht 100 (1983), S. 1-28.

Jürgensen, P., Rehn, G.: Urlaub aus der Haft. MschrKrim 63 (1980), S. 231-241.

Jung, H.: Das Strafvollzugsgesetz und die "Öffnung des Vollzugs". ZfStrVo 26 (1977), S. 86-92.

Jung, H., Müller-Dietz, H. (Hrsg.): Reform der Untersuchungshaft - Vorschläge und Materialien -. Bonn 1983.

Justizministerium Baden-Württemberg (Hrsg.): Sozialtherapie im Strafvollzug. Tagungsbericht. Stuttgart 1985.

Kaiser, G.: Resozialisierung und Zeitgeist. In: Herren, R., Kienapfel, D., Müller-Dietz, H. (Hrsg.): Festschrift für T. Würtenberger zum 70. Geburtstag. Berlin 1977, S. 359-373.

Kaiser, G.: Einführung. In: Strafvollzugsgesetz. Textausgabe mit Sachverzeichnis. 5. Aufl. München 1981, S. 9-26.

Kaiser, G.: Die gesetzliche Regelung über den Vollzug der Untersuchungshaft und ihre Reform. In: Wilke, D. (Hrsg.): Festschrift zum 125jährigen Bestehen der juristischen Gesellschaft zu Berlin. Berlin 1984, S. 299-314.

Kaiser, G., Kerner, H.-J., Schöch, H.: Strafvollzug. Ein Lehrbuch. 3. Aufl. Heidelberg 1982.

Kerner, H.-J.: Behandlungs- und Vollzugsorganisation im neuen Strafvollzugsgesetz. ZfStrVo 26 (1977), S. 74-85.

Klages, J.: Dänemark. In: Eser, A., Huber, B. (Hrsg.): Strafrechtsentwicklung in Europa. Freiburg 1985, S. 1-26.

Klotz, W.: Rückfälligkeit von ehemaligen Gefangenen des geschlossenen und offenen Vollzugs. ZfStrVo 29 (1980), S. 70-83.

Klotz, W.: Die Situation entlassener Strafgefangener in Baden-Württemberg. Eine Untersuchung des Justizministeriums. In: Evangelische Akademie Bad Boll. Protokolldienst 19/83. Bad Boll 1983, S. 5-31.

Kreuzer, A.: Gefängnisüberfüllung - eine kriminalpolitische Herausforderung. In: Schwind, H.-D. u.a. (Hrsg.): Festschrift für G. Blau. Berlin, New York 1985, S. 459-486.

Kreuzer, A.: Arbeit in Strafrecht, Strafvollzug und Bewährungshilfe. Soziale Arbeit 34 (1985a), S. 490-500.

Kühne, A.: Die Schuldensituation bei Strafgefangenen - Eine Untersuchung aus dem niedersächsischen Justizvollzug. In: Schwind, H.-D., Steinhilper, G. (Hrsg.): Modelle zur Kriminalitätsvorbeugung und Resozialisierung. Heidelberg 1982, S. 203-220.

Kury, H.: Junge Rechtsbrecher und ihre Behandlung. Sozialer Hintergrund, Persönlichkeit und Resozialisierung bei jugendlichen und heranwachsenden Untersuchungshäftlingen. ZStW 93 (1981), S. 319-359.

Lambropoulou, E.: Erlebnisbiographie und Aufenthalt im Justizvollzug. Unveröff. Manuskript, Freiburg 1986.

Meier, P.: Die Entscheidung über Ausgang und Urlaub aus der Haft. Freiburg 1982.

Müller-Dietz, H.: Strafvollzugsrecht. 2. Aufl. Berlin, New York 1978.

Müller-Dietz, H.: Die Rechtsprechung der Strafvollstreckungskammern zur Rechtsgültigkeit der VVStVollzG. NStZ 1 (1981), S. 409-417.

Müller-Dietz, H.: Problematik und Reform des Vollzuges der Untersuchungshaft. Strafverteidiger 4 (1984), S. 79-87.

Müller-Dietz, H.: Schuldschwere und Urlaub aus der Haft. JR 1984a, S. 353-361.

Müller-Dietz, H.: Strafvollzug, Tatopfer und Strafzwecke - zur Bedeutung von Tat und Schuld im Langzeitvollzug. GA 1985, S. 147-175.

Müller-Dietz, H., Würtenberger, T.: Fragebogenenquête zur Lage und Reform des deutschen Strafvollzugs. Bonn-Bad Godesberg 1969.

Nöldecke, W., Weichbrodt, W.: Hungerstreik und Zwangsernährung. Muß § 101 Strafvollzugsgesetz reformiert werden? NStZ 1 (1981), S. 281-285.

Oberheim, R.: Gefängnisüberfüllung. Ursachen, Folgen und Lösungsmöglichkeiten in der Bundesrepublik Deutschland mit einem internationalen Vergleich. Frankfurt/M. u.a. 1985.

Ortmann, R.: Resozialisierung durch Sozialtherapie. ZStW 95 (1984), S. 794-833.

Ortmann, R.: Resozialisierung im Strafvollzug. Eine vergleichende Längsschnittstudie zu Regelvollzugs- und sozialtherapeutischen Modellanstalten. In: Albrecht, H.-J., Sieber, U. (Hrsg.): 20 Jahre südwestdeutsche kriminologische Kolloquien. Freiburg 1984, im Druck.

Rehn, G.: Strafvollzug im Wandel. Eindrücke, Probleme, Tendenzen. Vorgänge 16 (1977), S. 38-52.

Rehn, G.: Behandlung im Strafvollzug. Ergebnisse einer vergleichenden Untersuchung der Rückfallquote bei entlassenen Strafgefangenen. Weinheim, Basel 1979.

Rehn, G., Jürgensen, P.: Rückfall nach Sozialtherapie. Wiederholung einer im Jahre 1979 vorgelegten Untersuchung. In: Kerner, H.-J., Kury, H., Sessar, K. (Hrsg.): Deutsche Forschungen zur Kriminalitätsentstehung und Kriminalitätskontrolle. Bd. 3. Köln u.a. 1983, S. 1910-1948.

Rüther, W., Neufeind, W.: Offener Vollzug und Rückfallkriminalität. MschrKrim 61 (1978), S. 363-376.

Rutherford, A.: Prisons and the Process of Justice. The Reductionist Challenge. London 1984.

Schmitt, G.: Sozialtherapie im Überblick. In: Bundeszusammenschluß für Straffälligenhilfe 1981, S. 123-165.

Schulz, W.: Untersuchungshaft - Erziehungsmaßnahme und vorweggenommene Jugendstrafe? In: Deutsche Vereinigung für Jugendgerichte und Jugendgerichtshilfen e.V. (Hrsg.): Die jugendrichterlichen Entscheidungen - Anspruch und Wirklichkeit. München 1981, S. 399-420.

Seebode, M.: Verbrechensverhütung durch staatliche Hilfe bei der Schuldenregulierung Straffälliger. ZRP 16 (1983), S. 174-181.

Seebode, M.: Der Vollzug der Untersuchungshaft. Berlin, New York 1985.

Siekmann, G.: Männer und Frauen in derselben Haftanstalt. Ein neues Modell im Hamburger Strafvollzug. ZfStrVo 34 (1985), S. 11-15.

Spieß, G.: Wie bewährt sich die Strafaussetzung? Strafaussetzung zur Bewährung und Fragen der prognostischen Beurteilung bei jungen Straftätern. MschrKrim 64 (1981), S. 296-309.

Spieß, G.: Probleme praxisbezogener Forschung und ihre Umsetzung am Beispiel der Bewährungsprognose. In: Kury, H. (Hrsg.): Prävention abweichenden Verhaltens - Maßnahmen der Vorbeugung und Nachbetreuung. Köln u.a. 1982, S. 571-604.

Spieß, G.: Strafaussetzung und Bewährungshilfe in der Bundesrepublik Deutschland. In: Dünkel, F., Spieß, G. (Hrsg.): Alternativen zur Freiheitsstrafe. Freiburg 1983, S. 23-49.

Voß, M.: Der strafrechtliche Gebrauch der Freiheitsstrafe im Zuge ihrer veränderten Ansprüche. BewHi 32 (1985), S. 298-311.

Weber, U.: Strafrechtsreform. In: Sieverts, R., Schneider, H.J. (Hrsg.): Handwörterbuch der Kriminologie. Bd. 5, Lieferung 1. Berlin, New York 1983, S. 40-76.

Zirbeck, R.: Die Untersuchungshaft bei Jugendlichen und Heranwachsenden. Göttingen 1973.

Tabelle 1: **Die Entwicklung der Strafvollzugspopulation in der Bundesrepublik Deutschland 1970-84[1] nach der voraussichtlichen Vollzugsdauer**

	1970		1975		1980		1981		1982		1983		1984		
	abs.	%	abs.	%	abs.	%	abs.	%	abs.	%	abs.	%	abs.	%	Index[3]
Strafgefangene und Sicherungsverwahrte im Erwachsenenvollzug insgesamt	31.168	100	29.177	100	35.745	100	36.680	100	38.810	100	41.004	100	42.322	100	136
davon: Freiheitsstrafe insgesamt	30.450	97,7	28.840	98,8	35.537	99,4	36.474	99,4	38.620	99,5	40.819	99,6	42.140	99,6	138
FS - unter 3 Monate	4.115	13,2[2]	2.622	9,0[2]	2.713	7,6[2]	2.805	7,6[2]	3.163	8,1[2]	3.063	7,5	3.287	7,8	80
FS 3 - unter 6 Monate	3.344	10,7[2]	4.143	14,2	4.262	11,9	4.305	11,7	4.601	11,9	4.818	11,8	5.263	12,4	157
FS 6 Monate - einschl. 1 J.	5.005	16,1	8.068	27,7	9.886	27,7	10.018	27,3	10.628	27,4	11.332	27,8	10.844	25,6	217
FS mehr als 1 - einschl. 2 J.	6.225	20,0	6.036	20,7	7.260	20,3	7.398	20,2	7.603	19,6	8.041	19,7	8.363	19,8	134
FS mehr als 2 - einschl. 5 J.	8.209	26,3	4.999	17,1	7.117	19,9	7.387	20,1	7.718	19,9	8.273	20,3	8.854	20,9	108
FS mehr als 5 - einschl. 10 J.	1.939	6,2	1.519	5,2	2.665	7,5	2.901	7,9	3.154	8,1	3.510	8,6	3.711	8,8	191
FS mehr als 10 - einschl. 15	473	1,5	462	1,6	660	1,8	677	1,8	747	1,9	779	1,9	792	1,9	167
lebenslange FS	1.072	3,4	945	3,2	956	2,7	961	2,6	989	2,5	988	2,4	1.020	2,4	95
Sicherungsverwahrung	718	2,3	337	1,2	208	0,6	206	0,6	190	0,5	185	0,5	182	0,4	25
Jugendstrafvollzug insgesamt	4.759	100	5.431	100	6.490	100	6.456	100	6.774	100	7.239	100	6.932	100	146
JS - unter 6 Monate	231	4,9	266	4,9	254	3,9	264	4,1	261	3,9	285	3,9	286	4,1	124
JS 6 Monate - einschl. 1 Jahr	1.398	29,4	1.903	35,0	1.811	27,9	1.809	28,0	1.914	28,3	1.812	25,0	1.658	23,9	119
JS mehr als 1 Jahr - einschl. 2 Jahre	1.246	26,2	1.684	31,0	2.359	36,3	2.341	36,3	2.450	36,2	2.802	38,7	2.610	37,7	210
JS mehr als 2 Jahre - einschl. 5 Jahre	549	11,5	706	13,0	1.172	18,1	1.263	19,6	1.346	19,9	1.573	21,7	1.695	24,5	309
JS über 5 Jahre	164	3,4	213	3,9	328	5,1	341	5,3	360	5,3	365	5,0	353	5,1	215
JS von unbestimmter Dauer (-4 J.)	1.103	23,2	613	11,3	548	8,4	416	6,4	426	6,3	402	5,6	330	4,8	30

1) Jeweils zum Stichtag 31.3.

2) Bezogen auf Freiheitsstrafen insgesamt.

3) Bezogen auf 1970= 100.

Tabelle 2: Die Entwicklung der Strafvollzugspopulation in der Bundesrepublik Deutschland 1970-84[1)] nach der **Deliktsstruktur**

	1970		1975		1980		1981		1982		1983		1984		
	abs.	%	abs.	%	abs.	%	abs.	%	abs.	%	abs.	%	abs.	%	Index[2)]
Tötungsdelikte	2.216	6,2	2.418	7,0	3.096	7,3	3.165	7,3	3.236	7,1	3.397	7,0	3.557	7,2	161
Körperverletzung	1.016	2,8	1.308	3,8	1.878	4,4	1.939	4,5	2.202	4,8	2.449	5,1	2.346	4,8	231
Sexualdelikte	2.688	7,5	1.929	5,6	2.383	5,6	2.484	5,8	2.575	5,6	2.659	5,5	2.780	5,6	103
Diebstahl/Unterschlagung	17.074	47,5	14.720	42,5	14.523	34,4	14.182	32,9	14.674	32,2	15.866	32,9	16.101	32,7	94
Raub/Erpressung	2.922	8,1	3.623	10,5	4.805	11,4	4.965	11,5	5.308	11,6	5.809	12,0	6.167	12,5	211
Betrug/Untreue/ Urkundenfälschung	3.608	10,0	2.871	8,3	4.493	10,6	4.346	10,1	4.834	10,6	5.151	10,7	5.373	10,9	149
Straßenverkehrsdelikte	2.575	7,2	2.585	7,5	3.460	8,2	3.639	8,4	4.012	8,8	4.223	8,8	4.031	8,2	157
Betäubungsmitteldelikte insg.	81[4]	0,2	1.032[4]	3,0	3.203	7,6	3.778	8,8	3.933	8,6	4.044	8,4	4.202	8,5	5.188
davon: gem. §§ 29 Abs. 3, 30 BtMG	-	-	-	-	2.064	4,9	2.422	5,6	2.898	6,4	2.851	5,9	2.873	5,8	139[3)]
gem. § 29 Abs. 1 BtMG	-	-	-	-	1.138	2,7	1.353	3,1	1.033	2,3	1.192	2,5	1.327	2,7	117[3)]
Strafgefangene und Sicherungsverwahrte insgesamt	35.927	100	34.608	100	42.235	100	43.136	100	45.584	100	48.243	100	49.254	100	137

1) Jeweils zum Stichtag 31.3.

2) Bezogen auf 1970= 100.

3) Bezogen auf 1980= 100.

4) Verbrechen und Vergehen nach anderen Bundesgesetzen insgesamt ohne StVG, WStG und AO (BtMG-Delikte werden erst seit 1980 gesondert ausgewiesen).

Verwahrvollzug - Behandlungsvollzug

- Der strafrechtliche Gebrauch der Freiheitsstrafe im Zuge ihrer veränderten Ansprüche. Zugleich eine Kritik der Kurzstrafenkritik -

Michael Voß

Neue Strafanstalten liegen zumeist weitab vom Standort der Strafgerichte. Anstaltsneubauten werden heute entweder im Industriegürtel der Städte oder, besser noch, auf dem Lande versteckt, am Rande von Orten, die nur Heimatforschern und Strafvollzugskundlern bekannt sind. Die Zeiten, da Gefängnisse an markanter Stelle der Stadt drohend ihre Mauern erhoben, sind vorbei. Die Bürger im allgemeinen aber auch die Strafrichter im besonderen wissen vermutlich wenig über die Innenwelt des Strafvollzugs. Auch die ohnehin nur beschränkt informativen Besuche der Rechtsreferendare in Strafanstalten sind im Schwinden begriffen. In der juristischen Ausbildung fristen Kurse über Strafvollzug und Strafvollzugsrecht ein Schattendasein. So werden denn (werk-)täglich etwa 180 unbedingte Jugend- und Freiheitsstrafen von Richtern ausgesprochen, die nur vage Vorstellungen davon haben, was mit dem Bestraften während des Freiheitsentzuges geschieht.

Gleichwohl behauptet die mir aufgegebene Themenstellung einen Zusammenhang zwischen der Zwecksetzung bzw. der Ausgestaltung des Strafvollzugs und der Zumessung von Freiheitsstrafe: Mit dem Übergang vom Verwahr- zum Behandlungsvollzug sei eine veränderte Nutzung dieser freiheitsentziehenden Sanktion einhergegangen. Zumindest drei Dinge müssen zusammentreffen, soll dieser

Zusammenhang eine reale Grundlage finden: Der Strafvollzug muß einen Wandel in entsprechender Richtung erfahren haben, wobei für die Strafzumessungsfrage bereits ein Wandel auf der Ebene der Zwecksetzung, der die Ebene der Vollzugsorganisation nicht erreicht, wirksam werden könnte. Ferner muß dieser Wandel bei den Strafrichtern bemerkt worden sein, und der Strafvollzug muß im Rahmen der vielfältig denkbaren Gründe für ihre Strafzumessung einen festen Platz besitzen. Schließlich muß der Strafrichter die rechtlichen Möglichkeiten haben, auf die Veränderungen im Strafvollzug mit einem entsprechenden Wandel seiner Strafzumessungsstrategien zu reagiern. Er müßte beispielsweise einen resozialisierenden Behandlungsstrafvollzug eher in Abhängigkeit von einer Beurteilung der Sozialisationsdefizite des Angeklagten nutzen. Und er müßte die Freiheitsstrafe in einem zur Schuldvergeltung eingerichteten Verwahrvollzug eher an der in der Straftat zum Ausdruck gebrachten Größe der persönlichen Schuld bemessen.

Vor einer Diskussion der Vermittlungsschritte zwischen Strafvollzugswandel und den Veränderungen im Gebrauch der Freiheitsstrafe sollte wohl geprüft werden, ob gravierende Veränderungen bei der Verhängung von Freiheitsstrafe in der Vergangenheit überhaupt zu verzeichnen sind und in welche Richtung Veränderungen im positiven Fall gehen. Beginnen wir mit den langfristigen Entwicklungslinien.

1) Langfristige Entwicklung im Gebrauch der Freiheitsstrafe

Da die jüngste veröffentlichte Strafverfolgungsstatistik das Jahr 1982 abbildet und die erste vom Kaiserlichen Statistischen Amt herausgegebene reichseinheitliche Kriminalstatistik Daten aus dem Jahr 1882 enthält, bietet sich für die langfristige Betrachtung ein runder 100-Jahres -Zeitraum an. Auch die Arbeiten an einer um

Resozialisierung bemühten rechtlichen Strafvollzugsreform begannen am Anfang des ausgewählten Zeitraumes. Anstaltsleiter Krohne legte 1875 seinen Gesetzentwurf zu einem Strafvollzugsgesetz vor (vgl. Krohne 1875, 298-307), im Reichstag ergingen Beschlüsse zur baldigen Verabschiedung eines Gefängnisgesetzes (erstmals im Januar 1875, vgl. Gradnauer 1905, 14) und 1879 wurde gar der Entwurf eines Gesetzes über die Vollstreckung der Freiheitsstrafen von der Reichsregierung vorgelegt (Entwurf vom 19.3.1879, vgl. Blätter f. Gefängniskunde, 14. Bd., 1879, H. 1/2, S. 1 ff.). Zwar ließ das Strafvollzugsgesetz noch bis 1977 auf sich warten; die Bemühungen, dem Verwahrvollzug zumindest den Anstrich eines Behandlungsvollzuges zu verleihen, reichen aber sicherlich 100 Jahre zurück.

Wissenschaftliche Erörterungen über die langfristige Entwicklung der verschiedenen kriminalrechtlichen Sanktionen beginnen gern mit der Feststellung eines gravierenden Bedeutungsverlustes der unbedingten Freiheitsstrafe (vgl. etwa Heinz 1981, 148; 156 f.). Durch einen tiefgreifenden Sanktionenwandel sei die nicht ausgesetzte Freiheitsstrafe weitgehend durch die Geldstrafe und die zur Bewährung ausgesetzte Freiheitsstrafe verdrängt worden. Zum Beleg wird angeführt, daß 1882 noch 76,8 % aller Hauptstrafen (bei Verbrechen und Vergehen gegen Reichsgesetze) die verschiedenen Formen der nicht aussetzungsfähigen Freiheitsstrafen betrafen. 1982 hingegen spielt die Geldstrafe die Hauptrolle und stellt 81 % der nach Allgemeinem Strafrecht verhängten Kriminalsanktionen (bzw. 71.7 %, Geldbuße (JGG) und Geldstrafe gemeinsam betrachtet, gemessen an allen Verurteilten, JGG und StGB; vgl. Heiland 1979, 45; Statistisches Bundesamt 1982 a, Tab. 6 und Tab. 11). Vor 100 Jahren kamen fünf Freiheitsstrafen auf eine Geldstrafe. Heute stehen etwa fünf Geldstrafen einer Freiheitsstrafe gegenüber. Ein auf den ersten Blick beeindruckender

Sanktionenaustausch, der uns fortschrittlich erscheint; der Staat begnügt sich mit weniger einschneidenden Maßnahmen, schränkt die Leiden der Bestraften ein.

Doch sehen wir und diese, als "allgemeine(r) Zug zur Milde" (Exner 1931, 23) bezeichnete Entwicklung etwas genauer an. 1882 wurde in 242.588 Fällen eine freiheitsentziehende Sanktion verhängt (Zuchthaus, Gefängnis, Haft, Festungshaft); die Bevölkerung einer Großstadt wanderte jedes Jahr in bzw. durch die Gefängnisse. 1982 wurde in 80.729 Fällen von nicht ausgesetzten freiheitsentziehenden Sanktionen Gebrauch gemacht (Freiheitsstrafe: 40.544; Strafarrest: 129; Jugendstrafe: 8.527; Jugendarrest: 31.529) (Quellen: Heiland 1979, 45; Statistisches Bundesamt 1982 a, Tab. 6, Tab. 10, Tab. 11). Es ist nunmehr die Einwohnerschaft einer aufstrebenden Kreisstadt, die jährlich auf direktem Wege vom Gerichtssaal in die Strafanstalten gelangt - diejenigen ausgenommen, die Umwege benutzen.[1)] Differenziert man nun die im 100-Jahre-Abstand verhängten freiheitsentziehenden Sanktionen nach der Länge der Strafe, dann ergibt sich eine bemerkenswerte Übereinstimmung: Im Jahre 1882 wurden 18.496 Personen mit einem Freiheitsentzug von mehr als 1 Jahr belegt. 1982 hatten 19.511 Menschen dieses Schicksal zu tragen, 1.000 Personen mehr als vor 100 Jahren - und allemal die Bevölkerung einer Kleinstadt (1882: 37 pro 100.000 der Gesamtbevölkerung; 1982: 31). Die außerordentlich hohe Freiheitsstrafenanzahl des Jahres 1882 wird allein bestimmt durch die ganz kurzen Inhaftierungszeiten: 193.773 Personen hatten Gefängnisstrafen von weniger als 3 Monaten zu verbüßen (einschl. "Haft"), wobei nach 3/4 der zur Verbüßung anstehenden Strafzeit vorläufig entlassen werden konnte (vgl. § 23, StGB von 1871; Quellen: Heiland 1979, 45, Statistisches Bundesamt 1982 a, Tab. 6). Umgekehrt gesagt wurden im Jahre 1882 48.815 Personen mit einer Freiheitsstrafe über 3 Monaten bedacht (= 15,4 aller Verurteilten). Im Bundesgebiet wurden 1982 insgesamt 49.116 unbedingte Jugend- und Freiheitsstrafen verhängt (= 6,3 % aller Verurteilten), wobei in letzterer Zahl nur außerordentlich wenige nicht-ausgesetzte Freiheitsstrafen unter 3 Monaten verborgen sein dürften (vgl.Heinz 1984, 19). Auch die Haftplatzkapazität dürfte damit in der 100-Jahresfrist keine größeren Veränderungen erfahren haben. Zwar müssen für die 193.773 zusätzlichen Kurzstrafen (unter 3 Monaten) des Jahres 1882 etwa 18.500 Jahreshaftplätze kalkuliert werden (errechnet nach der von Homann 1984, 334 angegebenen Formel; vermutlich lag der Platzbedarf real niedriger, da der Berechnung eine wahrscheinlich zu hoch gegriffene mittlere Strafdauer von 1,5 Monaten zugrunde gelegt wurde). Heute müssen für die in ca. 40 % aller Strafaussetzungen ergehenden Widerrufe ebenfalls beträchtliche zusätzliche Haftplatzkapazitäten, über die für Direkteinweisung benötigten hinaus, kalkuliert werden. Genaue Berechnungen des Jahreshaftplatzbedarfs beider Strafvollzugssysteme können leider nicht angestellt werden, da die alte Strafverfolgungsstatistik in den Angaben zur Straflänge nur grobe Kategorien aufweist. Und eine einheitliche Strafvollzugsstatistik wurde erst nach 1950 erstellt (vgl.Heiland 1979, 7).

Der unterstellte Bedeutungsverlust des Strafvollzugs relativiert sich mit diesen Hinweisen. Zwar sind die ganz kurzen Freiheitsstrafen massiv zurückgedrängt und durch die Geldstrafe ersetzt worden. Die für den Verurteilten bestehende Chance, mit dem Gefängnis in Berührung zu kommen, wurde überaus deutlich reduziert. Den Strafvollzug als Institution hat diese Entwicklung jedoch in keiner Weise zurückgedrängt oder entwertet. Eher kann man von einer Aufwertung durch die Beschränkung auf wenige Fälle, die aber dauerhafter untergebracht werden, sprechen. Gerade mit Blick auf die im gleichen Zeitraum erfolgte Zielverschiebung vom Verwahr- zum Behandlungsvollzug kann der Strafvollzug diese Entwicklung als Rationalitätszuwachs bei der Klientenzuweisung verbuchen. Auch der unterstellte "Zug zur Milde" relativiert sich, wenn man weiß, daß die von den Kurzstrafern geräumten Zellen nun für (wenige) andere um so intensiver genutzt werden.

2. Entwicklung im Gebrauch der Freiheitsstrafe in kürzerer Frist

Kommen wir nun zu den kurzfristigen, auf die vergangenen 15 - 20 Jahre bezogenen Veränderungen bezüglich Gebrauchsumfang und Intensität (Strafdauer) der freiheitsentziehenden Kriminalsanktionen. Es muß in jüngerer Zeit einen besonderen Wandel gegeben haben, ist doch seit Ende der 70er Jahre in fast allen Bundesländern massive Überbelegung im Strafvollzug zu beklagen. Und ganz entgegen der wissenschaftlichen Annahme vom Bedeutungsverlust der Freiheitsstrafe sind derzeit über 10.000 neue Haftplätze im Bau oder in Planung. [2)] Im westeuropäischen Vergleich steht die Bundesrepublik mit 104 Gefangenen auf je 100.000 (strafmündige) Einwohner weit an der Spitze, begleitet in dieser schwindelerregenden Höhe nur noch von den standfesten Österreichern, die es auf 114 Gefangene pro 100.000 bringen (Stichtag: 1.2.1984). Zum Vergleich einige andere westeuropäische Länder: England: 83,2; Frankreich: 74,2; Schweden: 57,0; Spanien: 38,2; Niederlande 31,0 (Stichtag jeweils: 1.2.84, Quelle: Council of Europe 1984, 25).
Im Jahre 1972 hatten wir den Tiefstand in der Gefangenenziffer mit 69 auf 100.000 erreicht; seither sind die Zahlen kontinuierlich gestiegen, über die Aufnahmekapazität

der Gefängnisse hinaus (vgl. Kaiser 1982, 39). Wo liegt die Erklärung für diesen neuerlichen Bedeutungszuwachs des Strafvollzugs? Hat es mit einem Wechsel vom Verwahr- zum Behandlungsziel im Strafvollzug zu tun? Immerhin ist in dem in Frage stehenden Zeitraum das Strafvollzugsgesetz verabschiedet worden; dies könnte in der strafrichterlichen Verwendung der Freiheitsstrafe Spuren hinterlassen haben. Eingangs war bereits bemerkt worden, daß der Strafrichter nur im Rahmen der gesetzlichen Strafzwecke und Strafzumessungsrichtlinien auf Veränderungen in der (unterstellten) Wirkungsweise des ihm zur Verfügung gestellten Strafvollzugs reagieren kann. Eine enge Abstimmung zwischen Straf- und Strafvollzugszwecken hat es in der Reformgeschichte des Straf- und Strafvollzugsrechts nicht gegeben, obgleich eine solche Forderung die jüngere Reformdiskussion begleitet hat (vgl. Baumann 1967, 90 f.).

Um möglichen Zieldivergenzen zwischen Straf- und Strafvollzugszweck zumindest auf theoretischer Ebene begegnen zu können, haben findige Rechtsgelehrte die "Drei-Säulen-Theorie" der Strafjustiz erfunden. Demnach droht das Gesetz die Strafe an, der Richter spricht sie aus und die staatliche Verwaltung vollzieht sie (vgl.Kaiser 1982, 25). Der Verteilung auf verschiedene Instanzen entspricht ein je eigener Aufgabenbereich mit unabhängiger Zwecksetzung. Der Gesetzgeber ist generalpräventiv, der Richter tatvergeltend und der Strafvollzug ist resozialisierend tätig. Nachdem der Strafvollzug auf diese Weise als eine der tragenden Säulen der Strafrechtspflege (theoretisch) unabhängig geworden war, konnte man im Strafvollzugsgesetz von 1977 selbstbewußt das Resozialisierungsziel festschreiben (§ 2: "... künftig in sozialer Verantwortung ein Leben ohne Straftaten zu führen"). Möglicherweise doch wieder mit Rücksicht auf die übrigen Säulen des (Gedanken-) Gebäudes fügte der Gesetzgeber allerdings den "Schutz der

Allgemeinheit" dem Resozialisierungsziel hinzu - und in den Detailregelungen des Gesetzes finden sich weit mehr Bestimmungen, die Sicherheit, Ordnung und die reibungslose Verwaltung der Insassen betreffen, als die Organisation eines resozialisierenden Strafvollzugs (vgl. Schüler-Springorum 1984, 11).

Gar nicht lang vor dieser epochalen Tat der Strafvollzugsreformer war der Allgemeine Teil des Strafgesetzbuches einer Überarbeitung unterzogen worden. Als Grundlage der Strafzumessung, also auch der Verhängung einer Freiheitsstrafe, war in der Großen Strafrechtsreform des Jahres 1969 die Schuld des Täters festgeschrieben worden. Die von der Strafe zu erwartenden Wirkungen auf den Täter traten zwar ebenfalls als zu berücksichtigender Strafzumessungsfaktor auf den Plan, verblieben aber als Kalkulationsgröße, etwa für die Dauer der Freiheitsstrafe, auf den Rahmen der wesentlich durch die Tat indizierten Schuld bezogen (1. Strafrechtsreformgesetz vom 25.6.1969; § 46 StGB n. F.). Der Strafrichter ist demnach angewiesen, resozialisierende Effekte der Strafe lediglich im Rahmen der Tatschuld zu kalkulieren. Nach der vorherrschenden Rechtsmeinung zu § 46 I Satz 2 sind auch entsozialisierende Wirkungen der Strafe zu berücksichtigen - und nach Möglichkeit zu vermeiden (vgl. zusammenfassend Streng 1984, 211). Diese Haltung kann allerdings nur sehr bedingt als Warnung vor dem Gebrauch der Freiheitsstrafe gedeutet werden, zumal entsozialisierende Wirkungen der Freiheitsstrafe vielfach nur bei sozial-integrierten Straftätern gesehen werden - womit der Warnhinweis bei den Mehrfachtätern aus dem 'Milieu' wieder entfiele (vgl. Schönke/Schröder/Stree 1982, Rdn. 15 vor §§ 38 ff.). Damit sind Rückwirkungen der resozialisierenden Strafvollzugszielsetzung oder -gestaltung auf die richterliche Strafzumessung auf direktem Wege enge Grenzen gesetzt -

ganz abgesehen von dem irrationalen Beigeschmack, den das Umrechnen strafrechtlicher Schuld in die zeitliche Dauer einer Freiheitsstrafe ohnehin besitzt. Der Strafrichter wendet bei der Strafzumessungsentscheidung den Blick zunächst in die Vergangenheit, würdigt das Tatgeschehen und die Involviertheit des Angeklagten und bestimmt schließlich die Strafe innerhalb des Strafrahmens den der zugehörige Tatbestand des Strafgesetzbuches ausweist. In einem Resozialisierungsstrafvollzug muß die umgekehrte Logik gelten. Nicht auf die zurückliegende Tat haben sich die einzelnen Maßnahmen zu richten; vielmehr geht der Blick nun nach vorn. An den zukünftig erhofften und schrittweise eintretenden Entwicklungsfortschritten haben sich die Maßnahmen in einem Behandlungsstrafvollzug zu orientieren und zu bemessen.

Wir haben demnach von der strafrichterlichen Einschätzung des Strafvollzugs nur eine sekundäre Auswirkung in einer überwiegend an die Straftat gebundenen Strafzumessungsentscheidung zu erwarten. Weit größeres Gewicht kommt vermutlich der Neubestimmung der ausdrücklich auf die Freiheitsstrafe bezogenen Strafzumessungsrichtlinien durch die Strafrechtsreform des Jahres 1969 zu, denen wir uns nun näher zuwenden wollen. Neben den bereits erläuterten Grundsätzen der Strafzumessung in § 46 StGB sind die Regelungen bedeutsam, die die Dauer der Freiheitsstrafe betreffen. Da wurde zunächst im heutigen § 38 das Mindestmaß der nun vereinheitlichten zeitigen Freiheitsstrafe von 1 Tag auf 1 Monat angehoben. Ferner wurde eine kurze Freiheitsstrafe von unter 6 Monaten zum Ausnahmefall erklärt und von einer besonderen Begründung abhängig gemacht (§ 47). Auch der sog. Rückfallparagraph (§ 48) ist für die Dauer der Freiheitsstrafe wichtig; bei zwei Vorverurteilungen (mit mindestens 3 Monaten verbüßter Freiheitsstrafe in einem Fall) wird die Verhängung einer Mindestfreiheitsstrafe von 6 Monaten verlangt. Schließlich muß die Erweiterung der Möglichkeit zur Strafaussetzung genannt werden; für den Regelfall wurde die Aussetzungsmöglichkeit auf 1 Jahr Freiheitsstrafe angehoben (vorher, ab 1953: 9 Monate); für den Ausnahmefall wurde eine Grenze von 2 Jahren bestimmt (§ 56) (1.StrRG vom 25.6.69; 2.StrRG vom 4.7.69; vgl.Heinz 1981, 150).

Ziele der Reformmaßnahmen waren, die kurze Freiheitsstrafe, die als resozialisierungshinderlich eingestuft wurde, durch die Geldstrafe zu ersetzen und die Ablösung direkt vollziehbarer durch ausgesetzte Freiheitsstrafen. Mit beiden Mitteln sollte der Strafvollzug nachhaltig entlastet werden, worin eine wesentliche Voraussetzung für eine spätere Strafvollzugsreform gesehen wurde (vgl.Baumann 1969, 128 f.; Quensel 1969, 113; Heinz 1982, 633 f.). Prüfen wir den Erfolg beider Bemühungen, zunächst bezüglich der Zurückdrängung der kurzen Freiheitsstrafe. Vor der Reform, im Jahre 1968, wurden 113.472 (= 83,1 % aller unbedingten Freiheitsstrafen) Personen zu einer unbedingten Freiheitstrafe bis einschließlich 6 Monaten verurteilt. 1982 wurde nur noch gegen 15.201 (= 37,4 % aller unb.Freiheitsstrafen) Angeklagte eine nicht-ausgesetzte Freiheitsstrafe verhängt (Statistisches Bundesamt 1968 a, Tab. 5; 1982 a, Tab. 6). Das können wir demnach zumindest als Teilerfolg verbuchen, wenngleich der Kurzstrafenanteil an allen unbedingten Freiheitsstrafen noch immer recht hoch ist und Heinz darauf hingewiesen hat, daß die Zurückdrängung der kurzen Freiheitsstrafe durch die Geldstrafe überwiegend im Bereich von Freiheitsstrafen bis 3 Monaten gegriffen habe (vgl. Heinz 1982, 652). Einen ähnlichen Erfolg signalisieren die Zahlen zur Strafaussetzung. 1968 wurde bei 211.026 Personen auf Freiheitsstrafe erkannt, wobei in 75.076 Fällen die Strafe ausgesetzt wurde (= 35,6 %). 1982 wurden 115.726 Freiheitsstrafen ausgesprochen, wovon 75.182 (= 65 %) zur Bewährung ausgesetzt wurden (Quellen: ebd.). Beide durchaus erfolgreichen kriminalpolitischen Strategien führten zu einer deutlichen Abnahme der Strafantritte im Vollzug, wobei sich als Folgeeffekt zunächst auch eine Abnahme im Bereich der längeren Freiheitsstrafen zeigte. Insgesamt wurde 1968 gegen 136.519, 1982 nur noch gegen 40.544 Personen die unbedingte Freiheitsstrafe eingesetzt (Quellen: ebd.).

Welche Folgen hatte diese Entwicklung auf der Ebene der Strafverfolgung anschließend für den Strafvollzug? Im Jahre 1968 saßen am Stichtag (31.3.) 48.501 Gefangene ein (Freiheitsstrafe: 41.387; ohne U-Haft). Mit Hilfe der benannten kriminalpolitischen Strategien gelang es bereits bis 1971, die Zahl um über 15.000 Inhaftierte auf den Tiefstand von 33.015 Gefangenen zu reduzieren (Freiheitsstrafe: 27.614 Statistisches Bundesamt 1968 b, Tab. 2; 1971 Tab. 2). Das war die Zeit der Gefängnisschließungen; kleine Gerichtsgefängnisse wurden aufgegeben, etwa 5.000 Haftplätze wurden zwischen 1970 und 1973 abgebaut (vgl. Dünkel/Rosner 1981, 40). Sehen wir uns nun die Strafvollzugsstatistik des Jahres 1982 an, so stellen wir allerdings fest, daß ab 1972 ein deutlicher Wiederanstieg der Inhaftiertenzahlen zu verzeichnen war. 1982 saßen bereits wieder 45.584 Strafgefangene ein (Freiheitsstrafe: 38.620;Statistisches Bundesamt 1982 b, Tab. 3). In der jüngsten, in einer Eruoparatszählung enthaltenen Vollzugsstatistik zum Stichtag 1.2.1984 sind bereits 47.812 Strafgefangene verzeichnet, womit die Größenordnung des Jahres 1968 fast wieder erreicht wäre (Council of Europe 1984, 25). Die Kurzstrafen- und die Strafaussetzungspolitik sind weiterhin erfolgreich; bis 1980 ging die Zahl der jährlich verhängten unbedingten Freiheitsstrafen sogar kontinuierlich zurück (1971: 42.750; 1980: 35.972 vgl.Statisti-

sches Bundesamt 1971, Tab. 5; 1980, Tab.6). Gleichwohl stiegen im selben Zeitraum die Belegzahlen im Strafvollzug steil an. Die Erklärung liegt in der Strafdauer jenseits der 6-Monats-Grenze. Zahlreiche Strafrichter haben offenbar die Ausnahmeregelung zur Freiheitsstrafe unter 6 Monaten, die zur Verhängung von Geldstrafen animieren sollte, schlicht durch die Zumessung einer Freiheitsstrafe im Zeitintervall von 6 - 9 Monaten umgangen (vgl. Horstkotte 1984, 8). 1970 [3] wurden 5.228 unbedingte Freiheitsstrafen von (einschließlich) 6 - 9 Monaten verhängt. 1982 fielen 10.258 Fälle in diese Strafdauergruppe. Auch in den darüber liegenden Zeitintervallen finden sich von 1970 bis 1982 beachtliche, mit der Strafdauer ansteigende Zuwachsraten bei der nicht-ausgesetzten Freiheitsstrafe:
9 Monate bis 1 Jahr, 1970: 3.836;
1982: 5.448 = Anstieg um 42 %. 1 - 2 Jahre, 1970: 5.381;
1982: 7.797 = Anstieg um 44,9 %. 2 - 5 Jahre, 1970: 2.695;
1982: 4.887 = Anstieg um 81,3 %. 5 - 15 Jahre, 1970: 402;
1982: 1.314 = Anstieg um 226,9 %. Lebenslänglich, 1970: 70;
1982: 70 = unverändert. Im Jahre 1970 wurden insgesamt 12.384 unbedingte Freiheitsstrafen über 9 Monaten verhängt (= 30 % aller unbed.Freiheitsstrafen). 1982 betraf dies bereits 19.516 Personen (= 48,1 %) (Quellen: Statistisches Bundesamt 1970, Tab.5; 1982a, Tab.6).

Die vermehrte Einweisung von Langstrafern in den Vollzug hat auch die Deliktstruktur der Gefängnisinsassen verändert. Durch den erweiterten Gebrauch der unbedingten Freiheitsstafe bei Delikten wie Raub und Erpressung oder Delikten gegen das Betäubungsmittelgesetz (vgl. Heinz 1984, 17; Voß 1983, 106) finden sich heute (1982), im Vergleich zu 1968, insbesondere folgende ausgesuchte Deliktunterschiede bei den am Stichtag (31.3.) einsitzenden Strafgefangenen (Bezugszahl: ohne Straftaten im Straßenverkehr): Diebstahl und Unterschlagung 1968: 50,5 %;

1982: 39,6 %; Gegen die sexuelle Selbstbestimmung 1968: 9,2 %; 1982: 6,9 %; Gegen das Leben 1968: 5,3 %; 1982: 8,7 %; Körperverletzung 1968: 3,0 %; 1982: 5,9 %; Raub und Erpressung 1968: 8,0 %; 1982: 14,3 %; Betrug und Untreue 1968: 12,2 %; 1982: 9,1 %; Delikte nach dem Betäubungsmittelgesetz 1968: 0,4 %; 1982: 10,8 % (Quellen: Statistisches Bundesamt 1968 b, Tab.9; 1982 b, Tab.8). Auch ohne die Brücksichtigung der stark reduzierten Straßenverkehrsdelikte im Vollzug haben sich im Bereich der klassischen Kriminalität im Strafvollzug Veränderungen ergeben, die beim naheliegenden Rückschluß von der Tatschwere auf die Gefährlichkeit des Täters den geschlossenen Vollzug zum Regelvollzug machen werden, entgegen der Absicht, die in § 10 Strafvollzugsgesetz zum Ausdruck gebracht wird (offener Vollzug als Regelvollzug).

Es ist also die Zunahme der Langstrafen, die den neuerlichen Bedeutungsgewinn des Strafvollzugs trägt und zur Überbelegung wie zu den Gefängnisneubauprogrammen geführt hat.

3. Erklärungen für den Langstrafenzuwachs: Die Kurzstrafenvermeidungspolitik der Großen Strafrechtsreform

Welchen ursächlichen Anteil hat nun der Schwenk vom Verwahrvollzug zum Behandlungsvollzug für die Tendenz zur Verhängung immer längerer freiheitsentziehender Sanktionen? Indem wir die Fragestellung mit Rücksicht auf das Tagungsthema auf den Strafvollzug einengen, bleiben andere Faktoren, die für die Langstrafenzunahme verantwortlich sein können, vorläufig außer Betracht, wie etwa die Ausweitung der Strafrahmen im Zuge der Novellierungen des Betäubungsmittelrechts 1972 und 1982, die sicherlich die dramatische Strafdauerzunahme bei BTM-Taten zu einem gut' Teil erklären (vgl. Scheerer 1982).

Die Kurzstrafenvermeidungspolitik hat, wie gezeigt, den bis heute anhaltenden Nebeneffekt des ansteigenden Verhängungsumfanges langer Freiheitsstrafen. Die Unterstellung effektiver Behandlungsmöglichkeiten im Strafvollzug hat in der Argumentation, die in der 69er Strafrechtsreform gegen die Kurzstrafe vorgetragen wurde, eine ganz entscheidende Rolle gespielt. Sehen wir uns die Position, die gegen die Kurzstrafe eingenommen wurde, einmal näher an. Die kurze, nicht-ausgesetzte Freiheitsstrafe wurde für nutzlos und schädlich erklärt. Schädlich sei die kurze Freiheitsstrafe für den Bestraften und für die Institution Strafvollzug. Der Täter werde seiner sozialen Bindungen beraubt, seiner Familie würden wirtschaftliche Nachteile zugefügt, es drohe kriminelle Ansteckung während des Gefängnisaufenthaltes und es werde dem Delinquenten die natürliche Scheu vor dem Gefängnis genommen (vgl.Häberle 1971, 25; Quensel 1967, 296 f.; Quensel 1969, 12; Lenckner 1969, 77; Tiedemann 1974, 334). Diese Argumentation hat bis heute Bestand und findet sich auch in aktuellen Stellungnahmen zur Kurzstrafe (vgl. etwa Heinz 1982, 638). Ferner sei die kurze Freiheitsstrafe schädlich für den Strafvollzug, der unter der hohen Fluktuation, unter Massenbetrieb, ständiger Unruhe und unverhältnismäßig hohem Arbeitsaufwand und hohen Kosten pro Gefangenem zu leiden habe (vgl. Baumann 1969, 125; Lenckner 1969, 77; Tiedemann 1974, 334). Die Kurzstrafer verstopften das knappe Zellenangebot und verhinderten eine positive Beeinflussung der längerstrafigen Gefangenen (vgl. Quensel 1969, 112). Die Herausnahme der Kurzstrafer schaffe erst die materielle Voraussetzung für einen vernünftigen Umgang mit den übrigen Gefangenen (ebd., 113).

Zum zweiten Argumentationsblock, der Nutzlosigkeit der kurzen Freiheitsstrafe. Bereits eine gründliche Diagnose der Probleme eines Inhaftierten benötige einen längeren

Zeitraum als die (vor 1969) dominierenden kurzen Strafzeiten ihn böten. Die kurze Strafe enthalte keinerlei Raum für eine angemessene Behandlung der zumeist tief sitzenden Persönlichkeitsprobleme des Bestraften (vgl. etwa Quensel 1969, 109; Blau 1977, 521; Lenckner 1969, 77). An das Argument der Nutzlosigkeit der kurzen Freiheitsstrafe, die ja eigentlich durch die Geldstrafe ersetzt werden sollte, so die generelle kriminalpolitische Zielsetzung, schloß in der Regel ein unumwundenes Votum für die lange Freiheitsstrafe an. Quensel etwa schreibt im Anschluß an seine Kurzstrafenkritik: "Der bereits erwachsene (im übertragenen Sinne gemeint, M.V.) "Kriminelle" dagegen verlangteine viel längere Zeit, um ein "normgemäßes"Leben zu erlernen"(Quensel 1969, 109).

Auch die bereits erwähnte, ebenfalls 1969 eingeführte Rückfallstrafschärfung steht im Kontext dieser Argumentation und wird ebenfalls in den Dienst der Ablösung der kurzen durch die lange Freiheitsstrafe gestellt. Im Rückfall komme ein besonders hoher Resozialisierungsbedarf des Straftäters zum Ausdruck und man habe davon auszugehen, "daß bei Rückfalltätern in der Regel ohnehin nur eine längere Verweildauer im normalen Strafvollzug mit den dort vorhandenen oder auch postulierten Behandlungsmöglichkeiten (§ 2 Strafvollzugsgesetz) ...Erfolg verspricht" (Blau 1977, 593; vgl. auch Quensel 1967, 297). Der zeitliche Bedarf, der für die schwierigen Fälle im "modernen Behandlungsstrafvollzug" (Blau 1977, 521) veranschlagt wird, wird in den Reformdebatten nur angedeutet, ist aber erschreckend genug: Als Mindeststrafdauer werden gemeinhin 6 Monate gefordert. Die Obergrenze, von der ab eine "Verholzung" des Gefangenen befürchtet wird, wird etwa von Baumann bei 10 Jahren angesetzt; die 2/3-Entlastung einkalkuliert "könne man mit 7 1/2 Jahren auf einen noch sehr günstigen Entlassungszeitpunkt" kommen (1969, 129).

Von der geforderten längeren Freiheitsstrafe wird zweierlei erwartet: Sie soll zum einen eine positive resozialisierende Wirkung entfalten. Sie soll zum anderen erlauben, den Negativeffekten, die der kurzen Freiheitsstrafe attestiert wurden und die man natürlich sämtlich in deutlich verstärkter Form auch der Langstrafe zusprechen muß (so auch Horstkotte 1984, 8), entgegenzuwirken. Der pädagogischen Einwirkung wird soviel Intensität unterstellt, daß sie die entsozialisierenden Effekte der Freiheitsstrafe auffängt und darüber hinaus die Persönlichkeit ohnehin schwieriger Menschen re-sozialisiert. Und weil das alles so seltsam unwirklich klingt, hier eine Originalstimme: "Die Möglichkeit pädagogischer Einwirkung ist in diesem Zeitbereich (3 - 6 Monate, M.V.) noch zu schwach, jedenfalls nicht stark genug, als daß die Gefahren dieser (sic!) Freiheitsstrafe (kriminelle Infektion, Herausreißung aus sozialem Milieu, Schwächung familiärer Bindungen usw.)überkompensiert würden" (Baumann 1969, 125).

4. Die Reformforderung: Resozialisierende Langstrafen

An dieser Stelle will ich kurz, um dem folgenden Vortrag nicht vorzugreifen, auf die anfangs gestellte Frage zurückkommen, ob der Strafvollzug eine Reorganisation vom Verwahr- zum Behandlungsvollzug erfahren hat - über den ideologischen Schwenk hinaus, der unbestritten eingetreten ist. Es muß schon ein gewaltiger Glaube an die Kraft eines Resozialisierungsprogramms vorliegen, wenn er eine Formulierung, wie die von Baumann zitierte, tragen soll. Es erscheint ohnehin schwierig, auch bei günstigen äußeren Rahmenbedingungen, einen bereits sozialisierten Menschen in andere Verhaltensmuster zu überführen. Und Gott sei dank ist so etwas schwierig, möchte ich hinzufügen, entzieht sich der Mensch als gesellschaftliches

Wesen damit doch vollständiger Manipulierbarkeit. Wenn man nun aber, gleichsam als ersten Schritt der ins Auge gefaßten Anpassung des Menschen an das vorherrschende gesellschaftliche Regelwerk, sich den widrigsten Rahmenbedingungen ausliefert, die für einen solchen Anpassungsprozeß denkbar sind, nämlich dem Zwangsausschluß aus dem Geltungsbereich dieses Regelwerks und der zu regulierenden Gesellschaft, so muß zunächst einmal ein gewaltiger Aufwand getrieben werden, um die ärgsten Negativeffekte der Zwangsisolation abzumildern. Von den degradierenden Folgeeffekten einer Inhaftierung ganz zu schweigen. Es müssen ferner nun künstlich Teile der Lebenswelt draußen innerhalb der Institution als Übungsfeld rekonstruiert werden, denn es soll ja soziales Leben trainiert werden, wobei einige wesentliche soziale Lebensbedingungen, die möglicherweise draußen zu Konflikten geführt haben, im Strafvollzug nicht rekonstruierbar sind. Offenkundige Beispiele sind der Umgang mit Drogen jedweder Art, mit Geld oder mit Konsumdruck. Diese und zahllose andere Merkmale des sozialen Lebens sind, schon wegen der Dominanz des Sicherheits- und Ordnungsziels, aus der Organisation Strafvollzug verbannt. Schließlich soll die unermeßliche Bandbreite von sozialen Entstehungsbedingungen und individuellen Biographien und Schicksalen, die hinter der Vielzahl unterschiedlichster Straftaten stehen, in ein und derselben Institution, bei außerordentlich geringem Differenzierungsgrad, 'behandelt' werden. "Wer bei hundert verschiedenen Diagnosen Aspirin verschreibt, läßt zwangsläufig den Zufall walten", schreibt Schüler-Springorum hierzu (1984, 11). Aber ich will hier abbrechen und zu meinem Thema zurückkehren.

Die Position der Kurzstrafenreformer richtet sich also keineswegs gegen das Prinzip der Einsperrung als Rahmenbedingung der Resozialisierung. In der Logik der Reformargumentation liegt vielmehr eine nachhaltige Aufwertung der Freiheitsstrafe - und die weiteren Vorschläge, beispielsweise zur Sozialtherapie, zeigen, daß in eine längerfristige stationäre Behandlung große Hoffnungen gesetzt werden. Der Freiheitsentzug hat in der Großen Strafrechtsreform an Rationalität gewonnen; er sollte in geringerem Umfang, aber intensiver genutzt werden. Und über die Modifizierung von Strafzumessungsbestimmungen wurde diese Absicht auch durchaus erfolgreich umgesetzt. Die anschließend erfolgte Hinwendung der Richter zur Langstrafe liegt demnach in der Reformintention und ist keineswegs eine nicht-intendierte, ungewollte Nebenfolge. Es ist auch keine "Krise des präventiven Strafdenkens" erkennbar, die bisweilen hinter der Zurückdrängung der kurzen Freiheitsstrafe vermutet wird (vgl.unter Verweis auf Jescheck: Heinz 1984, 18 und 20). Nach meinem Eindruck ist das Gegenteil der Fall. Der ungebrochen optimistische Glaube an die Machbarkeit der stationären Zwangsbehandlung steht hinter dieser Politik, die ihre Kurzstrafenkritik in den Dienst der Langstrafe gestellt hat. Eigenartigerweise sehen die Reformautoren die Zielkonkurrenzen zwischen Strafrecht und Strafvollzug und innerhalb der Zwecksetzung beider, sehen etwa die Widersprüche zwischen der Resozialisierungsabsicht und einer auf Sicherheit und Ordnung abstellenden Vollzugsorganisation höchst realistisch (vgl. etwa Baumann 1967,94). Gleichwohl glauben sie, das Spannungsverhältnis durch geeignete Schwerpunktsetzung im Strafvollzugsrecht und durch großzügige Investitionen in die Ausstattung des Strafvollzugs lösen zu können. So kann Baumann einerseits schreiben, daß Gefangene im Strafvollzug "unter Sonderbedingungen" leben, "die mit dem Leben draußen nicht vergleichbar sind, unter Bedingungen also, die ihn für das normale menschliche Zusammenleben nicht vorbereiten und schulen können ..." (1969, 121) und andererseits feststellen, dieser Zustand sei durch rechtliche und finanzielle Investitionen überwindbar: "Für einen vernünftigen Strafvollzug braucht man wie für den Krieg erstens Geld, zweitens Geld und drittens Geld" (ebd.)

5. Weitere Erklärungen für die Langstrafenzunahme

Die Erweiterung der Strafaussetzungsmöglichkeiten, die ja, wie gezeigt, den Anteil unbedingter Freiheitsstrafen an allen Freiheitsstrafen deutlich reduziert und ein stärkeres Durchschlagen des Langstrafenzuwachses auf den Strafvollzug verhindert hat (vgl. die entsprechende Einschätzung bei Heinz 1984, 20), könnte in einer anderen Hinsicht einen gegenläufigen Effekt erzielt haben. Wenn man die Grenze einer regelmäßig aussetzungsfähigen Freiheitsstrafe anhebt (seit 1969: 1 Jahr; in der aktuellen kriminalpolitischen Diskussion findet sich die Grenze für den Regelfall bei 2 Jahren, vgl. Dünkel 1984, 177), dann liegt für den Richter wie bei der Ausnahmeregelung zur Kurzstrafe die Schlußfolgerung nahe, daß direkt vollziehbare Freiheitsstrafen 'vernünftigerweise' diese Grenze nicht unterschreiten sollten. Bei den Fällen, denen der Richter eine längere unbedingte Freiheitsstrafe auf Grund der Tatschwere zuerkennen will, mag er dann höher greifen, um seine Entscheidung mit der in der Aussetzungsregelung erkennbaren Eingangsschwelle zum Strafvollzug abzustimmen. Auf einen weiteren Negativeffekt der erweiterten Möglichkeiten zur Strafaussetzung und dem gleichzeitigen Anstieg der Inhaftiertenzahlen weise ich nur am Rande hin. Der Wiederanstieg der Gefängnisbelegung seit 1971 (+32 %) war begleitet von einem stattlichen Anstieg der Bewährungshilfeunterstellten (um ca.70.000 bis 1982, + 159 %). Insgesamt betrachtet hat sich damit der Gesamtumfang dauerhafter justizieller Sozialkontrolle deutlich erhöht (vgl.Dünkel 1984, 165).

Noch ein Wort zu der eingangs unterbreiteten Skepsis bezüglich einer Ausstrahlungswirkung des Strafvollzugs, besser gesagt, der Selbstdarstellung des Stravollzugs auf das richterliche Strafzumessungsverhalten. Wenn nunmehr festgestellt wurde, daß die entscheidende Strafzumessungsveränderung der letzten Jahre die Tendenz zu längeren Freiheitsstrafen ist, liegt dann nicht doch der Verdacht nahe, daß darin auch eine direkte richterliche Antwort auf die attraktiven Behandlungsangebote des Strafvollzugs liegt, für die ja allenthalben geworben wird? Ein ursächlicher Zusammenhang ist schwer zu prüfen. Immerhin gibt es im Bereich des erzieherisch motivierten Jugendstrafrechts die Beobachtung, daß nach Neugründungen von jeweils als besonders modern und resozialisierungsfreundlich geltenden Jugendstrafanstalten (etwa Heinsberg, Adelsheim, Hameln) diese in den Folgejahren überdurchschnittliche Einweisungsraten aufwiesen (vgl. Feltes 1984, 198). Hier könnten Strafrichter auf das vermeintlich attraktive Resozialisierungsangebot mit vermehrter Nutzung reagiert haben. Auf einer generellen Ebene betrachtet weist jedoch die jüngste größere Untersuchung über das richterliche Strafzumessungsverhalten, die Untersuchung von Streng (1984), wiederum auf Beschränkungen in der unterstellten Richtung des Zusammenhanges hin. Diejenigen, der von ihm befragten Richter und Staatanwälte, die den Zweck staatlichen Strafens überwiegend in der Besserung des Täters sahen, zeigten bei der Strafzumessung besondere Zurückhaltung. [4] Mit den Worten von Streng: "Je mehr die Resozialisierung von Straftätern für wichtig gehalten wurde, um so mehr Geldstrafen (bzw. Einstellungen), um so weniger Freiheitsstrafen ohne Bewährung und um so kürzere Strafen wurden befürwortet" (Streng 1984, 212). Offenbar wird von den resozialisierungsfreundlichen Strafrichtern eine entsozialisierende Wirkung des Strafvollzugs befürchtet und diese Sanktion entsprechend zurückhaltend eingesetzt.

Ein resozialisierender Zuschnitt des Strafvollzugs wirkt demnach auf die Strafzumessungsentscheidung auch nach dieser Feststellung eher indirekt, über die Grenzziehungen in gesetzlichen Bestimmungen über die Dauer der Freiheitsstrafe, wie wir sie in der Form der Kurzstrafen-, Rückfall und Strafaussetzungsregelung gefunden haben.

Veränderungen in den gesetzlichen Strafrahmen waren oben am Beispiel des Betäubungsmittelgesetzes angesprochen worden. Ihnen kommt selbstverständlich eine besondere Bedeutung bei der Erklärung der Langstrafentendenz zu. Die Ausweitung der Strafrahmen kann nicht durch die Aufwertung des Resozialisierungsziels im Strafvollzug erklärt werden; Therapieplätze für diese Klientel stehen nicht ausreichend zur Verfügung. Behandlungsaspekte spielen hier bestenfalls insoweit eine Rolle, als der Strafvollzug als reines Druckmittel für anderweitige Therapiemöglichkeiten eingesetzt wird. Der Strafvollzug fungiert gegenüber dieser Tätergruppe als reines Repressions- und Sicherungsmittel, nachdem Betäubungsmitteltäter in einer unvergleichlichen Öffentlichkeitskampagne zum Indikator für alles Subversive in der Gesellschaft gestempelt wurden. Das Beispiel soll darauf aufmerksam machen, daß der Strafvollzug unabhängig von seinem äußeren Anstrich funktionalisiert wird. Lange Freiheitsstrafen bekommen nicht nur durch das Resozialisierungsziel einen Sinn. In gleicher Weise geben ein gewolltes Strafübel oder anhaltende Sicherung dem Richter Grund genug für die Verhängung einer langen Freiheitsstrafe. Ein guter Teil der Langstrafen dürfte auf diese Weise zustande kommen. Eingedenk der genannten Untersuchungsergebnisse von Streng sind von den Richtern, die andere Strafzwecke (als Resozialisierung) befürworten, weniger Bedenken hinsichtlich einer entsozialisierenden Wirkung des Strafvollzugs zu erwarten. Meine Schwerpunktsetzung auf den Resozialisierungsaspekt entspricht daher keineswegs der Verteilung der Erklärungsgewichte für die aufgezeigte Sanktionsentwicklung, sondern der Themenbegrenzung des Vortrags.

6. Kriminalpolitische Schlußfolgerungen

Nun ist viel Zeit zur Beschreibung der Sanktionsentwicklung und möglicher Erklärungen verstrichen. Ich beschränke mich daher bei meinen kriminalpolitischen Schlußfolgerungen aus dieser Lagebeschreibung auf einige mir wesentlich erscheinende Gesichtspunkte.

1) Ausgangspunkt meiner Schlußfolgerungen soll die Feststellung sein, daß ein soziales Trainingsfeld in den Rahmenbedingungen des Strafvollzugs nach meiner Ansicht nicht herstellbar ist. Es besteht ein eklatanter Zielwiderspruch zwischen dem zum Zweck des Schuldausgleichs angestrebten Strafübel und der Gewährleistung von Sicherheit auf der einen und der Re-Sozialisierung, der Wiedereingliederung des Straftäters auf der anderen Seite. Beide Zielgruppen verlangen je eigene organisatorische und personelle Vorkehrungen im Strafvollzug. Es fehlt im Vollzug ferner die soziale Lebenswelt, in die hinein die soziale Integration führen soll. Es wird statt dessen die Anpassung an eine unsoziale Kunstwelt verlangt, die bezüglich der Lebenswelt draußen entsozialisierend wirkt.

2) Eine stärkere Anpassung der Ziele bei der strafrechtlichen Zumessung der Freiheitsstrafe und im Strafvollzug wäre, etwa im Rahmen eines rein spezialpräventiven Maßnahmestrafrechts, möglich, ist aber wegen des daraus erwachsenden Rechtssicherheitsverlustes und drohender Ungerechtigkeiten absolut nicht wünschenswert. Mir steht mit besonderem Schrecken das Modell vor Augen, das der frühe v.Liszt hierzu entwickelt hat (vgl. Voß 1984).

3) Im Namen von Resozialisierung im Strafvollzug sind Fortschritte für die Bestraften durchgesetzt worden. Ich denke an die Lockerungen, die Kontakte nach außen vermitteln, oder Bildungsangebote, soweit sie nicht als internes Druckmittel oder als Grund für eine Strafmaßverlängerung gebraucht werden. Es gibt jedoch keine notwendige Verbindung zwischen der Forderung nach menschenwürdiger Unterbringung oder der Milderung der Isolation im Vollzug und dem Resozialisierungsziel des Strafvollzugs.Derartige Forderungen können auch unter Verweis auf die Menschenrechte oder die bürgerlichen Grundrechte gestellt und durchgesetzt werden.

4) Statt der weiteren Pflege der Behandlungsillusion empfehle ich die Aufgabe der Behandlungsideologie. Aus der realistischen Betrachtung der vielfältigen Hemmnisse für die Schaffung eines sozialen Trainingsfeldes im Strafvollzug und aus der Anerkennung der faktisch übelzufügenden Wirkung der Freiheitsstrafe folgt als verbleibende Aufgabenstellung innerhalb des Strafvollzugs die weitgehende Milderung der mit dem Freiheitsentzug notwendig verbundenen schädigenden Wirkungen. Hierzu kann auch die Unterbreitung freiwillig zu nutzender Bildungs- oder Behandlungsangebote zählen.

5) Die Strafzumessungsbestimmungen des Strafrechts müßten mit der Aufgabe des selbständigen Behandlungszieles im Strafvollzug so gestaltet werden, daß die Freiheitsstrafe mit Blick auf die nunmehr eingestandenen schädigenden Wirkungen möglichst kurz gehalten wird, soweit man glaubt, aus anderen Gründen (als dem Resozialisierungsziel) Freiheitsstrafe verhängen zu müssen. Bei der geforderten Politik kürzerer Freiheitsstrafen ist selbstverständlich nicht an einen Abbau der Geldstrafe zugunsten der kurzen Freiheitsstrafe gedacht. Vielmehr sollen durch eine radikale Senkung der Strafrahmen, bei

Aufgabe der Rückfallstrafschärfung und der Kurzstrafenausnahmeregelung, die jetzt verhängten langen Freiheitsstrafen durch kürzere ersetzt werden. Vorbild kann die konsequente Kurzstrafenpolitik anderer westeuropäischer Länder sein, wie sie etwa in Schweden oder den Niederlanden praktiziert wird. Der internationale Vergleich macht deutlich, daß die Gefängnispopulation auf politische Entscheidungen, auf gesetzlich fixierte Selektionsstrategien bei der strafrechtlichen Verarbeitung der Kriminalität zurückgeht. Wenn andere Länder zeigen, daß wesentlich geringere Einsperrungsziffern ohne Einbußen für die Sicherheit der Bevölkerung möglich sind, dann sollte eine Kurzstrafenpolitik auch bei uns durchsetzbar sein.

6) Kürzere Freiheitsstafen besitzen nicht mehr Rationalität als Langstrafen. Von beiden sind, nach dem Stand der Sanktionsforschung, weder abschreckende noch positiv-generalpräventive noch spezialpräventive Auswirkungen in relevantem Umfang zu erwarten. Der Vorteil der kürzeren Strafe liegt allein in der Begrenzung schädigender Wirkungen der Freiheitsstrafe.

7) Eine konsequente Politik kürzerer Freiheitsstrafen würde,dank der höheren Durchlaufgeschwindigkeit im Strafvollzug, auch bei einer Beibehaltung der jetzigen Freiheitsstrafenrate die Vollzugsanstalten massiv entlasten. Offener Strafvollzug ist bei kürzeren Strafzeiten wieder leichter zu rechtfertigen. Die durch eine Kurzstrafenpolitik frei werdenden Haftplätze müßten aufgegeben werden, um einem Wiederanstieg des Verhängungsumfangs unbedingter Freiheitsstrafen zu entgehen. Auf Gefängnisneubaumaßnahmen könnte selbstverständlich verzichtet werden. Bereits die Reduzierung der Strafdauer um einheitlich 6 Monate bei allen 1982

verhängten unbedingten Freiheitsstrafen über 1 Jahr würde den Jahreshaftplatzbedarf gegenüber den 1982 vorfindbaren Straflängen von 24.708 auf 17.908 reduzieren, was immerhin eine Einsparung von 6.800 Haftplätzen bedeute, und keine sonderlich dramatische Veränderung im Strafmaß verlangen würde (vgl. Statistisches Bundesamt 1982 a, Tab. 6 und die von Homann 1984, 334 angegebene Formel).

8) Kürzere Freiheitsstrafen, deren Zwecksetzung offen als Strafübel benannt werden muß, können helfen, der Freiheitsstrafe einen wirklichen ultima ratio -Charakter zu geben. Eine in ihrer tatsächlich eintretenden Übelzufügung und in ihrer nachhaltigen Schädigung für den Bestraften anerkannte strafrechtliche Sanktion sollte bei rational handelnden Strafrichtern und bei verantwortlichen Rechtspolitikern ein permanent schlechtes Gewissen auslösen. Dies schlechte Gewissen könnte ein Antrieb sein bei der Suche nach besseren Lösungen als staatlich betriebener Freiheitsberaubung.

Anmerkungen:

1) Hierzu zählen widerrufene, zunächst ausgesetzte Freiheits- und Jugendstrafen, Strafrestaussetzungen und die Ersatzfreiheitsstrafen (vgl. zu den Größenordnungen: Heinz 1982, 656 f.)

2) Nach einer Umfrage des Frankfurter "Instituts für Sozialarbeit und Sozialpädagogik, ISS" vom September 1982 zielen die bundesweiten Neubaupläne (hier: Ohne Hamburg) auf die Schaffung von 10.389 Haftplätzen bei einem Gesamtkostenaufwand von 1,9 Milliarden DM. Einen Überblick über die Gefängnisneubaupläne geben unter Kostengesichtspunkten: Dünkel/Rosner 1981, 304 f.

3) 1970 wird als Basisjahr gewählt, um den Wechsel der Zeitintervalle in der Strafverfolgungsstatistik zu berücksichtigen. Bis 1970 wurden Freiheitsstrafen über 6 Monaten - 9 Monaten ausgewiesen. Erst ab 1970 findet sich der mit 1982 vergleichbare Indikator von einschließlich 6 Monaten bis 9 Monaten. In Reaktion auf die Grenzziehung in § 48 StGB wird nun auch eine Freiheitsstrafe von genau 6 Monaten eigens ausgewiesen.

4) Zu berücksichtigen ist, daß hier nicht nach der faktischen Besserungswirkung von Strafe gefragt wurde, sondern generell nach dem Strafzweck. Streng erwähnt amerikanische Untersuchungen, die bei Unterstellung einer konkreten Besserungswirkung der Freiheitsstrafe die Tendenz zu härterer (längerer) Sanktionierung fanden (vgl. Streng 1984, 214).

Literatur:

BAUMANN Jürgen, Der Alternativ-Entwurfzum Strafgesetzbuch und der Strafvollzug, in: ders.(Hrsg.), Mißlingt die Strafrechtsreform? Neuwied und Berlin 1969, 120 - 155

BLAU Günter, Die Kriminalpolitik der deutschen Strafrechtsreformgesetze, in: Zeitschrift für die gesamte Strafrechtswissenschaft, Jg.89, 1977, 511 - 546

COUNCIL OF EUROPE, Prison Information Bulletin, Heft 3/1984

DÜNKEL Frieder, Neuere Entwicklungen im Bereich der Bewährungshilfe und -aufsicht im internationalen Vergleich, in: Bewährungshilfe, Jg. 31, Heft 2/1984, 162 - 184

DÜNKEL Frieder/Anton ROSNER, Die Entwicklung des Strafvollzugs in der Bundesrepublik Deutschland seit 1970, Freiburg 1981

EXNER Franz, Studien über die Strafzumessungspraxis der deutschen Gerichte, Leipzig 1931

FELTES Thomas, Ist der Strafvollzug am Ende? Gedanken zum Zusammenhang zwischen Überbelegung im Vollzug und dem Ausbau des Behandlungsvollzugs, in: Zeitschrift für Strafvollzug und Straffälligenhilfe, 33. Jg., Heft 4/1984, 195-201

GRADNAUER Georg, Das Elend des Strafvollzugs, Berlin 1905

HÄBERLE Otmar, Die Strafrechtsreform, in: ders. u.a., Reformen in Strafrecht und Strafvollzug, Stuttgart 1971, 9 - 60

HEILAND Hans-Günther, Kriminalstatistische Arbeitsmaterialien I. Zeitreihen zur Kriminalitäts- und Sanktionsentwicklung im Zeitraum von 1882-1973, Bremen (Arbeitspapiere des Forschungsschwerpunkts "Soziale Probleme") 1979

HEINZ Wolfgang, Entwicklung, Stand und Struktur der Strafzumessungspraxis, in: Monatsschrift für Kriminologie und Strafrechtsreform, Jg. 64, 1981, 148 - 174

HEINZ Wolfgang, Strafrechtsreform und Sanktionsentwicklung - Auswirkungen der sanktionsrechtlichen Regelungen des 1. und 2. StrRG 1969 sowie des EGStGB 1974 auf die Sanktionspraxis, in: Zeitschrift für die gesamte Strafrechtswissenschaft, Heft 3/1982, 633 - 668

HEINZ Wolfgang, Strafrechtliche Sozialkontrolle - Beständigkeit im Wandel? in: Bewährungshilfe, Jg.31, Heft 1/1984, 13 - 37

HOMANN Conrad, Freiheitsentziehende Sanktionen und Haftplatzbedarf, dargestellt an der Entwicklung von Verurteiltenzahlen und Belegungszahlen der Gefangenen in den Justizvollzugsanstalten 1971 - 1982, in: Monatsschrift für Kriminologie und Strafrechtsreform, 67. Jg., Heft 5/1984, 332 - 338

HORSTKOTTE Hartmuth, Rückblick auf die Strafrechtsreform von 1969: Erwartungen, Erfolge, Enttäuschungen, in: Bewährungshilfe, Jg.31, Heft 1/1984, 2 - 12

KAISER Günther, Begriff, Ortsbestimmung, Entwicklung und System des Strafvollzugs, in: ders., Hans-Jürgen Kerner/ Heinz Schöch, Strafvollzug. Ein Lehrbuch, Heidelberg 1982, 1 - 81

KROHNE, Karl, Gesetzentwurf zu einem Strafvollzugsgesetz, in: Goltdammer's Archiv, Band 23, 1875, 298 - 307

LENCKNER Theodor, Die Strafrechtsreform in der Bundesrepublik und der Alternativ-Entwurf eines Strafgesetzbuches, in: Baumann Jürgen (Hrsg.), Mißlingt die Strafrechtsreform? Neuwied und Berlin 1969, 65 - 92

QUENSEL Stephan, Kurzfristige Freiheitsstrafen. Möglichkeiten einer rationalen Kriminalpolitik, in: Kriminologische Wegzeichen. Festschrift für Hans von Hentig, Hamburg 1967, 287 - 303

QUENSEL Stephan, Kurze Freiheitsstrafen: Das Dilemma der Strafrechtsreform, in: Baumann Jürgen (Hrsg.) Mißlingt die Strafrechtsreform? Neuwied und Berlin 1969, 93 - 107

SCHEERER Sebastian, Freiheit und Kontrolle im neuen Betäubungsmittelgesetz, in: Kritische Justiz, Heft 3/1982, 229 - 247

SCHÖNKE Adolf/Horst SCHRÖDER, Strafgesetzbuch. Kommentar, 21. Aufl., München 1982

SCHÜLER-SPRINGORUM Horst, Strafvollzug: eine absurde Veranstaltung, in: Der Lichtblick, November 1984, 10 - 13

STATISTISCHES BUNDESAMT (Hrsg.), Fachserie A, Bevölkerung und Kultur, Reihe 9, Rechtspflege 1960, 1968 a, 1970, 1971

STATISTISCHES BUNDESAMT (Hrsg.), Fachserie A, Bevölkerung und Kultur, Reihe 9, Rechtspflege, III. Strafvollzug 1961, 1968 b, 1971

STATISTISCHES BUNDESAMT (Hrsg.), Fachserie 10, Rechtspflege, Reihe 3, Strafverfolgung 1980, 1982 a

STATISTISCHES BUNDESAMT (Hrsg.), Fachserie 10, Rechtspflege, Reihe 4, Strafvollzug, 1982 b

STRENG Franz, Strafzumessung und relative Gerechtigkeit. Eine Untersuchung zu rechtlichen, psychologischen und soziologischen Aspekten ungleicher Strafzumessung, Heidelberg 1984

TIEDEMANN Klaus, Die Fortentwicklung der Methoden und Mittel des Strafrechts unter besonderer Brücksichtigung der Entwicklung der Strafgesetzgebung, in: Zeitschrift für die gesamteStrafrechtswissenschaft, Jg.86, 1974, 318-348

VOß Michael, Über das keineswegs zufällige Zusammentreffen von Gefängnisausbau und der Einrichtung ambulanter Alternativen, in: Kerner Hans-Jürgen (Hrsg.), Diversion statt Strafe, Heidelberg 1983, 95 - 116

VOß Michael, Jugend ohne Rechte, Über die Entstehungsbedingungen des Jugendrechts und ihre (straf-) rechtlichen Folgen, Diss. Bremen 1984, erscheint Frankfurt (Campus) 1985

Behandlung
-
Betreuung

Angebote ambulanter Behandlung: Ein Ausweg aus dem Vollzugsdilemma?

- Zur Stellung und Funktion ambulanter Maßnahmen im strafrechtlichen Sanktionensystem -

Michael Walter

I. Einleitende Überlegungen zum Verhältnis von ambulanter Behandlung und Vollzug

"Ambulante Behandlung" ist ein sehr unbestimmter Bebegriff. Ohne daß dies immer ausreichend zur Sprache kommt, sind die mit dem Begriff jeweils verbundenen Vorstellungen durchaus verschieden. Bedeutsam für das Verständnis und den Konsens ist vor allem, ob man ein quasi-medizinisches Modell meint. Vom Alltagsverständnis her gesehen wird das nahegelegt, also die Erwartung genährt, der ambulant Behandelte werde durch therapeutische Einwirkungen in seinem Wesen so beeinflußt, daß er künftig kriminellen Versuchungen trotzen könne. Dieses naheliegende Verständnis ist indessen keineswegs zwingend, denn wir verwenden den Behandlungsbegriff in anderen, nicht medizinischen Zusammenhängen oft viel allgemeiner, so z.B., wenn davon die Rede ist, wie ein ausländischer Arbeitnehmer von seinen Arbeitskollegen behandelt worden ist. Behandlung ist im letztgenannten Kontext gleichbedeutend mit "Umgang". Zunächst erscheint es mir nötig, zu diesem erweiterten Verständnis zurückzukehren, mithin zu erkennen, daß Behandlung nicht notwendig in einem therapeutischen Sinne begriffen werden muß. Die Wende zu einem quasi-medizinischen Modell beruht vielmehr auf einem bestimmten ätiologischen Kriminalitätsverständnis, das aber der Behandlungsbegriff selbst noch gar nicht mitliefert.

Wird die Behandlung als ambulant qualifiziert, so drückt das lediglich den Gegensatz zu einer mitgedachten anderen Möglichkeit, nämlich der stationären Behandlung, aus. In Verbindung mit dem Kriminalrecht bedeutet eine ambulante Behandlung folglich einen Umgang mit dem Delinquenten, der ohne den stationären Vollzug in einer Vollzugsanstalt auskommt. Man könnte sagen, ambulante Behandlung sei gleichsam ein Ablösungsbegriff, der die Abkehr vom Anstaltsvollzug bezeichne.

Lesen wir von dieser Warte aus das mir vorgegebene Thema erneut, drückt es auf den ersten Blick etwas Selbstverständliches aus: Sicher wäre die Aufgabe des stationären Vollzuges ein Ausweg aus einem - einmal unterstellten - Vollzugsdilemma! Nun erschöpft sich freilich die Befürwortung eines ambulanten Umgangs nicht in einer bloßen Ablehnung des Vollzuges. Ambulante Maßnahmen werden ja als Alternativen zum Vollzug aufgefaßt, sie stellen deswegen nicht nur ein Abschaffungsprogramm dar, sondern sind zugleich etwas anderes, ein Aliud. Als Alternativen sollen ambulante Maßnahmen

- für eine näher zu kennzeichnende Adressatengruppe etwas **Stationäres ersetzen**
- eine **bestimmte Art von Behandlung** beinhalten, die **"Angebotscharakter"** trägt
- schließlich sollen **kriminalpolitische Verbesserungen** durch sie erreicht werden, wobei neben den Straffälligen auch eventuelle Opfer, die "Allgemeinheit" und außerdem die Justiz sowie ebenso angrenzende andere Agenturen, auch nichtstaatliche, zu berücksichtigen sind.

Zur Verdeutlichung des angezielten Übergangs von stationären zu ambulanten Maßnahmen erscheint es hilfreich, die überhaupt möglichen Reaktionsweisen auf registrierte Kriminalität nach deren Eingriffsintensität zu staffeln.

Am Anfang steht die Nonintervention, die praktiziert wird, wenn der Staatsanwalt das weitere Verfahren beispielsweise wegen Geringfügigkeit schlicht einstellt, soweit nicht bereits auf der materiellrechtlichen Ebene die Strafbarkeit verneint wird. Als nächstes wäre eine alleinige Normverdeutlichung zu nennen, bei der ebenfalls keine eigentliche Sanktion eingreift, der Delinquent lediglich ermahnt oder verwarnt wird, in mehr förmlicher oder informeller Weise. Danach eröffnet sich der Bereich ambulanter Reaktionen im engeren Sinne, der wiederum unterteilt werden kann in Sanktionen, die sich in reinen Vergeltungs-oder Denkzettelwirkungen erschöpfen, wie insbesondere die Geldstrafe, und in Sanktionen, die einen weitergehenden Anspruch erheben, die eben "Behandlung" beabsichtigen. Als letzte große Gruppe sind die stationären Sanktionen zu nennen, deren konkrete Ausgestaltung hinsichtlich Dauer und Vollzugsform natürlich recht unterschiedlich aussehen kann. Die stationären Sanktionen sind - bei allerdings verschiedenartiger Schwerpunktsetzung - stets mit einem Behandlungsanspruch verknüpft.

Im Rahmen unserer Fragestellung geht es demnach um eine Senkung der Eingriffsintensität im oberen Bereich der Sanktionsskala, die zugleich mit der Vorgabe einer kriminalpolitischen Verbesserung verbunden ist. Der Ruf nach Verbesserungen oder einer Reform hält die Diskussion ständig in Gang und wird seinerseits durch die Unzufriedenheit über die Wirkungen und Ergebnisse des Vollzuges stets aufs Neue provoziert.

Aus diesen einleitenden allgemeinen Überlegungen folgt, daß das Bessere einmal positiv in der Schaffung bestimmter Behandlungsangebote liegen kann, die mehr bewirken als die Erfahrung des Vollzuges, und daß das Bessere zum anderen negativ in einem Weniger an schädlichem Zugriff zu sehen sein kann. Günstigstenfalls treten beide Effekte vereint auf. Ein vollständiger Versuch, Chancen und Risiken der uns bekannten ambulanten Behandlungsangebote im Vergleich mit dem Vollzug zu beleuchten, kann hier schon aus Zeit-bzw. Raumgründen nicht unternommen werden. Dieser Gesichtspunkt bildet aber gewissermaßen den ständigen Hintergrund der anschließenden Überlegungen, die, gestützt auf bisherige Ergebnisse der Sanktions-und Evaluationsforschung, von der Fragwürdigkeit des Vollzuges und davon ausgehen, daß die Latte der Wirksamkeit, die ambulante Strategien zu überspringen haben, nicht sonderlich hoch liegt. Ich werde mich darauf beschränken und konzentrieren, in einem ersten Teil den Behandlungsgedanken in Bezug auf ambulante Maßnahmen zu problematisieren und unter Berücksichtigung verfügbarer Erfahrungen zu reformulieren (also danach fragen, in welchen Hinsichten ambulante Behandlung positiv Verbesserungen bringen könnte); in einem anschließenden zweiten Abschnitt solldann erörtert werden, an welchen Punkten solchermaßen skizzierte Behandlungsmaßnahmen zu einer Verringerung des Vollzuges beitragen könnten, ohne daß durch diese Verzichtskomponente Einbußen an spezial-oder generalpräventiven Wirkungen zu befürchten wären.

II. Ambulante Maßnahmen unter dem Gesichtspunkt der Behandlung

Aus der kriminalpolitischen Entwicklung dieses Jahrhunderts heraus betrachtet bezeichnet der Gedanke der Behandlung des Rechtsbrechers eine spezialpräventive Strategie, die entgegen dem Leitbild eines **Straf**rechts die Erziehung und Resozialisierung anstrebt. Kriminalrechtliche Behandlung will entsprechend diesem herkömmlichen Verständnis individuelle Anreize zu kriminalisierten Verhaltensweisen aufheben und die Besserung des Delinquenten bewirken. So gesehen beinhaltet sie eine unter mehreren Varianten der Spezialprävention. Man könnte sie eine personale Form der Spezialprävention nennen, die das Individuum zum Leben in der staatlichen Gemeinschaft befähigen möchte und den Gegenpol zu einer persönlichkeitsfeindlichen oder -vernichtenden Spezialprävention bildet, bei der der Delinquent im Wege des Einschlusses oder - noch weitergehend - durch Verstümmelung oder Tötung zeitweilig oder für immer unschädlich gemacht wird. Die Verbindung mit dem kriminalpolitischen Zweck der Spezialprävention brachte eine gewisse Lockerung behandlungsorientierter Sanktionen vom vergangenheitsbezogenen Schuldausgleich. Der Behandlungsgedanke konnte aber weder das Strafrecht zu einem Maßnahmerecht umgestalten noch die Eingriffsintensität senken. Am Beispiel der Unterbringung in einem psychiatrischen Krankenhaus wird vielmehr deutlich, daß die behandlungsorientierte Haft viel länger dauern kann als die tatschuldbezogene [2].

Im Kontext des bisherigen spezialpräventiven Verständnisses birgt der Behandlungsgedanke zwei Gefahrenmomente, die den gutgemeinten Ansatz ständig in sein Gegenteil, eine persönlichkeitsfeindliche Strategie, zu verkehren drohen: Die Anbindung der Behandlung an die Person, ihre psychische Verfaßtheit, und die Abhängigkeit ihrer Ausgestaltung und Dauer von einer bestimmten erwarteten Wirksamkeit.

Unter einer spezialpräventiven Zwecksetzung wird die Wirksamkeit am künftigen Legalverhalten gemessen, regelmäßig am Verschwinden oder Auftreten weiterer kriminalrechtlicher Registrierungen des Behandelten im Bundeszentralregister. Diese Ausrichtung hat sich insoweit als hilfreich erwiesen, als sie inzwischen mehrere empirische Belege zutage gefördert hat, die eine ambulante Behandlung als spezialpräventiv günstiger ausweisen als die Behandlung im Vollzug.[3)]

Mit dem Nachweis, daß Härte nicht mit Wirksamkeit verwechselt werden darf, sondern eher Hilflosigkeit aus mangelndem Verständnis anzeigt, wird freilich die Gefährlichkeit auch ambulanter Behandlungsformen nicht aufgehoben, zumal es auch Belege dafür gibt, daß gar keine Behandlung wirksamer ist als bestimmte Formen ambulanter Behandlung.[4)]

Gefahren der in den 60er Jahren überschwenglich befürworteten wie in den 80er Jahren ebenso pauschal verdächtigten "Behandlungsideologie" sind im jüngeren kriminologischen Schrifttum vielfach hervorgehoben worden.[5)] Sie sollen im folgenden auf die beiden genannten Momente, den Personenbezug und den Wirksamkeitsbezug spezialpräventiver Behandlungsmodelle zurückgeführt werden.

Behandlung als Reparatur einer falsch programmierten Person setzt als Diagnose die Bezeichnung eines persönlichen Mangels voraus. In der Kritik unserer Mitmenschen geübt, fällt uns die Bezeichnung zahlreicher Mängel nicht schwer, eher schon die Gewandung in empirische Begriffe. Da im Strafrecht die Gründe für sozialschädliche Verhaltensweisen gefragt sind, geht die Kritik freilich an die Substanz des Kritisierten, sein Selbstwertgefühl und sein Selbstverständnis. Dabei wird regelmäßig im Nebel theoretischer Unklarheit diagnostiziert. Nur die Richtung liegt fest: Gesucht wird in der Täterpsyche oder Täterpersönlichkeit, aller sonst beschworenen Komplexität der Erscheinung Kriminalität zum Trotz. Es findet eine Kanalisierung zum Täter hin statt, die alle anderen möglichen Beteiligten zugleich entlastet. Wie die Vergangenheit gezeigt hat, senkt die wohltätige Motivation der Resozialisierung Hemmungen vor dem beherzten Zugriff, die Frage nach rechtsstaatlichen Sicherungen und Garantien erscheint leicht als therapeutische Verweigerung.[6] Mit der Diagnose trägt der Behandelte außerdem die Last der Behandlungswirksamkeit. Pannen, wie das weitgehende Ausbleiben der angekündigten Behandlung oder deren Wirkungslosigkeit, treffen allemal den Delinquenten, der im Falle erneuter Auffälligkeit als einer dasteht, um den man sich schon vergeblich bemüht hatte, dem man höchstens noch mit intensiverer Behandlung beikommen kann.

Als auf die Täterpersönlichkeit ausgerichteter Eingriff wird kriminalrechtliche Behandlung zudem ganz überwiegend für sozial randständige Übeltäter vorgesehen. Täter im "weißen Kragen" und etwa auch NS-Täter gelten als sozialisiert oder gar übersozialisiert. Die Vorstellung von der Tat als einem Symptom für Dissozialität wird für bestimmte Delikte außer Kraft gesetzt, vermutlich auch deswegen, weil man sich schon in der Phantasie nicht auszumalen vermag, wie bei diesen Delinquenten eine Sinnesänderung sollte herbeigeführt werden können.

Damit sind wir beim Vorverständnis spezialpräventiver Behandlung angelangt. Behandlungsadressaten sind diejenigen, die uns Hilfsbedürftigkeitsignalisieren und denen gegenüber eine der vielen Verfahrensweisen anwendbar erscheint, die die Psycho-Wissenschaften und Pädagogik im Laufe der Zeit entwickelt haben. Das Spektrum reicht von psychotherapeutischen Verfahren bis hin zu erlebnisorientierten Abenteuerreisen, von allgemeiner Lebensberatung bis zum Verkehrsunterricht und eher punktuellen Reglementierungen. Man fragte, inwieweit ohnehin entwickelte und verfügbare Verfahren nicht auch für Straffällige erfolgversprechend seien, dachte also von den Behandlungsmaßnahmen, nicht von der Situation der Behandlungsadressaten aus.[7)] So ließen sich verhältnismäßig leicht plausible Begründungen dafür finden, warum gerade bestimmte Straftäter mit einer bestimmten Behandlungsmaßnahme konfrontiert werden sollten. Dieser Schluß von ausgewählten und oft situativ bedingten Behandlungsmöglichkeiten auf einen spezialpräventiven Erfolg erweist sich regelmäßig bereits auf der theoretischen Ebene als ziemlich kühn, weil die näheren Zusammenhänge zwischen strafrechtlicher Auffälligkeit und den erstrebten Behandlungseffekten kaum beleuchtet und mit gedanklicher Offenheit durchdacht werden. Nun soll es zwar im medizinischen Bereich das Phänomen geben, daß manche Mittel höchst wirksam sind, ohne daß man bis heute wüßte, woran das eigentlich genau liegt. Es ist deswegen nicht illegitim, von der Maßnahmeseite her ohne viel Theorie zu experimentieren, zumal die Gesamtergebnisse der Haftstrafen durch menschenfreundlichere Sanktionen schwer zu unterbieten sind. Doch hilft das nüchterne Bewußtsein der breiten Kluft zwischen den sehr begrenzten Ansatzpunkten der Behandlungsmaßnahmen und dem umfassenden Bedingungsgeflecht strafrechtlicher Auffälligkeit die spezialpräventiven Erwartungen gegenüber jeglicher Form von Behandlung zurückzuschrauben. Vor jedem Experiment läßt sich schon allgemein sagen, daß Maßnahmen, die auf eine Modifikation der Täterpersönlichkeit abzielen, nur in dem Maße weitere Straftaten dieser Menschen verhindern können, wie die befürchteten Straftaten entscheidend von dauerhaften psychischen Dispositionen abhängen, alle anderen Bedingungen also nur eine untergeordnete Bedeutung haben und zugleich eine andauernde Änderung der psychischen Verfassung bei realistischer Sicht erhofft werden darf. Allein diese banale Überlegung verdeutlicht, daß spezialpräventive Erfolge durch persönlichkeitsbezogene Behandlung lediglich für ganz bestimmte Tätergruppen in Betracht kommen können, etwa für deviante Sexualtäter, einige psychisch auffällige Brandstifter und vielleicht bestimmte Drogendelinquenten. Die große Gruppe der Eigentums-und Vermögenstäter, die Diebstähle, Hehlerei, Unterschlagungen, Sachbeschädigungen oder einen Betrug begangen haben, oder die Gruppe derer, die wegen Körperverletzungsdelikten aufgefallen sind, ist von einem derartig engen Ansatz her nur ausnahmsweise erfaßbar. Der Ausschluß des größten Teils der registrierten Delinquenten wird zudem natürlich durch die begrenzten Behandlungsressourcen und auch auf einer rechtlichen Ebene durch den Verhältnismäßigkeitsgrundsatz bedingt, wonach die Sanktion zum Anlaß nicht disproportional hoch ausfallen darf.

Wenn es zutrifft, daß dem Konzept einer Kriminalitätsbekämpfung in den Köpfen möglicher Straftäter nur eine recht schmale Spur verbleibt, ergibt sich die Notwendigkeit, den Behandlungsgedanken zu reformulieren, falls man nicht für das Gros, die Masse der Sträftäter, wieder zu einem schlichten Übelszufügen Zuflucht nehmen will.

Eingangs habe ich die umgangssprachliche Breite des Behandlungsbegriffs hervorgehoben, wonach Behandlung zunächst den "Umgang mit" meint und nicht gleich die medizinische Behandlung irgendwelcher pathologischer oder pseudo-pathologischer Abnormitäten. Gehen wir wieder dementsprechend allgemein von Behandlung als einem bestimmten Umgang mit Straftätern aus, sind damit notwendig zwei Gesichtspunkte angesprochen, nämlich die Straf**tat** als soziales Ereignis, als eine Störung des sozialen Zusammenlebens, **und** der **Störer,** der wegen dieser Störung als handelnde Person in den Blick gerät. Die gesamte Persönlichkeit des Täters bleibt dabei ähnlich ausgeklammert wie beim polizeilichen Störer oder beim Unfallbeteiligten, die ebenfalls situativ und nicht personbedingt rechtliches Interesse finden.

Kriminalrechtliche Behandlung in einem erweiterten und - wie angedeutet - fortgeführten Sinne meint die Bewältigung oder Bereinigung einer Straftat durch einen näher zu umschreibenden Umgang mit dem Straftäter. **Zum Behandlungsbegriff gehört mithin die situative Komponente**, die konkret bei der Lage ansetzt, die nach begangener Tat entstanden ist, insbesondere sind alle Varianten eines Täter-Opfer-Ausgleichs einbezogen. Je deutlicher die Grenzen präventiver Einflußnahmen auf die Täterpersönlichkeit hervortreten, desto mehr muß es darum gehen, die schwer zu vermeidenden Konflikte im nachhinein sozial erträglich zu verarbeiten. Mit dem Stichwort der Konfliktverarbeitung wird in diesem Zusammenhang nicht vorrangig eine kontrafaktische Erwartensstabilisierung gemeint (Luhmann), sondern gedacht ist an alle Aktivitäten, die Schäden und Mängel kompensatorisch aufzufangen suchen. Dabei müssen **alle** Konfliktbeteiligten, vor allem Opfer und Täter - jeweils in ihrer Beziehung zum Geschehen - berücksichtigt werden.

Mit dem Ansatz bei der Tat, die es zu bewältigen gilt, wird das Spezielle der Spezialprävention vom Täter auf ein Ereignis gelenkt. Dieses Ereignis ist nicht nur Symptom, sondern bedingt eine Ausgangssituation, die regelmäßig durch Defizite oder Mängel der situativ Beteiligten gekennzeichnet werden kann. Das Opfer wird geschädigt, wobei die Schäden der Art nach näher klassifizierbar sind. Im Hinblick auf den Täter fragt sich, ob die Tat als Ausdruck eines Mangels an sozialer Teilhabe zu verstehen ist. Versuche, derartige Mängel auszugleichen, die etwa in unzureichender Schul-und Berufsausbildung, in unzureichenden Arbeitsmöglichkeiten oder auch in einer Vereinsamung liegen können, berücksichtigen in engen Grenzen die Erfahrung, daß viele Delinquenten weniger aus einer besonderen charakterlichen Schlechtigkeit schuldig werden, sondern deswegen, weil man ihnen zuvor Zuwendung schuldig geblieben ist. Tatsituationsbezogene Behandlung ist somit ebenfalls zukunftsbezogen, der Zukunftsbezug entwickelt sich nur auf einer faßbareren Grundlage und ist zugleich vom Anspruch her bescheidener, da gleichsam nur ein Stück Chancengleichheit geschaffen, nicht aber ein blanker Registerauszug erwartet wird. Anders als vom spezialpräventiv geprägten Behandlungsgedanken her leuchtet auch ein, warum gestrauchelte Politiker, Wirtschaftsstraftäter und auch NS-Täter weniger behandelt zu werden brauchen. Ihnen ist die Gesellschaft seltener in dem oben skizzierten Sinne etwas schuldig geblieben.

Die Idee eines auf die Zukunft ausgerichteten tatbezogenen Kriminalrechts ist von mir bisher für das Opfer und den Täter thematisiert worden. Ergänzend sei noch auf die Stellung und Funktion der staatlichen Strafverfolgungsbehörden eingegangen. Wenn das Opfer die Tat den Strafverfolgungsbehörden anzeigt, so heißt

das, daß der Staat die empfundene Ungerechtigkeit und Störung wieder beseitigen, Gerechtigkeit wieder herstellen möge. Das ursprünglich private Ereignis der Tat erlangt mit der offiziellen Kenntnis der Strafverfolgungsbehörden zugleich eine zusätzliche gesellschaftliche Dimension. Die staatlichen Aufgaben lassen sich dabei zunächst in zwei Bereiche unterteilen, einmal den der Hilfeleistung für das Opfer, also einen sozialstaatlichen Bereich, und zum anderen in den rechtsstaatlichen Bereich der Normdurchsetzung. Der Staat hat durch die Anwendung des Strafrechts für die Normbeachtung und Normeinhaltung zu sorgen. Die letztgenannte staatliche Funktion ist eine überindividuelle und übersituative, die dem Staat als eigene Aufgabe zuwächst. Auf die einzelne Straftat kommt es dabei im Grunde gar nicht an, der Staat muß - überspitzt gesagt - dankbar sein, daß immer wieder Delikte begangen und bekannt werden, weil erst dadurch die Möglichkeit geschaffen wird, durch Sanktionen die Geltung der Rechtsordnung für alle zu demonstrieren. Die zuvor genannte Hilfeleistung für das Opfer stellt ihrem Charakter nach indessen eine auf das Individuum gerichtete Aufgabe dar, die überdies zu der normverdeutlichenden sogar in Widerspruch treten kann, falls nämlich die Strafverfolgung des Täters die Lage des Opfers noch weiter verschlechtert oder gefährdet. Die bislang vernachlässigte Hilfe für das Opfer betrifft zwar - wie schon gesagt - ebenfalls eine staatliche Aufgabe, eine sozialstaatliche, doch anders als bei der rechtsstaatlichen Funktion hat der Staat hier kein Monopol.
Der Staat tritt vielmehr zusammen mit anderen gesellschaftlichen Gruppen auf den Plan, die er in ihrer Leistungsfähigkeit zu unterstützen hat.

In dem Maß, in dem keine spezialpräventiv gestalteten Zugriffe, sondern sozialstaatlich begründete Leistungen für das Opfer, aber ebenso auch entsprechende für den Täter in Frage stehen, ist die Materie dem Staat nicht vorbehalten, die Befassung der staatlichen Strafverfolgungsorgane nicht selbstverständlich, vielmehr gerade von einem reformulierten Behandlungsgedanken her zu problematisieren.

Versteht man unter Behandlung eine bei Opfer und Täter auf Kompensation ausgerichtete Tatbewältigung, ergeben sich Einschränkungen der Strafjustiz in zumindest zwei Hinsichten: Einmal wird die Einschaltung der Strafverfolgungsbehörden fraglich, indem zu klären ist, ob eine Strafverfolgung den Opferinteressen überhaupt dienlich sein kann. Der für das staatliche Kriminalrecht entwickelte Behandlungsgedanke thematisiert hier gewissermaßen seine eigenen verfahrensmäßigen Voraussetzungen. Desweiteren treten nichtstaatliche Einrichtungen, beispielsweise durch Berufsförderungs-oder Freizeitangebote oder auch Angebote zur Hilfe bei der Schuldentilgung, mit Alternativen zu herkömmlichen Erledigungsstrategien der Justiz gegenüber in Konkurrenz. Eine Einschränkung der Strafjustiz ergibt sich in solchen Fällen aus der Ableitung entsprechender Fälle an die betreffenden Einrichtungen. Überspitzt ausgedrückt könnte man sagen, die Behandlung beziehe sich nicht lediglich auf Opfer und Täter, sie sei letztlich auch Kompensation der Mängel, die der staatlichen Tatbewältigung anhaften. Behandlungsadressaten wären so gesehen Opfer, Täter und Strafjustiz.

Meine Überlegungen zum Behandlungsbegriff fasse ich folgendermaßen zusammen:

1. Als Reaktion auf einen kriminalrechtlich erfaßten Konflikt zielt Behandlung auf den Ausgleich von Defiziten und Mängeln, die im situativen Kontext der Tat entstanden oder zum Ausdruck gekommen sind.

2. Behandlungsadressaten sind das Opfer, der Täter und in gewisser Hinsicht auch die Strafjustiz selbst. Täterbehandlung bedeutet die Vermittlung gesellschaftlicher Teilhabe und beabsichtigt die Herstellung sozialer Chancengleichheit.

3. Behandlungsangebote des Staates treten als sozialstaatliche Leistungen neben die anderer gesellschaftlicher Träger.

4. Behandlung beinhaltet eine Strategie innerhalb des Kriminalrechts, sie ist aber nicht auf das Kriminalrecht begrenzt, sondern zugleich darauf gerichtet, den Anwendungsbereich des Kriminalrechts einzuschränken.

5. Behandlung setzt zwar ein besonderes und bestimmtes Maß an Schwierigkeiten der Behandlungsadressaten voraus, bezeichnet aber dennoch gewöhnlich-alltägliche Ausgleichsleistungen und kann deswegen grundsätzlich nicht als Therapie von Spezialisten begriffen werden.

6. Als Kompensation von Benachteiligungen ist Behandlung nicht lediglich eine besondere spezialpräventive Strategie, deren Berechtigung sich allein aus der Eignung zur Verhinderung künftiger Straffälligkeit herleiten ließe.

Behandlungsmaßnahmen im soeben skizzierten Sinne heben sich von Strafen dadurch ab, daß sie Förderung und nicht Übelszufügung erstreben, von Maßregeln dadurch, daß sie die Opferperspektive einbeziehen und nicht spezialpräventiv verengt sind, vom zivilrechtlichen Schadensersatz schließlich dadurch, daß sie sich auch auf eine Unterstützung des Täters beziehen.

Nach diesen sehr abstrakten Überlegungen liegt es nahe, sogleich die Verwendbarkeit des entwickelten Behandlungsbegriffs für die Interpretation unseres kriminalrechtlichen Sanktionensystems zu überprüfen, mithin zu untersuchen, inwieweit ein solcher Behandlungsbegriff fruchtbar gemacht oder eingesetzt werden kann. Entsprechend der vorgegebenen Thematik werde ich diesen direkten Weg im folgenden jedoch nicht beschreiten. Vielmehr beschäftigt sich der nächste Abschnitt spezieller mit der Ersetzung oder Verringerung des Vollzuges durch ambulante Maßnahmen, wobei dann freilich an den Punkten, an denen alternative ambulante Maßnahmen in Betracht zu ziehen sind, auf die Momente des Behandlungsbegriffs zurückzukommen sein wird.

III. Ambulante Behandlung als Ausweg aus dem Vollzugsdilemma?

Als erstes haben wir uns der Frage zu stellen, ob es überhaupt einen Spielraum für Verzichte auf stationären Vollzug gibt. Diese Frage hat zunächst eine **kriminologische** Dimension. Aus kriminologischer Sicht lassen sich für die Annahme, daß noch erhebliche Freiräume zur Einschränkung des Vollzugs vorhanden sind, eine ganze Reihe von Gründen anführen.

In beträchtlichem Umfang ist der Strafvollzug eine vom erkennenden Gericht im Grunde nicht gewollte Notlösung. Das gilt hinsichtlich der Ersatzfreiheitsstrafe, der Widerrufsstrafe (Strafverbüßung nach dem Widerruf der

Vollstreckungsaussetzung) und - geht man von den Vorstellungen der Strafprozeßordnung aus - auch für die Untersuchungshaft. Letztere wird ganz überwiegend bei Fluchtgefahr eingesetzt, ist also entbehrlich, soweit die Verfügbarkeit des Beschuldigten für die Hauptverhandlung durch andere ambulante Aufenthaltssicherungen oder -überwachungen erreicht werden kann. In Bezug auf die Untersuchungshaft müssen allerdings auch außergesetzliche Funktionen, die eine isolierende Unterbringung voraussetzen, mitbedacht werden (weil sie von ambulanten Alternativen nicht abzudecken sind) sowie ebenso der Anrechnungsmodus, über den ein Teil der Strafhaft gleichsam vorgezogen, der Strafvollzug im engeren rechtlichen Sinne mithin nicht unwesentlich entlastet wird.

Hinsichtlich einer weiteren erheblichen Gruppe der im Justizvollzug Einsitzenden spielt der Sicherungsgedanke, die Abschirmung der Umwelt von dieser Klientel, aufgrund kurzer und oft genug zeitlich noch versetzter Verbüßungszeiten bei rationaler Betrachtungsweise eine nur ganz untergeordnete Rolle. Eine pauschalierende Sicht ist hier freilich ebenso unangebracht, da bei einem Teil der in den Statistiken ausgewiesenen kurzen Verbüßungszeiten noch zu erwartende Anschlußverbüßungen hinzugerechnet werden müssen. Aber auch unter dieser Einschränkung bleibt festzustellen, daß einer erheblichen Zahl vollstreckbarer Freiheitsstrafen kein besonderes Sicherungsbedürfnis oder -interesse zugrunde liegt.

Noch viel zu wenig wird die kriminologische Erkenntnis berücksichtigt, daß das Gefängnis als Instrument zur sogenannten Unschädlichmachung besonders sozialschädlicher Mitbürger nur sehr begrenzt tauglich ist. Wir wissen, daß viele sehr sozialschädliche Menschen nie einsitzen und daß auch Menschen einsitzen, die gar nicht oder zumindest wenig sozialschädlich sind (z.B. Menschen, die in einem einmaligen Konflikt ihren Lebenspartner getötet haben). Mitunter sitzen die Sozialschädlichen auch erst zu einem Zeitpunkt ein, zu dem sie keine Schäden mehr anrichten können (z.B. NS-Täter).

Wenn das Gefängnis bei näherem Hinsehen einerseits so begrenzt notwendig ist für die, die gerade darin sitzen, andererseits als Institution unentbehrlich, weswegen wir uns keine moderne Gesellschaft mehr ohne Gefängnisse vorstellen können, ergibt sich daraus eine überwiegend symbolische Funktion: das Gefängnis als Zeichen staatlicher Sicherungs-und Abschirmungsmacht. Ein Platz muß gewissermaßen immer noch frei sein. Vielleicht erklärt sich von daher auch die Sorge wegen der überfüllten Gefängnisse. Die Situation der Überfüllung bedroht nämlich die offenbar wichtige Vorstellung, das Gefängnis stehe ständig als letzte Möglichkeit bereit und offen. Diese Vorstellung, eine letzte Sicherungsmöglichkeit in der Hinterhand zu haben, erlaubt es zugleich, ein offeneres "Vorfeld" ambulanter Maßnahmen zu unterhalten. Das Gefängnis kann somit als eine Art Schlußstein begriffen werden, der einen langen Bogen ambulanter Sanktionen zu halten vermag.

Die durch das Gefängnis als symbolische Einrichtung und als letzte immer bereitstehende Sanktionsmöglichkeit bedingten Spielräume, die erstaunliche Variationsbreite des "Vorfeldes", ist gerade in den letzten zwanzig Jahren deutlich geworden. Die Strafrechtsreform von 1969 hat zunächst zu einer erstaunlichen und ermutigenden Entvölkerung der Gefängnisse geführt.[8] Die nach dem Strafvollzugsgesetz legalisierten und bundesweit ausgedehnten Vollzugslockerungen, insbesondere die Ausweitung der Urlaubspraxis,[9] die ja indirekt auch etwas zur Notwendigkeit eines gesellschaftlichen Ausschlusses der Gefangenenpopulation aussagt, hätte noch zu Anfang der 70er Jahre kaum jemand für möglich gehalten. In der heutigen Situation hilft ein Blick in Nachbarländer weiter, so vor allem in die Niederlande, die bekanntlich uns gegenüber mit einem Drittel von Gefangenen auskommen.[10)]

Am Ende der kriminologischen Vorüberlegungen steht die Kontrollfrage nach den F rn-und Breitenwirkungen einer liberaleren Sanktionspraxis, bei der präventive Einbußen und im Extrem ein "Dammbruch" befürchtet werden. Aber auch in dieser Hinsicht scheint der Weg recht frei zu sein. Jüngere deutsche Untersuchungen zur Ausdehnung der Strafaussetzung zur Bewährung, zur verstärkten Ablösung der Freiheitsstrafe durch die Geldstrafe und zur Einschränkung "harter" jugendrechtlicher Maßnahmen zugunsten von Weisungen und milderen Sanktionen ergaben bezüglich des künftigen Legalverhaltens keine schlechteren, höchstens günstigere Resultate.[11)]
Auch sind Einbußen an generalpräventiver Wirksamkeit durch eine zurückhaltendere Sanktionspraxis bislang nicht festgestellt worden.[12)]

Das kriminologisch Wünschenswerte ist mit dem kriminalpolitisch Durchsetzbaren bekanntlich nicht deckungsgleich. Diese Differenz wird indessen oft übersehen oder schlicht nicht berücksichtigt, obwohl sie jedem von uns unterschwellig bewußt ist. Die Frage nach den Möglichkeiten einer Einschränkung des Vollzuges hat neben der kriminologischen mithin zugleich diese **kriminalpolitische** Dimension. Sie ist nicht weniger wissenschaftlich, nur gibt es offenbar kaum ausgearbeitete Konzepte, die einigermaßen zuverlässige Prognosen für bestimmte kriminalpolitische Strategien zuließen. Das dürfte an unserem begrenzten Wissen darüber liegen, unter welchen politischen, organisatorischen und sonstigen Bedingungen welche Änderungen der Saktionspraxis realisierbar erscheinen. Heute werden teilweise Radikallösungen empfohlen. Hinzuweisen ist insbesondere auf abolitionistische Ansätze, denen zufolge eine wirkliche Reduzierung der Gefangenenziffern nur durch einen Kampf um einen Abbau auf der "Angebotsseite" zu erreichen ist, durch die Bereitstellung von Alternativen zum Vollzug hingegen eher gefährdet wird. 13) Nur bleibt danach natürlich ebenfalls gänzlich dunkel, wie derartigen einseitigen Verringerungsbestrebungen der praktische Erfolg beschieden werden soll. Ein Fortschritt, der mit der Diskussion über konkrete Reformpolitik verbunden ist, besteht immerhin darin, daß jedenfalls der früher oft implizit mitgelieferte Glaube, das kriminologisch Vernünftige werde sich auf Dauer von selbst - wegen der Kraft der Argumente - bahnbrechen, erschüttert worden ist.

Dieses Referat kann die Unsicherheiten, ob und welche Wege zu einer Zurückdrängung des Strafvollzugs letztlich führen werden, nicht beseitigen. Vielleicht wird in Zukunft mehr Aufschluß von der aufkeimenden Normgenese-und Implementationsforschung erbracht. 14)
Ein großer Durchbruch ist davon aber kaum zu erwarten, da induktiv aus bestimmten Forschungsfeldern ermittelte Gesetzmäßigkeiten nicht ohne erhebliche Vorbehalte auf andere gesellschaftliche Bedingungsgeflechte prognostisch übertragen werden dürfen.

Trotz aller Ungewissheit oder Ratlosigkeit bestehen aufgrund der bisher gesammelten Erfahrungen **Bedenken gegen einige Ablösungsmodelle**, die zwar beabsichtigen, ambulante Sanktionen an die Stelle stationärer zu setzen, die dieses Ziel aber nur begrenzt und unvollkommen erreichen.

Soweit bereits das erkennende Gericht vor die Wahl gestellt oder verpflichtet wird, anstelle bestimmter stationärer Sanktionen oder solcher, die eine Inhaftierungsgefahr begründen (Gefahr des Widerrufs bei Vollstreckungsaussetzung, Gefahr der Ersatzfreiheitsstrafe bei Geldstrafe), andere alternative Sanktionen zu setzen, ist regelmäßig damit zu rechnen, daß die Alternativen auf Fallgruppen ausgedehnt werden, die anderenfalls mit der scheinbar ersetzten Sanktion nicht belegt worden wären. Denn die zu ersetzende Strafe wird nur hypothetisch "verhängt", und es kommt sogleich zur Anwendung der Alternative. Eine auf diese Weise erfolgende Vorverlagerung von Alternativen, die im Ergebnis zu einer Aufhebung oder teilweisen Aufhebung des alternativen Charakters führt, ist im Ausland etwa bei Diversionsprogrammen [15] beobachtet worden. Die Diversionsentscheidungen betreffen zwar vorrangig nicht das Gericht, sondern Polizei und Strafverfolgungsbehörden, doch der Mechanismus war jedesmal der, daß die zusätzlich geschaffenen ambulanten Maßnahmen Beschuldigte betrafen, die ohne das Zusatzangebot nicht mit den Sanktionen belegt worden wären, die dem Programm nach abgelöst werden sollten.

Bedenklich ist ferner eine Verschärfung der Voraussetzungen für die vollstreckbare Freiheitsstrafe mit dem Ziel, den Anwendungsbereich der ambulanten Sanktionen zu Lasten der stationären auszudehnen. Diese Strategie verfolgt § 47 StGB, unterstützt durch die revisionsrechtliche Rechtsprechung, derzufolge hohe Anforderungen an die Verhängung kurzer Freiheitsstrafen (unter 6 Monaten) gestellt werden. Derartige Einschränkungen können dazu führen, daß die Tatsacheninstanzen auf etwas längere Freiheitsstrafen ausweichen und damit den angestrebten Effekt der Einschränkung der Freiheitsstrafen konterkarieren.[16)]

Fragwürdig wird damit auch die Strategie der Ausdehnung der Vollstreckungsaussetzung auf längere Freiheitsstrafen. Als durch die Strafrechtsreform die Grenze von 9 Monaten auf ein Jahr (und mit erheblichen Einschränkungen auf 2 Jahre) ausgedehnt wurde, stieg nicht nur die Zahl der Aussetzungen an, sondern der frühere Stau der Aussetzungen bis zu 9 Monaten löste sich zugleich durch längere Aussetzungsstrafen bis zu einem Jahr hin auf.[17)] Diese Nebenwirkung bedeutet eine Ausdehnung des Vollzuges insofern, als ja ein Teil der anfänglich ausgesetzten Freiheitsstrafen letztlich wegen Widerrufs doch verbüßt werden muß. Diese Erfahrungen sind mitzubedenken, wenn nunmehr eine Erweiterung der anfänglichen Strafaussetzung auf generell zwei oder sogar drei Jahre empfohlen wird.[18)]
Jede Ausdehnung der Aussetzbarkeit bedeutet gleichzeitig eine wesentliche Erleichterung der Verhängung längerer Strafen, zumal die Strafrahmen der einzelnen Delikte nach oben hin ganz erhebliche Spielräume eröffnen. Schon nach geltendem Recht sind aufgrund einer gelockerten Interpretation der Aussetzungsvoraussetzungen für Freiheitsstrafen von ein bis zu zwei Jahren in § 56 Abs. 2 StGB und einer sehr zurückhaltenden revisionsrechtlichen Überprüfung entsprechender Entscheidungen[19)] die Hemmnisse, Strafen auch bis zu zwei Jahren auszusetzen, weitgehend aus dem Wege geräumt. Die gerichtliche Praxis macht von dieser durch Gesetzesinterpretation geschaffenen Aussetzungserweiterung inzwischen

zunehmend und mehr Gebrauch. Ob bei einer Aussetzungsmöglichkeit bis zu drei Jahren ein weiterer Vollzugsentlastungseffekt eintritt und nicht vermehrt längere Strafen verhängt und dann zu einem Teil im Ergebnis auch verbüßt werden, bleibt abzuklären.

Demgegenüber erscheinen die rechtlichen **Möglichkeiten der Reststrafenaussetzung gemäß § 57 StGB als zu eng.** Zwar können auch Strafen nach Verbüßung der Hälfte der Strafzeit ausgesetzt werden, doch läßt sich die Sperrfrist von einem Jahr Mindestverbüßungszeit kriminologisch kaum rechtfertigen. Ist schon allgemein die Annahme, der Vollzug werde bei längerer Verbüßungszeit die Resozialisierungsbemühungen verstärken, erheblichen Anfechtungen ausgesetzt[20)], so wäre für solche Bemühungen jedenfalls nicht ein Jahr Inhaftierungszeit erforderlich. Da eine Entlassung bereits nach der Hälfte der gerichtlich festgesetzten Strafzeit allerdings gegenüber einer Entlassung nach Verbüßung von 2/3 der Strafe verstärkt in die erkenntnisrichterliche Entscheidung eingreift - und dementsprechende Vorbehalte auf Seiten der Vollzugsbehörden als auch auf Seiten des Vollstreckungsgerichts auslösen dürfte - lohnt es sich hier auszuloten, inwieweit ambulante Maßnahmen (als Bewährungsauflagen und -weisungen in Verbindung mit der Restaussetzung) den Anteil von Halbstrafenentlassungen erhöhen können. Ausgehend von dem zuvor reformulierten Behandlungsgedanken wären zwei Schwerpunkte zu setzen: Einmal ginge es um den Ausgleich von Benachteiligungen, die aus der Haft resultieren, vor allem um berufliche Eingliederung, zum anderen um direkte oder symbolische Restitution. Insbesondere letztere könnte dazu beitragen, die Begünstigung der vorzeitiger Entlassenen gegenüber anderen Gefangenen akzeptabel werden zu lassen. Schließlich wären von der Behandlung auch die Justizorgane selbst betroffen, die bislang das vorhandene rechtliche Instrumentarium de facto nahezu leerlaufen lassen.

Die Fragestellung dieses Referats kann also dahingehend beantwortet werden, daß Angebote ambulanter Behandlung von Seiten der Bewährungshilfe oder ebenso von Seiten Freier Träger einen Ausweg aus dem Vollzugsdilemma eröffnen würden, soweit sie dazu beitrügen, das Institut der Restaussetzung nach der Hälfte der Verbüßungszeit zum Leben zu erwecken.

Ambulante Maßnahmen haben weiterhin dort eine günstige Wirkung, wo sie dem **Vollzug die Funktion der hilfsweisen Notlösungen abnehmen.** Die Programme "Arbeit statt Strafe", die die Ersatzfreiheitsstrafen in Ausnutzung des Art. 293 EGStGB vermeiden wollen, sind in letzter Zeit aus der Überfüllungssituation der Gefängnisse heraus gefördert worden.[21)] Sie müssen zu Dauereinrichtungen ausgestaltet werden. Die Kritik mancher Abolitionisten an derartigen Programmen, sie stützten als flankierende Maßnahmen die Ausdehnung der sozialen Kontrolle, vermag nicht zu überzeugen.[22)]

Als Drittes können ambulante Maßnahmen eingreifen, um **Widerrufsvollstreckungen zu vermeiden.** Verschiedentlich schon ist dargelegt worden, daß die Arbeit mit der neuen und schwierigeren Klientel der Bewährungshilfe per saldo wesentlich besser verlief, als man zunächst annehmen durfte.[23)] Dennoch zeigen die Statistiken, daß doch ein erheblicher Teil der Bewährungsprobanden die Bewährungszeit nicht ohne Widerruf übersteht.[24)]

Dem Widerruf steht es vom Ergebnis her gleich, wenn im Jugendrecht wegen einer neuen Tat eine vollstreckbare Freiheitsstrafe unter Einbeziehung der ausgesetzten Strafe verhängt wird.

Die Fragen, ob dem Probanden die Freiheit belassen werden kann, hängt bekanntlich davon ab, ob man auf die neuerliche Auffälligkeit noch in ernstgenommener Weise reagieren kann, ohne den Vollzug als Steigerungsmittel einzusetzen. Wie Fallbeispiele aus dem Uelzen-Projekt belegen,[25] können ambulante Angebote so etwas sein wie eine Begleitmaßnahme für widerrufsgefährdete Probanden. Besondere Projekte stellen gewissermaßen "Sonderangebote" für die Justiz dar, die wegen einer vergleichsweise besseren Ausstattung gegenüber der Bewährungshilfe oder Jugendgerichtshilfe weniger bürokratisch zu sein brauchen und in sich steigerungsfähige Maßnahmen bereithalten können (z.B. noch intensivere Aufsicht oder mehr Arbeitsmöglichkeiten), durch die ein Widerrufsverzicht in Grenzfällen eher konsensfähig wird. Entsprechende Praxisprojekte ermöglichen ferner eine Verteilung der Verantwortung auf mehrere Schultern, so daß ein Mitarbeiter, der mit einem Probanden Schwierigkeiten bekommen hat, von anderen abgelöst werden kann, ohne daß damit gleichzeitig die gesamte Kontaktstruktur verändert würde, eben weil alle Aktivitäten in den Rahmen des Projekts eingebunden sind.

An dieser Stelle möchte ich erneut auf den vorangestellten Behandlungsbegriff zurückkommen. Es geht auch im Rahmen derartiger Praxisprojekte nicht um zielstrebige Spezialprävention in dem Sinne, daß durch immer intensivere Einwirkungen kriminogene Neigungen ausgetrieben werden, sondern um kompensatorische Ausgleichsleistungen bei Opfern und Tätern, bei letzteren um die Vermittlung von mehr sozialer Handlungskompetenz, bei den Opfern um die Bereinigung von Tatfolgen und Tatschäden. Wieder beziehen sich die Aktivitäten der Behandler auch auf die Einschaltung und Reaktionen der Justiz, wenn etwa das Opfer dafür gewonnen wird, die neue Straftat nicht anzuzeigen oder die justiziellen Verfahrensbeteiligten davon überzeugt werden, daß sich der weitere Verbleib eines Jugendlichen im Projekt besser auf seine Entwicklung auswirken wird als seine Verbringung in den Jugendvollzug. Eine Erziehung des Jugendlichen findet gleichwohl oder gerade statt, erzieherische Momente liegen schon in der Erfahrung, für angerichtete Schäden einstehen zu müssen und lernen zu müssen, das Leben aus eigener Kraft und ohne Schädigung anderer zu führen.

Abschließend möchte ich noch etwas zum **Ausbau von Vollzugslockerungen** anmerken, die man vielleicht auf den ersten Blick als **das** Instrumentarium für verstärkte ambulante Strategien zur Vermeidung eines - vorausgesetzten und nicht weiter erläuterten - Vollzugsdilemmas ansehen wird. Die Regelungen zum Entlassungsurlaub in § 126 StVollzG (Sonderurlaub zur Vorbereitung der Entlassung aus einer sozialtherapeutischen Anstalt bis zu 6 Monaten) grenzen an die materiellrechtliche Reststrafenaussetzung unmittelbar an und verdeutlichen, wie eng das Thema der Vollzugslockerungen mit der Frage der Ablösung des Vollzugs durch ambulante Maßnahmen verbunden ist. Die im Strafvollzugsgesetz vorgesehenen Vollzugslockerungen (Urlaub, Freigang, Außenbeschäftigung, Ausgang, offene Vollzugsgestaltung) können als Konkretisierungen der in § 3 StVollzG vorangestellten Gestaltungsgrundsätze angesehen werden.[26] Diese enthalten deutliche Ansatzpunkte zur Aufhebung des Vollzuges. Denn ein Vollzug, der weitgehend den allgemeinen Lebensverhältnissen angeglichen ist, die schädlichen

Folgen der Isolierung vermeidet und Trainingsfelder für das Leben in Freiheit eröffnet, würde sich in der Tendenz praktisch von innen her selbst auflösen. Das haben freilich auch andere schon bemerkt. Die Rechtsprechung einiger Oberlandesgerichte [27)] steuert zum Teil dadurch gegen, daß der Strafzweck der Vergeltung neben das Vollzugsziel des § 2 StVollzG (Befähigung zu einem Leben in sozialer Verantwortung ohne Straftaten) gestellt wird, um unter der Hand die Vollzugslockerungen wieder zu Bestandteilen eines Vergünstigungssystems umzuwandeln.[28)] Auf diese Weise ließe sich für schwere Taten eine Art neuen Zuchthausvollzuges etablieren, in dem sonst gewährte Lockerungen aus Vergeltungsgründen gestrichen werden. Einige Entscheidungen überhöhen diesen Vorgang sprachlich dadurch, daß sie von notwendiger Sühne sprechen, deren zwangsweise Verabreichung (ein Widerspruch in sich) die Schuldeinsicht und Resozialisierung fördere.[29)]

Aus derartigen Verlautbarungen und Entwicklungen werden zwar nicht konzeptionelle, sehr wohl aber von Gerichten gesetzte Grenzen erkennbar. Da Richter und Gerichte in einem breiteren gesellschaftlichen Kontext stehen, können diese Grenzen gleichzeitig als Ausdruck gesellschaftlicher Toleranz oder eben Intoleranz angesehen werden. Die von der Rechtsprechung markierten Grenzen betreffen zwar vorrangig Extremgruppen des Vollzuges, doch besteht die Neigung, eine rigidere Handhabung der Vollzugslockerungen generell für längere Strafen vorzusehen [30)] - aus dem Tatverschuldensgedanken heraus! Möglicherweise ist die weitergehendere Lösung, nämlich die Strafzeiten durch Restaussetzungen ab der Hälfte abzukürzen, leichter durchsetzbar als eine Ausdehnung der Lockerungspolitik.

Zu den angedeuteten Schwierigkeiten kommen noch die der Vollzugsverwaltung hinzu. Es gibt bauliche Hemmnisse für den offenen Vollzug, deren Überwindung durch Neubauten weitere Folgeprobleme aufwerfen würde, soweit die Haftkapazitäten erweitert und die begrenzten Haushaltsmittel schwerpunktmäßig dadurch verbraucht würden. Die Ausdehnung der Hafturlaube hat ferner zu Mehrbelastungen des Vollzugsstabes (einschließlich der Mittel- und Oberbehörden) geführt, die jedenfalls nicht noch beliebig gesteigert werden können. Es existiert teilweise eine schon beachtliche behördliche Gefahrbeurteilungsmaschinerie. Hinnehmbar sind weder längere Genehmigungsverfahren noch pauschalere Verfahren, die bei voraussehbaren "Pannen" das ganze Beurlaubungssystem in die öffentliche Schußlinie bringen würden. Vereinfachungen kommen allerdings für Wiederholungsentscheidungen in Betracht, die an positive Vorerfahrungen anschließen.

Eine umsichtige und nachdrückliche Erweiterung der Praxis der Vollzugslockerungen erscheint sicherlich wünschenswert, stößt aber auf Widerstände und Schwierigkeiten. Auf jeden Fall reicht es nicht aus, den "Ausweg aus dem Vollzugsdilemma" allein über eine Erweiterung von Vollzugslockerungen anzustreben.

FUSSNOTEN

1) Das Referat wurde am 28. November 1984 gehalten. Der Vortragstext ist noch einmal überarbeitet, die Vortragsform aber bewußt beibehalten und durch einige Fußnoten ergänzt worden.

2) vgl. dazu **P.-A. Albrecht**, Aspekte des Maßregelvollzugs im psychiatrischen Krankenhaus, i. MschrKrim 1978, S. 104 (113,114); jetzt ferner **H.L. Bischof**, Behandlungsdauer strafrechtlich Untergebrachter im psychiatrischen Krankenhaus, i. MschrKrim 1985, S. 29 f. mit weit. Hinw.

3) zusammenfassend jetzt **Schöch**, Möglichkeiten und Grenzen der Behandlung Straffälliger in Freiheit, i. **Kury** (Hrsg.), Ambulante Maßnahmen zwischen Hilfe und Kontrolle, 1984, S. 29 (45 f.)

4) s.z.B. **D.J. West**, Delinquency, Its Roots, Careers and Prospects, London 1982, S. 105 f. mit weit. Hinw., s.a. **Kerner**, Jugendgerichtsverfahren und Kriminalprävention, i. DVJJ (Hrsg.), Heft 13 (Bericht vom Jugendgerichtstag i. Mannheim), 1984, S. 14 (29 f.)

5) zuletzt im Rahmen der Diskussion um die Einführung einer Maßregel der Unterbringung in einer sozialtherapeutischen Anstalt, vgl. dazu **Kaiser**, **Dünkel**, **Ortmann**, Die sozialtherapeutische Anstalt - das Ende einer Reform? i. ZRP 1982, S. 198 f.; zur "Behandlungsideologie" allgemein jetzt **E. Reinke - Köberer**, Therapeutisierung oder Kriminalisierung - die Scheinalternative der Rehabilitation, i. KrimJ 1984, S. 181 f.

6) zusammenfassend **D.Schichor**, Historical and Current Trends in American Juvenile Justice, i. Journal of Juvenile and Family Courts, Vol. 34 No. 3, 1983, S.61 (63 f.)

7) vgl. etwa **H. Kaufmann**, Kriminologie III, Strafvollzug und Sozialtherapie, 1977, S. 134 f.

8) s.d. Überblick bei **Kaiser**, **Kerner**, **Schöch**, Strafvollzug, 3. Aufl. 1982, S. 282

9) s. **Dünkel**, **Rosner**, Die Entwicklung des Strafvollzugs in der Bundesrepublik Deutschland seit 1970, 1981, S. 103 f. (2. Aufl. 1982)

10) Die Gefangenenziffer (Insassen pro 100 000 der Bevölkerung) betrug am 1. Februar 1984 für Holland 31, für die Bundesrepublik 104, s. Rundbrief Soziale Arbeit und Strafrecht, 1984, S. 2

11) s. **Spieß**, Wie bewährt sich die Strafaussetzung? i. MschrKrim 1981, S. 296 f.; **H.-J. Albrecht**, Legalbewährung bei zu Geldstrafe und Freiheitsstrafe Verurteilten, 1982, S. 236 f.; **Pfeiffer**, Jugendrichterliche Handlungsstile als Gegenstand praxisorientierter Forschung, i. **Schüler-Springorum** (Hrsg.), Jugend und Kriminalität, 1983, S. 141 f.

12) vgl. **H.-J. Albrecht**, Präventive Aspekte der Verfahrenseinstellung im Jugendstrafrecht, i. **Walter**, **Koop** (Hrsg.), Die Einstellung des Strafverfahrens im Jugendrecht, 1984, S. 51 (71 f.)

13) s. **K.F. Schumann**, Labeling approach und Abolitionismus, i. KrimJ 1985, S. 19 (23); **M. Voß**, Über das keineswegs zufällige Zusammentreffen von Gefängnisausbau und der Einrichtung ambulanter Alternativen, i. **Kerner** (Hrsg.), Diversion statt Strafe?, 1983, S. 95 f.

14) zum Stand s.d. Bericht von **Pieplow** i. MschrKrim 1985, S. 43 f. (47)

15) s. **Walter**, Wandlungen in der Reaktion auf Kriminalität, i. ZStW 95. Bd. (1983) S. 32 (37 f.)

16) s. **Horstkotte** und **Chr. Pfeiffer** bei **Pieplow** (wie Fn. 14), S. 44

17) s. **Walter**, Strafaussetzung zur Bewährung, Bewährungshilfe und Führungsaufsicht, i. Handwörterbuch der Kriminologie (hrsg. v. **H.J. Schneider**), 2. Aufl. 1983, S. 151 (171)

18) s. **Dünkel**, **Spieß**, Alternativen zur Freiheitsstrafe, Strafaussetzung zur Bewährung und Bewährungshilfe im internationalen Vergleich, Freiburg 1983, S. 3 (5 f. - **Dünkel**), S. 503 (507 f. - **Dünkel** und **Spieß**)

19) s. statt vieler **Lackner**, Strafgesetzbuch, 15. Aufl. 1983, § 56 Anm. 6 b) und **Dreher**, **Tröndle**, Strafgesetzbuch, 41. Aufl. 1983, § 56 Rn. 9 u. 9 c

20) vgl. **K.F. Schumann, H.W. Guth, R. Kaulitzki**, Verurteilung zu Jugendstrafe zum Zweck einer Berufsausbildung? i. Kriminalpädagogische Praxis, 1982, Heft 13, S. 7 f.

21) **H. Krieg, A. Löhr, U. Lücke, C. Meissner, W. Rufert, A. Schumann**, Weil Du arm bist, mußt Du sitzen, i. MschrKrim 1984, S. 25 (27)

22) S. **M. Voß** (wie Fn. 13) und **meine** Bespr. i. MschKrim 1985, S. 62

23) s. **Spieß** (wie Fn. 11)

24) zum Anteil der Widerrufe s. **Berckhauer, Hasenpusch**, Die Bewährungshilfestatistik: Vom Beschreiben zum Gestalten. Statistische Daten als Planungsmittel in der Bewährungshilfe, i. **G. Steinhilper** (Hrsg.), Soziale Dienste in der Strafrechtspflege, 1984, S. 79 (95 f.)

25) **H. Fischer**, Möglichkeiten ambulanter Betreuung junger Straffälliger in Uelzen (noch unveröff. Manuskript eines auf der Studientagung der DVJJ - Regionalgruppe Nord - im Mai 1984 in Betzendorf bei Lüneburg gehaltenen Referats)

26) s. statt vieler **Kaiser, Kerner, Schöch** (wie Fn. 8), S. 111

27) s. zusammenfassend OLG Stuttgart i. NStZ 1984, S. 525, 526, vgl. a. BGHSt 30, 320 f. und BVerfG i. NStZ 1983, S. 476

28) vgl. a. Anm. v. **Müller-Dietz** i. NStZ 1984, S. 526 u. 527

29) s. OLG Nürnberg i. NStZ 1984, S. 92 (93)

30) s. OLG Nürnberg (wie Fn. 29)

Freiheitsentziehende Sanktionen und alternative Perspektiven

- Versuch einer Bestandsaufnahme aus der Sicht der Kriminologie und der Soziologie abweichenden Verhaltens -

Hans-Claus Leder

I. Vorbemerkung

Nach dem Grundgesetz der Bundesrepublik Deutschland ist eigentlich einiges ganz klar: die Würde des Menschen wird als unantastbar bezeichnet; der Staat hat sie zu achten und zu schützen. Im Hinblick auf freiheitsentziehende Maßnahmen - hier: den Strafvollzug - hieß das seit 1973, als das sog. Lebachurteil erging, daß unter Bezugnahme auf Artikel 2,2 GG in Verbindung mit Artikel 1 GG die RESOZIALISIERUNG des Gefangenen als Aufgabe des Strafvollzuges erkannt und auch als verbindlich festgelegt wurde. Denn auch der Strafvollzug ist der Menschenwürde und dem Sozialstaatsprinzip verpflichtet.
Oder sagen wir besser: er wäre es nach dem Grundgesetz. Im § 2 des Strafvollzugsgesetzes heißt es:"Aufgaben des Vollzuges. Im Vollzug der Freiheitsstrafe soll der Gefangene fähig werden, künftig in sozialer Verantwortung ein Leben ohne Straftaten zu führen. (Vollzugsziel). Der Vollzug der Freiheitsstrafe dient auch dem Schutz der Allgemeinheit vor weiteren Straftaten".
Jene, die die Schaffung eines Strafvollzugsgesetzes forderten und an dessen Zustandekommen in jahrelanger Kleinarbeit mitarbeiteten, haben wohl mehrheitlich gemeint, damit ein neues Problem- und Rechtsbewußtsein zu begünstigen, bzw. das neue Strafvollzugsgesetz sei Ausdruck eines neuen Bewußtseins. Der vermeintlich therapeutische Behandlungsvollzug wurde als Auftrag im Zusammen-

hang mit der RESOZIALISIERUNG des Strafgefangenen gesehen. Aus der Sicht devianzsoziologischer, organisationssoziologischer und kriminologischer Betrachtung sind dies jedoch unrealistische, ja unsinnige Zielbestimmungen.
Niemand kann uns zwingen, Freiheitsstrafe und geschlossenen Strafvollzug als vorgegebenen Rahmen wie selbstverständlich zugrundezulegen und damit jene, die es auf sich nehmen, nach anderem zu fragen oder solches zu fordern, in Legitimierungszwang zu bringen bzw. unter Rechtfertigungsdruck zu setzen. Denn das Grundgesetz der Bundesrepublik Deutschland gebietet nicht den geschlossenen Strafvollzug und freiheitsentziehende Maßnahmen, schon gar nicht die Selbstverständlichkeit, mit der kriminalisiert wird.
Im Gegenteil: es spricht vieles dafür, die Argumentationslast neu zu verteilen und danach zu fragen, warum denn eine Übung weiter beibehalten werden soll, die in Bezug auf freiheitsentziehende Maßnahmen und den geschlossenen Strafvollzug - zumindest aus soziologischer und kriminologischer Sicht - unrealistische und unsinnige Zielbestimmungen aufweist?
Müßten sich nicht gerade in Deutschland jene rechtfertigen, die nach schärferen Strafen, insbesondere freiheitsentziehenden Sanktionen, oder zur vermeintlichen Behebung des Strafvollzugsstaus nach Neubauprogrammen rufen? (Und sie auch durchsetzen).
Ich meine, ja. Schon seit Gründung der Bundesrepublik müßte das so sein, was im folgenden anhand devianzsoziologischer und kriminologischer Problemlagen verdeutlicht werden soll. Das enthebt jedoch nicht der Verpflichtung, dies auch noch in einem weiteren Zusammenhang zu sehen. In der Bundesrepublik Deutschland stellt die Forderung, die obenerwähnte Fragestellung und Beweislast umzukehren, angesichts des 1933-1945 erlebten pervertierten Gebrauchs von Macht und Gewalt, deren pseudorechtlicher Legitimierung und des Verlustes jeder Rechtskultur, eigentlich eine selbst-

verständliche Ausgangsposition dar. Unter diesem Blickwinkel wird die Frage danach, ob das Überkommene selbstverständlich oder gar naturwüchsig ist, nicht zu einer vorrangig unter technischen oder pragmatischen oder einer unter Effektivitätsgesichtspunkten abzuhandelnden Sache, sondern gleichzeitig zu einer Frage nach unbewältigter Vergangenheit; von über 500 Richtern und Staatsanwälten des früheren Volksgerichtshofes, die ca. 1.500 Todesurteile zu verantworten haben, ist bisher kein einziger verurteilt.[1] Die Bundesrepublik Deutschland mißachtet seit 35 Jahren UNO-Empfehlungen bezüglich der lebensnahen Gestaltung des geschlossenen Strafvollzuges, ganz besonders hinsichtlich eines der Situation in Freiheit vergleichbaren Arbeitsentgeltes, aber auch in anderer Hinsicht. Jedoch gibt es in Deutschland auch eine nun mehr als sechzigjährige rechtsphilosophische Tradition, die etwa bei RADBRUCH in der Frage kulminierte, ob wir nicht statt eines verbesserten Strafrechts etwas Besseres als Strafrecht und statt eines verbesserten Strafvollzuges nicht etwa Besseres als Strafvollzug benötigen.[2]

Unser Land erscheint - etwa im Vergleich zu den Niederlanden (darauf wird noch an anderer Stelle zurückzukommen sein) - außerordentlich stark geprägt vom Ruf nach Sühne, Buße, Strafe, Rache, Schuldabgeltung usw. Man sollte sich nicht beruhigen bei dem Gedanken, das sei einfach Ausdruck einer vielhundertjährigen andersgearteten Tradition.

Das, was wir heute an freiheitsentziehenden Maßnahmen im geschlossenen Strafvollzug praktizieren, zusammen mit dem zugrundeliegenden Strafvollzugsziel, ist etwas relativ Neues. Also nichts Selbstverständliches.

Von einigen Autoren ist der Resozialisierungsauftrag des heutigen Strafvollzuges - und seiner vorgeblichen Intention als in erster Linie Behandlungs- und Betreuungsvollzug - gleichsam als "d r i t t e r Weg zwischen obrigkeitsstaatlichem Verwahrvollzug und der in totalitären Staaten praktizierten Zwangstherapie"[3] beschrieben worden. Zu Unrecht, wie ich meine. Denn die Vorstellungen des Grundgesetzgebers, daß aus dem Rechts- und Sozialstaatsprinzip des GG keine besondere Straflegitimation folgt; daß der Staat zur Vor- und Fürsorge verpflichtet ist für Gruppen, die aufgrund persönlicher Schwäche oder Schuld, Unfähigkeit oder gesellschaftlicher Benachteiligung in ihrer persönlichen oder sozialen Entfaltung behindert sind (Gefangene); daß zur persönlichen Freiheit und Autonomie in psychosozialen Konfliktsituationen befähigt werden soll; daß sozialstrukturelle Bedingungen der Benachteiligung ausgeglichen werden sollen bzw. auf sie eingewirkt werden soll; daß die Würde des Menschen die immerwährende Grenze strafrechtlicher Sanktion in ihrer Form als freiheitsentziehender Maßnahme zu sein habe --- all das läßt sich im Hinblick auf den derzeitig praktizierten Strafvollzug aus soziologischer und kriminologischer Sicht nur als illusionäre Annahme kennzeichnen. Die Fürsprecher meinen, der derzeitige Strafvollzug habe noch gar keine Chance als Betreuungs- und Behandlungsvollzug gehabt. Erst bei entsprechender Umstrukturierung, Personal- und Finanzausstattung werde man sehen und entscheiden können, ob er tatsächlich so ineffektiv sei, wie ihm nachgesagt werde. Die im folgenden darzustellenden Einwände sind prinzipieller Art und mit besserer Personal- oder Finanzausstattung oder mittels einer "Umstrukturierung" nicht auszuräumen.

Gehen wir einige wichtige Erklärungssätze durch, die jeweils anhand von Literaturhinweisen zu belegen versucht werden. Bitte erinnern Sie sich daran, daß die Befürworter eines freiheitsentziehenden Strafvollzugs eigentlich Punkt für Punkt glaubhaft dessen Vorteile nennen müßten --- und sie nicht einfach unterstellen dürften.

II. Teilbestandsaufnahme kriminologischer und devianzsoziologischer Erklärungsansätze

1. **Sozialstruktureller Deutungsansatz:** nach diesem Deutungsansatz, der innerhalb jedes Fachhochschulstudiums der Sozialarbeit / Sozialpädagogik als Lehrangebot im Grundstudium plaziert ist und auch in jeder Hauptfachausbildung der Soziologie vorkommt, und der mittlerweile auch innerhalb der Kriminologie eine zunehmend wichtige Rolle spielt, kann festgestellt werden, daß die Insassen unseres Strafvollzuges in Bezug auf so zentral wichtige Kriterien wie formale Ausbildung, Beruf, Einkommen, Prestige des Wirtschaftszweiges etc. schon vor ihrer Einweisung in den geschlossenen Strafvollzug außerordentlich unterprivilegiert sind.[4)] Daß während des Aufenthaltes in einer Strafvollzugsanstalt die vorhandenen Defizite nicht aufgearbeitet werden können, sondern im Gegenteil weitere Ausprägung finden, ergibt sich für Praktiker von selbst. Anhand eines Beispiels habe ich die drastische Verschlimmerung einer Problemlage im Detail ausgeführt.[5)] Ich hätte mich ebensogut den Problemen der Schuldenregulierung, der fehlenden Berufsausübung, der fehlenden beruflichen Weiterbildung bzw. der fehlenden Schulabschlüsse, der fehlenden Möglichkeit, die Familie oder sich selbst eigenverantwortlich zu unterhalten, und vielen anderen Fragen zuwenden können. Einem Sozialwissenschaftler wird es nicht zu verdeutlichen sein, daß Strafvollzug (nicht

nur in seiner jetzigen Form) irgendeinen Beitrag zur Lösung dieser zentralen sozialen Fragen leisten kann. Dies leitet über zu unserem zweiten Gliederungsgesichtspunkt.

2. **Allgemeinsoziologische Betrachtungsweise:** Im Hinblick auf die nicht unmittelbar sozialstrukturellen Merkmale sehe ich Strafvollzugsinsassen aller relevanten Kontakte zu allen sozial wichtigen Interaktionspartnern, Gruppen bzw. Institutionen beraubt.

3. **Theorie der totalen sozialen Institution:**
   Hier kommt man an der wohl nach wie vor wichtigsten Studie von GOFFMAN[6] nicht vorbei. Sie spricht für sich selbst.

4. **Stigma- und definitionstheoretischer Ansatz:** Auch diesbezüglich wäre Goffman zu nennen.[7] Neben ihm auch die Vertreter des etikettierungs- und definitionstheoretischen Ansatzes (Labeling approach). Im deutschen Sprachraum können auch die Schriften und Aufsätze von Jürgen Hohmeier als sehr einschlägig bezeichnet werden. Inwiefern eine freiheitsentziehende Maßnahme in Form geschlossenen Strafvollzuges an den durch Kriminalisierung und Stigmatisierung im Strafvollzug erst entstehenden weiteren Problemen - bei ohnehin Problembeladenen - etwas ändern soll, bleibt nach diesem Erklärungsansatz völlig fraglich.[8]

5. **Lerntheoretischer Ansatz zu einer Soziologie des Strafvollzugs:** Hier wird ein Prozeß der Haftgewöhnung mit Lebensuntüchtigkeit im Hinblick auf soziale Fertigkeiten (Verlust des "sozialen Bestecks")

angenommen. Diese Gefängnisprägung (PRISONISIERUNG) führt vor allem bei Lebenslänglichen zu bebesonderen Haltungs- und Verhaltensstilen, sie hat aber auch bei kürzerer Haft verheerende Konsequenzen (vgl. etwa Arbeit/Beruf). Dieser Ansatz, der von Karl-Dieter Opp[9] mit bewundernswerter Konsequenz im Hinblick auf einige Beispiele des geschlossenen Strafvollzuges überdacht und auch konkret angewendet worden ist, ließe bei weiterer Ausgestaltung vermutlich ebenso deprimierende Resultate, wie die schon genannten, erwarten. Opp erhebt zudem den Vorwurf, daß dann, wenn man nicht genau wisse, welche Gefängnisstruktur zur Realisierung welcher Ziele führen soll, es auch nicht möglich sei, den Strafvollzug so zu gestalten, daß auch nur bescheidene Teilziele erreicht werden können. Genau diese Situation scheinen wir heute - also mehr als 10 Jahre nach Opps Wortmeldung - immer noch vorzufinden. Im übrigen hatte Opp schon damals moniert, daß eine Theorie des Strafvollzuges insofern inexistent sei.

Eine solche Perspektive, die sich vorrangig als lerntheoretische versteht, läßt verständlicherweise wenig Raum für die pädagogische Annahme, man könne auch in "Unfreiheit auf Freiheit"(Busch) vorbereiten. Solcherart Optimismus findet sich nicht nur bei einem Pädagogen, der selbst Praktiker des Strafvollzuges war.

6. **Theorie der Gefängnissubkultur:** Über diesen Bereich gibt es eine Vielzahl vor allem amerikanischer Studien.[10] Stellvertretend für den deutschen Sprachraum nenne ich hier Harbordt.[11] Wenn die Theorie der Gefängnissubkultur im weiteren Zusam-

menhang sozialwissenschaftlicher Deutung von Subkultur gesehen wird, ergeben sich keine Anhaltspunkte dafür, daß ausgerechnet der Strafvollzug im Hinblick auf das Strafvollzugsziel etwas bewirken kann. Im Gegenteil wird man mit einem hohen Grad an Wahrscheinlichkeit von der Annahme ausgehen, daß es ein System ganz eigener sozialer Normen, Rollen- und Verhaltensmuster bei den Insassen von Strafvollzugsanstalten gibt und daß noch bestehende Kenntnisdefizite bezüglich der Begehung von Straftaten im freiheitsentziehenden Strafvollzug ausgeglichen bzw. weitere Fertigkeiten erworben werden. Die vom Gesetzgeber erwünschte Angleichung an die Normen der Mehrheit rückt damit in weitere Ferne.

7. Abschreckung / Prävention durch Strafe?

Auch im Hinblick auf diese Fragestellung halten Sozialwissenschaften bisher keinen Trost bereit. Ich nenne einige Beispiele: In einer Studie über Legalbewährung nach Strafvollzug bei Jugendlichen haben Berckhauer/Hasenpusch[12)] herausgestellt, daß Jugendrichter statistisch deutlich belegbar auf erneute Rückfälligkeit des Jugendlichen mit jeweils schärferen Mitteln nach der Devise reagieren: Wer nicht hören will, muß fühlen. Die Rückfallhäufigkeit sinkt nun aber nicht mit steigender Sanktionsschärfe, sondern sie steigt sogar spürbar an.

Ein weiteres Beispiel: Breymann[13)] nimmt an, in den Strafzwecken Spezial- und Generalprävention, in Sühne und Sicherung konkretisiere sich der offizielle Sinn von Strafjustiz. Kann man aber im Hinblick auf Jugendliche, deren Sozialisation und Entwicklung ja noch gar nicht zu einem Abschluß habe kommen können, in sinnvoller Weise von Sühne sprechen!?!

Ganz besondere Skepsis ist bezüglich der weit verbreiteten Annahme geboten, durch die Einführung der Todesstrafe ließen sich bedeutende general- und spezialpräventive Wirkungen erzielen. In 37 von 50 Bundesstaaten der USA gab es 1983 die Todesstrafe; die Zahl der Vergleichsstudien gerade in den USA ist Legion. Mir ist keine einzige bekannt geworden, mit Hilfe derer sich der Nachweis einer präventiven Wirkung der Todesstrafe führen ließe. Eher das Gegenteil scheint der Fall zu sein. Trotzdem ist es bereits wieder politisch opportun, von "Abschreckung" oder einem "möglichst frühen Schuß vor den Bug" zu sprechen. Und von Sühne und Strafe sprechen wir ja bekanntlich noch immer. In den USA waren zu einem kürzlichen Zeitpunkt 14.195 Exekutionen dokumentiert, davon annähernd die Hälfte in den nur neun südlichen Staaten (6.138 Fälle). Dies nahm ein Bericht des "Darmstädter Echo" unter der Überschrift "Amerika vor einer Hinrichtungswelle?"[14) zum Anlaß, der Frage nachzugehen, wie sich dieser enorme Unterschied in der Sanktionierungspraxis erklären lasse. Schlußfolgerungen: daß es sich dabei wohl um die Reste der Mentalität der Sklavenhalterzeit handele und daß gerade die Südstaaten von einem traditionell konservativen Christentum geprägt seien, wo fundamentalistisch und alttestamentarisch nach dem Gesetz "Auge um Auge, Zahn um Zahn" geurteilt werde. Für Bundesbürger besteht kein Anlaß, mit dem Finger auf die eben bezeichneten Praktiken zu zeigen; allerdings muß eingeräumt werden, daß wir derzeit nicht physisch töten können. Im übertragenen Sinne können wir allerdings mittels einer sehr selektiven Strafverfolgungspraxis buchstäblich sozial "töten". Einige Anmerkungen zur Selektivität der Sanktionierung. Ich wähle die Beispiele bewußt aus einem ferner liegenden Bereich, weil wir uns sonst vielleicht zu sehr provoziert fühlen könnten. Das Institute of Criminology der Universität Sydney hatte 1982 im Hinblick auf die Rassenunruhen in kleineren Städten 400 km nordwestlich von Sydney ermittelt: die "ABORIGENES, d.h. die ausstralischen Ureinwohner, waren mit einem Prozentanteil von 30 % im Strafvollzug vertreten bei einem Anteil an der Gesamtbevölkerung von unter 5 %. Sie wurden 32 mal häufiger als Weiße von der Polizei kontrolliert und sanktioniert. Sie waren zu 60 % ohne Arbeit, bei einer Arbeitslosenrate in Australien von ca. 18%.

Wenn wir unter Zugrundelegung amerikanischer und deutscher Studien zur Dunkelfeldproblematik mit einer sehr erheblichen Dunkelziffer bei Straftaten rechnen müssen, wird die vermeintliche Wirksamkeit der freiheitsentziehenden Maßnahme noch fragwürdiger. Sind je die "Richtigen" im Strafvollzug? Zu selten wird darauf hingewiesen, daß bestimmte Straftäter mit der Konzeption "Prävention durch Strafandrohung" nicht abgeschreckt werden können: zu nennen sind in diesem Zusammenhang Affekttäter, die auch keiner Resozialisierung bedürfen, weil ihre Rückfallwahrscheinlichkeit gegen Null tendiert; Überzeugungstäter; Geisteskranke; Fanatiker; Schwachsinnige und Infantile; durch harte Strafen bereits Abgestumpfte; Triebtäter. Die Vorstellung einer allgemeinen Abschreckung, wenn sie nicht nur momentan wirken soll, wird deshalb von Plack[15)] als Fiktion bezeichnet.

Auch im Hinblick auf nicht so herausgehobene Straftätergruppen greift das Konzept nicht, wie PLEWIG anhand der Erfahrungen mit einem neuen englischen

Jugendstrafrechtsverfahren berichtet; [16] auch dort erweist sich die Unterbringung in geschlossenen Heimen und Justizvollzugsanstalten im Sinne von Vorbeugung als unwirksam.

8. **Sicherung der Öffentlichkeit vor der Begehung weiterer Straftaten?**

Unter Berücksichtigung der bisher erwähnten Gesichtspunkte kann das aus sozialwissenschaftlicher Sicht weder für die Zeit nach der Entlassung, noch bezüglich der Minimalannahme, Strafvollzugsinsassen würden während des Freiheitsentzuges von der Begehung von Straftaten abgehalten, angenommen werden.

III. Problematisierung des Resozialisierungskonzepts

1. Vorbereitung auf ein Leben in sozialer Verantwortung ohne Straftaten?

Siehe hierzu alle vorherigen Gliederungsgesichtspunkte und Erklärungsansätze, die zur Beurteilung der resozialisierenden Chancen des Strafvollzuges herangezogen werden müssen. Martinson[17] hatte bis einschließlich 1974 insgesamt 231 Studien über Strafvollzugsprogramme innerhalb und außerhalb des Gefängnisses und deren rehabilitative, resozialisierende Auswirkung auf die Rückfallquote untersucht und dabei keinerlei wahrnehmbaren Effekt gefunden. Nun hätte sich das ja in der Zwischenzeit geändert haben können. Obwohl das nicht zu vermuten war, habe ich mir die Mühe gemacht, alle Jahrgänge der Zeitschrift "Criminal Justice Abstracts" des sehr rührigen amerikanischen "National Council on Crime and Delinquency", der regelmäßig über relevante Vorhaben und deren Ergebnisse sowie über die einschlägige Forschung berichtet, durchzusehen. Es fand sich kein Anhaltspunkt dafür, daß die Verfechter des sog. Behandlungsvollzuges und der Bundesgesetzgeber mit seinen im § 2 Strafvollzugsgesetz niedergelegten Vorstellungen Realitätsbezug haben. Das mag neben der Unmöglichkeit, aus sozialwissenschaftlicher Sicht für den Strafvollzug Pluspunkte zu sammeln, auch sehr wesentlich damit zusammenhängen, daß das **dem Behandlungsvollzug offensichtlich zugrundeliegende Resozialisierungskonzept in vielfältiger Weise irrig** ist.

Dafür einige Beispiele:

a) Man tut so, als ob der Kreis der Insassen homogen sei - berücksichtigt dabei nicht, daß etwa Wirtschaftsstraftäter und Affektäter sowie die schon vorher erwähnten Deliktgruppen überhaupt keiner Resozialisierung im herkömmlichen Verständnis bedürfen.

b) Das Konzept unterschlägt, daß Strafvollzug teilweise erst die Probleme schafft, die vermeintlich im Strafvollzug "bearbeitet" werden sollen.

c) Das Resozialisierungskonzept macht nicht deutlich, daß bei vielen Insassen Sozialisierung als soziale Chance nie gegeben war - und insofern nicht Re-, sondern Erstsozialisation als Kennzeichnung zutreffender wäre.

d) Das Konzept macht nicht deutlich, daß sehr viele Straftäter gerade nicht in das soziale Umfeld zurückgeführt werden dürfen, in dem ihre Schwierigkeiten entstanden.

e) Das Resozialisierungskonzept unterstellt eine Besonderheit des "Täters", ein individuelles schuldhaftes Merkmal. Es berücksichtigt nicht die sozialstrukturellen Bedingungskonstellationen abweichenden Verhaltens, vor allem auch nicht dessen Allgegenwärtigkeit und Ubiquität (siehe Dunkelfeldforschung).

f) Es unterstellt, daß ausschließlich an Mittelschichtnormen angepaßt werden soll und verheimlicht die soziale Tatsache, daß die Insassen zum Teil an spezifische soziale Normenbereiche gut angepaßt, d.h. in dieser Hinsicht ausreichend "sozialisiert" sind.[18)]

g) Es nimmt nicht zur Kenntnis, daß die Praxis der Sozialarbeit in diesem Bereich eher zur Desintegration des Straffälligen als zum Aufbau einer stabilen Persönlichkeit beitragen könnte.[19)]

h) Utopisch ist in Anbetracht der o.e. Bedingungen die Erwartung von Eberhard Schmidt: "Dem Gefangenen gegenüber geht es nicht darum, aus ihm einen irgendwie politisch idealen Staatsbürger zu machen, sondern darum, in ihn jene einfache Sittlichkeit des täglichen Lebens zu erwecken, ihm den Wert schlichter Pflichterfüllung, einfacher Ehrlichkeit und Anständigkeit im täglichen Umgang mit anderen erleben zu lassen. Damit ist ungeheuer viel gewonnen..."[20)]

i) Die Normierungen des § 2 Strafvollzugsgesetz, des § 1 (1) JWG, des § 91 JGG (Recht auf Erziehung zur leiblichen, seelischen und gesellschaftlichen Tüchtigkeit - Erziehung zu rechtschaffenem, verantwortlichem Lebenswandel) müssen unter Zugrundelegung o.e. Deutungen als leerformelhaft erscheinen.

j) Viele Resozialisierungsprogramme visieren einen kritischen Staatsbürger an, der auch außerhalb der Anstaltsmauern seltene Ausnahme ist.[21)]

k) Jugendliche befinden sich noch mitten im Sozialisationsprozeß, so daß in vielen Fällen mit einem spontanen Abklingen der Problematik jenseits der Altersgrenze 23 - 25 Jahre gerechnet werden kann. Auch jenseits des jugendspezifischen Sozialisationsprozesses muß heute mit dem Konzept "lebenslanges Lernen", also einem kontinuierlichen Sozialisationsprozeß, gerechnet werden.

l) Die sozialen Schäden der dissozialen Strafvollzugsinsassen sind vermutlich - im Vergleich zu anderen Dissozialen - nichts qualitativ anderes.

m) Wie soll unter der Annahme einer fehlgelaufenen frühkindlichen Sozialisation, eines Verlustes an Urvertrauen, einer schwerwiegenden Beziehungsstörung, eines tangierten Selbstwertgefühls ausgerechnet die soziale Extremsituation Strafvollzug Änderungen bewirken können?

n) Als Resozialisierungskandidat unter den jetzigen Bedingungen bleibt man mit einem hohen Grad an Wahrscheinlichkeit ewig Gegenstand von Sündenbockprojektionen und ebensolchen Rollen.[22)]

o) Konfliktlösung basiert vielleicht auf einem Interaktionsmodell gleichberechtigter Akzeptanz der Partner untereinander, in Rede und Gegenrede,[23] und das ausgerechnet im geschlossenen Strafvollzug?

p) Die Verbesserung der sozioökonomischen Lebenssituation, in vielen Fällen Voraussetzung für Resozialisierung, könnte nur durch eine Sozialarbeit erfolgen, die strukturbeeinflussend, -verändernd und öffentlichkeitsbezogen wäre. An all diesen Voraussetzungen fehlt es im derzeitigen Strafvollzug.[24]

q) Prisonierungseffekte (Clemmer) und Hospitalisierungsfolgen sind die zentralen Wirkungen der Inhaftierung. (Siehe Harbordt, u.a.) Die Resozialisierungskonzepte erwecken den Eindruck, als ob das vernachlässigenswerte Randbedingungen seien.

r) Eine Pädagogisierung des Strafvollzuges (Deimling, Busch, u.a.) und die daran geknüpften Erwartungen sind in sozialwissenschaftlicher Perspektive als utopisch zu bezeichnen.

s) Resozialisierung kann nüchtern auch als politische Alternative zur Beseitigung von Armut verstanden werden.[25] Außerdem bringt der sog. Behandlungsvollzug nach dieser Deutung eine Pathologisierung ("medicalization") mit sich, was einer Verschleierung sozialstruktureller Sachverhalte gleichkomme.

t) Aus moderner kriminalpädagogischer Sicht[26)] verhindern viele Aspekte des Strafvollzuges befriedigende Erziehungserfolge: aversive Stimuli, zum Teil bewußt gesetzt, erzeugen eher Flucht- und Vermeidungsverhalten als eine Verhaltensänderung beim Häftling im Sinne qualifizierter Sozialisation.[27)] Sicherheit und Resozialisierung seien vollkommen unvereinbare Ziele.[28)] Delinquentes Verhalten verfestige sich dabei eher.[29)] Es ergebe sich durch die Abschneidung aller Kontakte eine verzögerte intellektuelle Entwicklung, eine Erosion der Persönlichkeit.[30)] Psychische und soziale Defizite würden erweitert, ein Verhalten/ abweichendes Verhalten werde angeeignet, das für das Dasein draußen ungeeignet, ja tödlich sei.[31)] Strafe sei kein prosozialer, sondern ein pädapathogener Stimulus, ein Entfremdungsinstrument, das abweichendes Verhalten und Diskriminierung erzeuge, prosoziales Verhalten dagegen abbaue. Strafe erfahre auch eine "soziale Generalisierung" durch die Umwelt,[32)] eine Umschreibung von Sachverhalten, die in der Theorie der totalen sozialen Institution und in stigmatheoretischen Überlegungen in noch weiterem Detail zum Gegenstand der Betrachtung gemacht worden sind. Durch Kluge werden jedoch an fähige Kriminalpädagogen - die leistungsfähig in der Verhaltensauffälligenpädagogik sind - Erwartungen geknüpft, die in soziologischer oder sozialwissenschaftlich orientierter kriminologischer Betrachtungsweise der Strafvollzugssituation keine Einlösung erfahren können.

2. Gibt es neben den "offiziellen Strafvollzugszwecken etwa "inoffizielle"?

Wenn Strafvollzug unter den heutigen Bedingungen - und wie die o.e. Ausführungen nahelegen, auch unter verbesserten Bedingungen - die vermeintlichen Strafvollzugsziele nicht erreichen kann, stellt sich natürlich die Frage, ob es "geheime" oder "inoffizielle" Zwecke und Ziele gibt. Die gibt es, so zumindest die Auffassung einiger Autoren. FOUCAULT[33)] stellt sich Strafvollzug heute als eine höchst wirksame und perfekte Ablenkungsanlage für die ungesetzlichen Gewinn- und Machtschleichwege der Mächtigen, der Herrschenden vor. Weit entfernt, anzunehmen, Gefangene müßten resozialisiert werden, geht er davon aus, es komme darauf an, die Gefangenen auf volkstümliche Weise auszugrenzen. Und zwar durch eine Ausgrenzung politisch verwertbarer Sachverhalte aus einem Insgesamt sozialer Sachverhalte.
Wenn man die Annahme DURKHEIMS teilt, daß Abweichung für Normbekräftigung und das Selbstwertgefühl der Konformen (die sich dabei so sehr gut vorkommen können) der zentral wichtige Sacherhalt ist, kommt man leicht zur folgenden Einschätzung: "Von daher gesehen ist es günstig, wenn immer eine bestimmte leicht handhabbare Strafvollzugspopulation vorhanden ist, etwa bestimmte Rückfalltäter, die schon im System Bescheid wissen".[34)]
Sollte dieser Aspekt mit in eine Effektivitätsbeurteilung des freiheitsentziehenden Strafvollzuges aufzunehmen sein - vieles spricht dafür - dann hätten wir das nach Obigem überraschende Resultat, daß der Strafvollzug zumindest in dieser Hinsicht effektiv arbeitet.

3. Ineffektivität des Strafvollzuges im Kostenvergleich.

Maelicke[35] hat die These von der Ineffektivität des Strafvollzuges (im Kostenvergleich) zum wiederholten Male engagiert vertreten. So erwähnte er beispielsweise die Tatsache, daß Bewährungshilfe nur DM 5,48 pro Tag koste, der geschlossene Strafvollzug dagegen DM 70,-/80,-. In der anschließenden Diskussion wurde eingewandt, die Populationen seien nicht vergleichbar. Im Rahmen unserer überlieferten Rahmenbedingungen und Vorstellungen von "Sühne, Strafe, Buße, Vergeltung" mag das stimmen. Aber Anliegen des vorliegenden Referates ist es, die Selbstverständlichkeit der überkommenen und der status-quo-Bedingungen in Frage zu stellen. Dabei halte ich die Frage nach den Kosten für überaus legitim.
Bei einem Blick in unser Nachbarland Niederlande entsteht der unabweisbare Eindruck, Strafvollzug als Mittel, soziale Konflikte zu lösen, werde dort viel weniger ernst genommen und benötigt als bei uns. Ob das an einzelnen (sogar häufigeren, aber) kürzeren Freiheitsstrafen oder wesentlich geringeren U-Haftzeiten liegt, ist dabei nicht so erheblich. Wichtig ist die jüngst wieder getroffene Feststellung (u.a. von Maelicke), daß ein Vergleich der Strafvollzugspopulation außerordentlich zu Ungunsten der Bundesrepublik Deutschland ausfällt. Die Niederlande mit einer Bevölkerung von etwa 14 Millionen haben 1.500 Strafvollzugsinsassen, das Land Nordrhein-Westfalen mit etwa 17 Millionen Einwohnern hat 15.000, also zehnmal so viel. Auch bei einem Landesvergleich Niederlande-Bundesrepublik Deutschland wird diese vergleichende Berechnung nicht günstiger. Hochgerechnet auf die Bevölkerung der Bundesrepublik dürften wir im Vergleich zu den Niederlanden eigentlich nur 5.000 bis 6.000 Straf-

vollzugsinsassen haben; wir haben aber deren 55.000! Um welche finanziellen und volkswirtschaftlichen Größenordnungen es dabei geht, konnte man jüngst im Zusammenhang mit den Neubauprogrammen des Landes Hessen erfahren. Mit Hilfe der genannten Daten dürfte ein Kostenvergleich leicht anzustellen sein: man frage doch einmal bei seinem Abgeordneten nach ... Hinzu kommt die Frage, ob ein dem Grundgesetz verpflichteter demokratischer und sozialer Rechtsstaat legitimiert ist, etwa bei Beförderungserschleichung Freiheitsstrafen zu verhängen? Oder ob er - bei einem in der Bundesrepublik nachgewiesenen Umfang der Untersuchungshaft von einem Drittel des Gesamts - in 90 % der Fälle Fluchtgefahr als Etikett zuteilen darf, wo nur in 40 % der Fälle verurteilt wird? Ob er 55.000 in Haft halten sollte, wenn mittlerweile einige meinen, es sei ausreichend, in 10 % der Fälle besondere Sicherungsgesichtspunkte geltend zu machen? Dann käme man fast genau auf den Anteil an Strafvollzugsinsassen, der in den Niederlanden vorgefunden wird.

IV. Konsequenzen für Wissenschaft und Politik

Die Verfechter unveränderter Beibehaltung des Strafvollzuges oder sogar von dessen Ausbau können unter Beachtung oben genannter Gesichtspunkte keinen Effektivivitätsnachweis führen. Ginge es rational zu, kämen sie in die Situation, dessen weitere Beibehaltung durch besondere und überprüfbare Ergebnisse rechtfertigen zu müssen - und nicht, wie das sich derzeit darstellt, von anderen auch noch eine Legitimation zu verlangen, warum das"Bewährte"geändert werden solle. Es gibt langjährige Praktiker des Strafvollzuges, die meinen, seit Inkrafttreten des Strafvollzugsgesetzes am 1.1.1977 sei es schlechter statt besser geworden.

Daß es eines sehr langen Atems bedarf, ist erst kürzlich wieder anläßlich einiger Arnoldshainer Tagungen deutlich geworden: so hat etwa Maelicke die derzeit bei uns besondere Reputation des Strafrechtes als Konfliktlösungsinstrument geschildert - und zwar angefangen von der Familie über den Kindergarten bis schließlich zum Strafvollzug.[36)]

Der dringend notwendige Bewußtseinswandel wird speziell in Deutschland durch die Tatsache besonders behindert, daß die juristischen Studiengänge sozialwissenschaftliche Inhalte nur zögernd aufnehmen, im Gegensatz zur nordamerikanischen und skandinavischen Situation, wo Kriminologie ganz traditionell sozialwissenschaftlich orientiert war und ist. Ich meine, es macht einen Unterschied, ob man abweichendes Verhalten mit DURKHEIM und PARSONS als normales soziales Phänomen sieht, als integrierenden Bestandteil jeder sich wandelnden Gesellschaftsordnung - oder als etwas zutiefst Beunruhigendes, Befremdendes, existentiell Gefährdendes und zu Verteufelndes, das eigene Rache, Sühne- und Bußevorstellungen mobilisiert und - natürlich - nach verschärftem Strafvollzug rufen läßt.
Erwartungen an die Kriminalpolitik der Zukunft können meines Erachtens nur bestehen in:

a) einem möglichst weitgehenden Verzicht auf strafrechtliche Sanktionen und

b) einer möglichst geringen Verhängung von freiheitsentziehenden Maßnahmen.

Für viele mögen diese Erwartungen selbstverständliche Konsequenz aus der Schilderung der obigen Sachverhalte sein. Andere dagegen werden durch die Formulierung solcher Erwartungen zutiefst beunruhigt.

Beispiele:

a) Es wird bezweifelt, ob durch die herkömmliche Art der Konfliktregelung per Strafrecht nicht die meisten zugrundeliegenden Sachverhalte und sozialen Problemlagen außer Betracht und somit ungelöst bleiben, wobei die Konfliktpartner unversöhnt alleingelassen werden. Denken Sie etwa an die Situation des Opfers, des Täters, der Familie des Straftäters, des sozialen und insbesondere des beruflichen Umfeldes, an seine Bekannten, Freunde und Gefährten - überhaupt an die als auslösend angenommene Bedingungskonstellation.

b) Juristen - so die Charakterisierung durch einen Juristen selbst - seien nicht qualifiziert, Kriminalität als das komplexe Gebilde und Zusammenwirken verschiedenster Bedingungskonstellationen zu erkennen. Sie reagierten auf alltägliche Kriminalität, die ja oft Reaktion von Unterdrückten und Vergewaltigten sei, mit nichts anderem als Gewalt und Unterdrückung. Dogmatische Routine im Alltag der Strafjustiz wirke sich zwangsläufig sozialschädlich aus, denn das Übel, das bekämpft werden solle, werde bei Anwendung routinisierter Rechtsanwendungstechnik nur verstärkt. So fungierten Juristen aufgrund der genannten wissenschaftlichen Unzulänglichkeiten als verlängerter Arm der auf Unterdrückung basierenden Agression der Herrschenden.[37)]

c) Unsere Strafen wirkten nicht bessernd und abschreckend, überhaupt nicht präventiv, sie wirkten vielmehr geradezu als eine Verstärkung der Antriebe zum Verbrechen. Je schwerer Art und Maß der Strafe gewesen sei, um so rascher erfolge der Rückfall - diese Einschätzung der Lage kommt von Franz Liszt, einem Autor, der zusammen mit seinem Schüler Gustav Radbruch eine Rechtstradition in Deutschland begründete, die sich gerade heute zu kultivieren lohnte.

d) Es werden sozialgeschichtlich betrachtet und aufweisbar, die Interessen ganz bestimmter Gruppen in der Gesellschaft begünstigt: berühmtes Beispiel sind die Reportagen von Karl Marx in der Rheinischen Zeitung anläßlich der Debatte im Rheinischen Landtag zum Holzdiebstahlsgesetz von 1842. Jahrhundertelange gewohnheitsrechtliche Regelungen, die Holzsammeln immer erlaubten, werden durch die Grundbesitzer zu Fall gebracht und eine völlig überflüssig erscheinende Kriminalisierung mit entsprechendem Sanktionsapparat wird durchgesetzt. Ein weiteres Beispiel: in den dreißiger bis fünfziger Jahren dieses Jahrhunderts wurden in vielen Staaten der USA Gesetze gegen Sexualpsychopathen erlassen. Damit fand eine starke Begünstigung der Psychiater als Hauptinteressengruppe statt, die in allen wichtigen Ausschüssen vertreten waren und damit ihre berufsständischen Interessen durchsetzen konnten.[39)] Eine soziologische Interessentheorie geht davon aus, daß Recht nur die Interessen bestimmter Gruppen sichert, auf Kosten anderer; Recht ist danach stets das Resultat von Macht und Konflikt.

e) Es wird von einzelnen Autoren bezweifelt, ob das bestehende Strafrecht - außer für Rache und Vergeltung zu sorgen - eine irgendwie nützliche Funktion habe.[40)]

Herrschende definieren sich ja nie selbst als ungehorsam oder gar kriminell. Das bestehende Strafrecht müsse beseitigt werden. (S.123), dann könnten wir wieder befreit leben und die den Menschen erst schlecht machenden Institutionen wieder kontrollieren. Als Beispiel wird von Quinney auf die Nachbarschaftsgerichte in Kuba hingewiesen, wo Richter und die Angehörigen des Gerichts aus der Nachbarschaft gewählt sind. (Seite 115)

f) Andere weisen darauf hin, daß die große Vielfalt ausdifferenzierter Wirklichkeitsbereiche mit ihren vielen Moralen der Grund dafür sei, daß der moralische Alltag in einer mittleren "Amoralität" ablaufe und sich normalerweise damit zufriedengebe, wenn es bei dieser Situation bleibe. Das sei zugleich der Grund dafür, warum Menschen mit Realitätsgefühl nicht für Strenge seien, wenn es um das Strafen gehe. Sie wüßten, daß Strafe in ihrer strengen Moralisierung unmoralischer sein könne als das Handeln derer, die bestraft werden sollen. Darum habe schon Cicero gesagt:"Summum ius, summa iniuria".[41)]

g) Könnte es eine sehr weitgehend ethnozentrische, abendländische, auf jüdisch-christlicher oder anderer Überlieferung beruhende Sichtweise sein, wenn wir Strafe, Buße, Sühne, Vergeltung so stark betonen und darüber die soziale Auseinandersetzung vergessen?

h) Es ist mehrfach auf die Ambivalenz christlicher Werte hingewiesen worden:

a) zur Befreiung und Befriedung und

b) zur Unterdrückung und Kontrolle von Menschen.[42)]

i) Bewirkt herkömmliche Konfliktregelung überhaupt etwas, wenn Hulsman, einer der Berichterstatter der Europaratstudie über "Entkriminalisierung" für die Niederlande feststellen kann, daß dort ein Oberschichtangehöriger die Chance von 70:1 habe, für ein Delikt nicht ins Gefängnis zu kommen, ein Unterschichtangehöriger dagegen nur die Chance 5:1? Scheerer[43)] knüpft daran mit Hulsman die Frage, warum man ein derartiges System auf Gedeih und Verderben beibehalten solle?

j) Innerhalb des von Talcott Parsons entwickelten Achterschemas soziologischer Erklärung abweichenden Verhaltens wird gut verdeutlicht, einen wie relativ bescheidenen Stellenwert das ständig im Vordergrund des Interesses stehende "kriminell" abweichende Verhalten unter allen sozial abweichenden Verhaltensweisen hat und wie die geräuschlosen sozialen Regelungsmechanismen funktionieren. So auch Luhmann in seiner Rechtssoziologie. Wäre es nicht an der Zeit, sich diesen Mechanismen stärker zuzuwenden, weil deren Nutzanwendung auf unsere Fragen ganz offensichtlich als sehr weitgehend erscheint?

k) Wie schon in anderem Zusammenhang erwähnt, können soziale Probleme erst durch die von Menschen geschaffenen Institutionen produziert werden, ein Sachverhalt, dem sich die Forschungssektion "Soziale Probleme und soziale Kontrolle" der Deutschen Gesellschaft für Soziologie besonders zugewendet hat.[44)] Viele weitere Fragen tauchen in diesem Zusammenhang auf...

l) Ebensowenig wie ich Neubauprogramme für eine ratio-Bewältigung eines sozialen Problems ansehe, so gedämpft sind auch die Erwartungen im Hinblick auf Vorstellungen von vermeintlichen Alternativen. Voß[45)] hat hier das Verdienst, darauf aufmerksam gemacht zu haben, daß auch gutgemeinte und gutdurchdachte "Alternativen" letztlich zu einer Beibehaltung, ja Vermehrung der vorhandenen Haftplätze beitragen können; mit dem Resultat, daß lediglich ein Vollzugsstau abgebaut würde und die vorhandenen Kapazitäten durch neu Einrückende "besser" genutzt wären. Es erscheint wichtig, daß jeder Anbieter eines alternativen Projektes vorher sehr gründliche konzeptionelle Überlegungen anstellt.[46)]

Auf die Bedeutung des auslösenden Situationskomplexes für den Straftäter - insbesondere die sozialstrukturellen Aspekte - haben Albrecht et al.[47)] besonders aufmerksam gemacht und daß es finanzieller, personeller und vor allem rechtlicher Absicherung möglicher Alternativen bedarf. Das heißt jedoch nicht, daß jeder alternative Ansatz vorher erst umfassend abgesichert werden müßte: sonst hätte es vermutlich nie alternative Versuche gegeben.

m) Müssen wir über eine drastische Änderung des Strafrechts nachdenken, weil lt. Plack "Humanisierung des Strafrechts, die nur dem Zweck dient, Strafe weiter zu ermöglichen, so inhuman ist wie jene Landkriegsordnung, die den Krieg ein wenig erträglicher macht, um ihn als kulturgebundene Institution erhalten zu können"[48)]? Er glaubt aber nicht daran, daß nach Abschaffung der diffamierenden Kriminalstrafe auf Erziehungs- wie auf Ordnungssanktionen für geringe Verstöße verzichtet werden kann. Übrigens wurde schon vor 30 Jahren die abschreckende Wirkung von Ordnungsstrafen im Vergleich zu strafrechtlichen Sanktionen als viel höher eingeschätzt.[49)]

Plack hält auch nichts von vorschnell durchgedrückten Reformen, vom Wunsch, sofort perfekte Lösungen für die ganze weitere Entwicklung zu haben, weil man dadurch das schon Mögliche verhindere. Und außerdem den kompromißlosen Gegnern in die Hände arbeite. Nach seiner Auffassung ist das Strafprinzip der Vergeltung und Repression - aufgrund der Daten der Kulturgeschichte und Völkerkunde - als nicht allgemein relevant für menschliche Gesellschaft anzusehen. Es könne aber nur überwunden werden, wenn Aufklärung über die Bedingungen destruktiven Verhaltens das Vergeltungsdenken beseitige und Anstöße für umfassende soziale Veränderungen gebe - und zwar bzgl. der geltenden Moral, der Erziehung, des Rechts, der Sozialordnung etc. (Seiten 397 - 399).

n) Strafrecht erscheint als ein unzulängliches Heilmittel, weil es nur einen geringen Teil der destruktiven Kräfte erfaßt, die in unserer Gesellschaft wirksam sind. Dies empfindet Plack als die tiefere Ungerechtigkeit des Strafrechts. (S.400)

V. Praktische Alternativen zur freiheitsentziehenden Sanktion

Die Evangelische Akademie Arnoldshain beschäftigt sich seit geraumer Zeit mit der Frage nach konkreten Alternativen zur freiheitsentziehenden Sanktion. Diesbezügliche Nachweise finden sich in den Schriften der Akademie.[50)] Ich möchte hier einige weitere Beispiele für Alternativen anführen.

a) Eine Möglichkeit, auf freiheitsentziehende Maßnahmen oder überhaupt auf strafrechtliche Sanktionierungen zu verzichten, ist es, die am Konflikt Beteiligten wie folgt zu versöhnen: durch das sog. "Täter-Opfer-Versöhnungsprogramm" (Victim offender reconciliation program - VORP), das in den amerikanischen Bundesstaaten Indiana und Ohio mit außerordentlichem Erfolg funktioniert; 70% Wiedergutmachungsabkommen wurden geschlossen mit einer Erfolgsquote von fast 80%.[51)]

b) Bezüglich weiterer bemerkenswerter Ansätze im Jugendkrimnalitätsbereich gibt der US-amerikanische "National Council on Crime and Delinquency (NCCD)" verläßlich Auskunft.[52)]

c) In einer zusammenfassenden Charakterisierung der gesellschaftlichen Gerichte der DDR hat Metzger-Pregizer[53)] folgende zum Nachdenken anregende Sachverhalte herausgestellt: sie sind, obwohl sicherlich verlängerter Arm des Staates, keine Strafgerichte; 37% der Strafsachen aller strafrechtlich verantwortlichen Täter wurden damals - 1973 - vor ihnen verhandelt, bei Diebstahl sogar ca. 50%, es findet eine direktere Bürgerbeteiligung im Sinne gesellschaftlicher Mitverantwortung statt; die gesellschaftliche Bedingtheit der Straftaten kann bei dieser Konstruktion leichter in den Blick kommen; die gesellschaftliche Entfremdung zwischen Staat und Bürger kann hier tendenziell vermindert werden; ein deutlicher Entkriminalisierungstrend wurde durch diese Institution eingeleitet; es besteht eine tendenzielle größere Chance, Straftäter zu resozialisieren und zu integrieren; erzieherische Maßnahmen statt Sühne und Vergeltung haben eine größere Chance; es besteht natürlich dabei auch die ideologische Absicht, die Kriminalitätsstatistik optisch günstiger aussehen zu lassen oder sogar optisch zu schönen und die Strafgerichte zu entlasten. Bei aller etwaigen Nichtwünschbarkeit, ein derartiges Verfahren zu übernehmen, ist dieser Ansatz sehr interessant; er erscheint auch teilweise - unter Berücksichtigung aller Vorbehalte, die sich aus unserer Rechtsordnung ergeben mögen - auf unsere Verhältnisse übertragbar.

d) Ellscheid und Hassemer[54)] halten ein Konzept der Haftung statt der Strafe für möglich - ohne Schuld/ Sühne/ Vergeltung als Vorwurf. Ein Rechtsprinzip, das in anderen Rechtsgebieten Geltung habe, das der Verhältnismäßigkeit, sei hier gut verwendbar. Recht diene dem Rechtsgüterschutz, dem Freiheitsschutz, es garantiere Interessenausgleich zwischen den Beteiligten. Der "Täter" sei dann nicht "schuld", er "hafte", und zwar ganz im Sinne wertrationaler und zweckrationaler Überlegungen Max Webers.

e) Der 6. Weltkongress der Vereinten Nationen über Verbrechenverhinderung und Behandlung von Straftätern[55)] hat ausdrücklich Alternativen zur Freiheitsstrafe gefordert und dabei die wirksame Einbeziehung der Gemeinde bei der Resozialisierung der Straftäter als besonders wichtig bezeichnet.

f) In den Ländern Ostasiens gibt es nach Verlautbarungen der Vereinten Nationen häufig Diskrepanzen zwischen einheimischen Traditionen und Institutionen und den oft importierten und insofern fremden Gesetzen und Kodizes. Verschiedene Formen von Gemeinschafts- und Gemeindebeteiligung würden ermutigt, wie etwa so passende Alternativen wie Schiedsgerichtsbarkeit, Vermittlung, Versöhnung statt rein rechtlicher und gesetzesgebundener Intervention.[56)]

g) Kaiser[57] hat in letzter Zeit die schon 1966 von Karl Peters erhobene Forderung wieder aufgenommen, ein Jugendkonfliktrecht statt eines Jugendstrafrechtes zu schaffen. Konfliktbelastete Kontakte mit der Erwachsenenwelt und deren Normensystemen seien normal und ubiquitär, d.h. überall anzutreffen. Daher sei zur Erklärung und Bearbeitung weniger ein sozialisationstheoretischer als ein konflikttheoretischer Ansatz geeignet.

h) Von Seiten des Europarates[58] kam jüngst die Empfehlung, speziell im Hinblick auf die Zurückdrängung der Freiheitsstrafen, Resozialisierungsräte zu bilden, sowie Patronagegesellschaften und Kommissionen zur Betreuung von Bewährungsprobanden und bedingt Entlassenen; ebenso lokale Kommissionen für Kriminalitätsverhütung. Besonderer Nachdruck wurde auf die Empfehlung gelegt, auf die Richter und Staatsanwälte einzuwirken, die während ihrer Ausbildung und während der Mitwirkung in o.e. Kommissionen für die Vermeidung von freiheitsentziehenden Maßnahmen gewonnen und aktiviert werden sollen.

i) Schüler-Springorum [59] ist bezüglich der Tendenzen im Jugendlichen-Bereich zur Feststellung gelangt, daß vor 15 Jahren in der Bundesrepublik etwa 40% der Deliquenten zu Gefängnisstrafen verurteilt worden seien, heute dagegen etwa noch die Hälfte. Ca. 5% gingen dann tatsächlich ins Gefängnis. Aus dieser Tendenz lassen sich wesentliche Schlußfolgerungen auch für den Erwachsenenvollzug ableiten, und zwar nicht nur bezüglich des Kreises von Jugendlichen, deren persönliche Prognose günstig sei, wie das Schüler-Springorum meint (S.41).

j) Hanak[60] hat herausgearbeitet, Durkheim, Parsons und die Mehrzahl aller folgenden Autoren habe bei ihren Erklärungsansätzen ein stark sanktionsbetontes, auf Vergeltung und Sühne gerichtetes typisches Strafrechtssystem im Auge gehabt. Es sei diesem KONSENSUS-Modell auf die Vorstellungen einer jeweiligen Mehrheit der Mitbürger (Konsens) angekommen, um abweichendes Verhalten oder Konformitätsvorstellungen zu ermitteln. Demgegenüber komme es bei dem von ihm empfohlenen sogenannten ASSENSUS-Modell, das typisch für zivilrechtliche Regelungen sei, ganz wesentlich auf Vermittlung, Schiedsgerichtsbarkeit und informelle Regelung an.

k) Anläßlich der Arnoldshainer Tagung "Alternativprojekte zur Freiheitsstrafe" im Herbst 1983 haben zwei niederländische Kollegen sehr ausführlich über die "gemeinnützige Arbeit" (dienstverlening) in den Niederlanden berichtet und sich der Diskussion gestellt, die auch dabei aufgetretene Probleme nicht aussparte. Gemeinnützige Arbeit ist dort ausdrücklich als Strafe zur Vermeidung einer Freiheitsstrafe bis zu drei Monaten konzipiert. Sie ist seit 1981 als Experiment eingeführt, sehr erfolgreich, wie man hört. Es soll nicht verschwiegen werden, daß die ursprünglich für Freiheitsstrafen bis zu 6 Monaten konzipierte Maßnahme auf politischen Druck, vor allem der Staatsanwälte und Richter, zurückgenommen werden mußte. Sie wirkt sich allerdings in einem Land, das sehr viel weniger Haftplätze benötigt als wir, weiterhin freiheitsstrafmindernd aus.

l) Die Ausweitung der Strafaussetzung zur Bewährung auf Strafen bis zu 2 Jahren, in Sonderfällen bis zu 3 Jahren, wie sie in der Bundesrepublik diskutiert worden ist, wird in zahlreichen Nachbarländern schon länger und offenbar ohne negative Konsequenzen praktiziert - Ansatzpunkt für weitere Schritte in Richtung auf Alternativen.

m) Wenn wir einmal davon ausgehen, daß ein Mitauslöser für die intensivere Beschäftigung mit Alternativen zur Freiheitsstrafe die Pläne einzelner Bundesländer waren, massiv Neubauprogramme voranzutreiben, sind Erfahrungen aus anderen Ländern hilfreich.
Ineinem Forschungsbericht aus den USA werden eine Fülle einzelner Projekte besprochen, deren Zielrichtung die Vermeidung der Überfüllung von JVA's war.[62)] Daraus ergeben sich Anhaltspunkte, die als übertragbar und verwendbar gelten können. Es wurden alle Anstrengungen unternommen, um Festnahme, Arrestierung und Untersuchungshaft zu vermeiden; das geschah im wesentlichen auch durch intensive Aufklärungsarbeit hinsichtlich der entstehenden Kosten; die Anforderungen an Polizeibeamte wurden so weit hinaufgeschraubt, daß jeder Beamte ausführlich begründen mußte, warum er dieses letzte Mittel der Festnahme/Arrestierung wählte; sinngemäß wurden auch für die anderen Organe der Rechtspflege Normen gesetzt, z.B. die U-Haft für geringere Straftaten um 50% zu reduzieren. Dies müßte bei Anwendung in der Bundesrepublik eine drastische Änderung der Lage bringen! Weiter: für kleinere Straftaten und für Verkehrstäter wurde eine Überprüfung innerhalb von 24 Stunden angeordnet. Einzelne Gruppen - wie die wegen Trunkenheit Einsitzenden (in einigen Staaten der USA führt das zu 30 bis 60 Tagen Ortsgefängnis) - möchte man ganz an die Sozialbehörden abgeben. Vertrauensbildende Maßnahmen im Hinblick auf die örtlichen Polizeichefs, die Richter und Staatsan-

wälte wurden ganz groß geschrieben. Außerdem wurden in einigen Projekten die Entlassungsbedingungen so milde gestaltet, daß Telefonanrufe und seltener Kontakt mit dem Bewährungshelfer oder einem vergleichbaren Sozialhelfer genügten, um die vorzeitige Entlassung zu erreichen. Außerdem wurde in vielen Fällen ein Beratungsgremium eingerichtet, bestehend aus wichtigen Justizpersonen, Politikern, interessierten Bürgern etc., um den Erfolg solcher Projekte zu garantieren. Die meisten dieser Projekte sollen mit ganz erstaunlichem Erfolg arbeiten.

n) Schließlich sei noch auf ein interessantes Buch über Nachbarschaftsjustiz hingewiesen, das gerade auf den Markt kam und nicht so zu verstehen ist, als ob damit die sozialistische totale Kontrolle im Arbeits- und Wohnbereich angestrebt würde.[63]

Abschließend ein Zitat aus einer bemerkenswerten Schrift, die vor fünfzig Jahren entstand, ein spezifisch deutsches Schicksal hatte und so zeitgemäß wie eh und je erscheint: "Die Sinnlosigkeit schwerer Bestrafung und grausamer Behandlung kann tausendmal bewiesen sein, aber solange die Gesellschaft nicht in der Lage ist, ihre sozialen Probleme zu lösen, wird die Unterdrückung als Ausweg immer akzeptiert werden. Die Repression verdeckt die Symptome sozialer Krankheit mit einem System rechtlicher und moralischer Wertvorstellungen und erzeugt eine Illusion der Sicherheit. Paradoxerweise hat der Fortschritt des menschlichen Wissens das Problem des Strafvollzuges heute verständlicher und lösbarer gemacht als je zuvor, während eine grundlegende Revision der Strafvollzugspolitik wegen ihrer funktionalen Abhängigkeit von der gegebenen Gesellschaftsordnung mehr als je zuvor in weite Ferne gerückt zu sein scheint".[64]
Lassen wir es nicht dahin kommen, daß das weiter so bleibt.

ANMERKUNGEN:

1) Dazu Plack, Arno: Plädoyer für die Abschaffung des Strafrechts, List, München 1974/361:"Meinungsforscher hatten im Jahre 1964 festgestellt, daß 63 Prozent der Männer und sogar 76 Prozent der Frauen für eine Beendigung der Strafverfolgung der NS-Verbrecher eintraten. Gegen den Willen einer so erdrückenden Mehrheit konnte mit 'gerechten Urteilen' nicht einmal überwiegend gerechnet werden: weil die Volksmeinung durch die Gehirne der Juristen mitten hindurchgeht. Strafrecht als systematisierte Repression und gelenkte Aggression ('im Namen des Volkes') hat das Sozialschädliche, das es zu bekämpfen vorgibt, allemal im eigenen Nacken." Oder Seiten 255/256:"Das Strafrecht ist in Bezug auf die Krankheit'Destruktion' (bei Rauschtaten, Leder), der Arzt, der herbeieilt, wenn der Patient gestorben ist. Mehr noch: es ist der Arzt, der durch giftige Arznei und gehörige Ansteckung dafür sorgt, daß die Krankheit sich ausbreitet. Das Strafrecht ist selber ein soziales Übel..."

2) Radbruch, Gustav: Einführung in die Rechtswissenschaft, zuerst 1919/1924; 1969 in vermehrter Auflage, Stuttgart, Seite 140 ff

3) So etwa Sievering, Ulrich O.: Vorwort und Einführung in: Schäfer, Karl Heinrich, Sievering Ulrich O. (Hrsg.): Ausländerrecht contra Resozialisierung? Beiträge zur Problematik straffällig gewordener Ausländer in der Bundesrepublik Deutschland, Arnoldshainer Texte, Band 21, Frankfurt 1984, S.3.

4) Das bezieht sich naturgemäß auf die gesamte Strafvollzugspopulation und nicht auf jeden einzelnen Fall.

5) Vgl. Leder, Hans-Claus: Arbeitsentgelt im Strafvollzug der Bundesrepublik Deutschland - Paradigma für fehlende soziologische Problemsicht, Schindele Verlag, Rheinstetten 1978
Einen erweiterten Merkmalskatalog habe ich aufzustellen versucht in: Leder, Hans-Claus: "Theodor Geigers Theorie der sozialen Schichtung...", Heidelberg 1969. Die o.e. Merkmale repräsentieren natürlich nur einen kleinen Ausschnitt; im Hinblick auf die übrigen relevanten Merkmale sieht die Strafvollzugsbilanz ähnlich trist aus.

6) Goffman, Erving: Asylums - Essays on the social situation of mental patients and other inmates", New York - Chicago, 1961. **Deutsche Fassung**:"Asyle - Über die soziale Situation psychiatrischer Patienten und anderer Insassen", Suhrkamp, Frankfurt 1972. Hier sei der Hinweis erlaubt, daß dieser Deutungsansatz einen beträchtlichen Plausibilitätsgewinn aus allen bisher bekannten organisationssoziologischen Untersuchungen bezieht.

7) Goffman, Erving: Notes on the management of spoiled identity, Engelwood Cliffs, N.J. 1963, **deutsch:** Stigman - Über Techniken der Bewältigung beschädigter Identität, Suhrkamp, Frankfurt 1967, neue Auflage 1974; Goffman, Erving: Interaction ritual: Essays on face-to-face behavior, New York 1967, **deutsch:** Interaktionsrituale - Über Verhalten in direkter Kommunikation, Suhrkamp, Frankfurt 1971.

8) Siehe auch den zusammenfassenden Beitrag von ALBRECHT, Günter: STIGMATISIERUNG, in: Kleines Kriminologisches Wörterbuch, (Hg. Kaiser, G./Sack, F./Schellhoss, H.), Herder, Freiburg 1974, 318 - 322.

9) Opp, Karl-Dieter: Strukturen und Prozesse in Gefängnissen - Zur Anwendbarkeit der Lerntheorie im Strafvollzug, in: Soziologie - Sprache, Bezug zur Praxis, Verhältnis zu anderen Wissenschaften, René König zum 65. Geburtstag, Hrsg. Albrecht, Günter/ Daheim, Hansjürgen/Sack, Fritz; Westdeutscher Verlag, Opladen 1973, 737 - 752.

10) Clemmer, D.: The Prison Community, New York 1958

11) Harbordt, Steffen: Die Subkultur des Gefängnisses. Eine soziologische Studie zur Resozialisierung, Enke, Stuttgart 1967, 2. Auflage 1972 (Über dieses Buch auch: Leder, Hans-Claus: Soziologische Erklärungsversuche abweichenden Verhaltens (1) - Die Subkultur des Gefängnisses: Soziale Verhaltenstypen bei Insassen von Strafanstalten, in: Zeitschrift für Strafvollzug 23/Juli 1974/2/115 - 119).

12) Berckhauer/Hasenpusch: Legalbewährung nach Strafvollzug, in: Schwind/Steinhilper: Modelle zur Kriminalitätsvorbeugung, 1982, Seiten 281 ff.

13) Breymann, Klaus: Woran scheitert die Integration der Sozialwissenschaften in die Jugendstrafrechtspraxis? in: Monatsschrift für Kriminologie und Strafrechtsreform 66/1983/5/295 ff.

14) Darmstädter Echo vom 19.12.1983, Seite 3.

15) Plack, Arno: Plädoyer für die Abschaffung des Strafrechts, List, München 1974/108 unter Bezug auf Middendorf, Wolf: Todesstrafe - Ja oder Nein?, Freiburg, 1962/27 und Hacker, Friedrich: Aggression, Wien-München-Zürich 1971/244

16) Plewig, Hans-Joachim: Youth Custody - Ein neues Jugend-Sanktionsrecht in England, in: Monatsschrift für Kriminologie u. Strafrechtsreform, 66/1983/3/183 ff, hier 184.

17) Martinson, Robert: What works? Questions and answers about prison reform, in: The Public Interest, Nr. 35, 1974/22 - 54.

18) Brusten, Manfred: Resozialisierung als Problem der Gesellschaft, in: Schmidtobreick, Bernhard (Hrsg.): Kriminalität und Sozialarbeit, Freiburg 1972/21. Er verbindet damit die Forderung, daß Sozialarbeit nicht mehr Ordnung, Kontrolle und Anpassung an zweifelhafte Mittelschichtsstandards verinnerlichen solle, sondern die Emanzipationsidee propagieren müsse.

19) Bonstedt, Christoph: Organisierte Verfestigung abweichenden Verhaltens, München 1977/12

20) Schmidt, Eberhard: Einführung in die Geschichte der deutschen Strafrechtspflege, 3. Aufl. Göttingen 1965/423.

21) Schüler-Springorum, Horst: Vorwort, in: Deutsche Akademie für Medizinische Fortbildung Kassel (Hrsg.): Jugendkriminalität und Resozialisierung, Kongreßbericht 1974, Stuttgart 1975/IV.

22) Wetter, Reinhard/Böckelmann, Frank: Knastreport, Frankfurt 1972/229.

23) Habermas, J.: Theorie des kommunikativen Handelns, Frankfurt 1982; Peukert, H.; Wissenschaftstheorie, Handlungstheorie, Fundamentaltheologie, Frankfurt 1982.

24) Maelicke, Bernd: in: Sievering, Ulrich O. (Hrsg.): Alternativen zur Freiheitsstrafe, Arnoldshainer Texte, Band 5, Frankfurt 1982, S.18. Der Korrektheit halber sollte angemerkt werden, daß Sozialarbeit nicht strukturverändernd ausgerichtet ist.

25) vgl. Voß, Michael, Gefängnis - für wen? Eine kritische Funktionsbestimmung des Strafvollzugs, Ajz Druck und Verlag, Bielefeld 1979/74 unter Bezugnahme auf Wright, Erik O.: The politics of punishment - a critical analysis of prison in America, New York, 1973/S. 160.

26) Kluge, Karl-J. Einleitende Vorbemerkung: Strafen, Strafvollzug und Verhaltensänderung, in: Kluge, Karl-J. (Hrsg.): Kriminalpädagogik, 3 Bände, 1. Band: Basisprobleme der Kriminalpädagogik, Wissenschaftliche Buchgesellschaft, Darmstadt, 1977/S. 1 ff.

27) vgl. ebd. S. 13

28) vgl. ebd. S. 16

29) vgl. ebd. S. 28

30) vgl. ebd. S. 48

31) vgl. ebd. S. 48

32) vgl. ebd. S. 54

33) Foucault, Michel: Surveiller et punir, Naissance de la prison, Gallimard, Paris 1975.

34) Voß, Michael: Gefängnis - für wen? Eine kritische Funktionsbestimmung des Strafvollzuges, Ajz Druck und Verlag, Bielefeld 1979.

35) Maelicke, Bernd: Zwischen Eigenverantwortlichkeit und Kriminalisierung - sozialpsychologische Aspekte der Straffälligkeit heute", Referat anläßlich der Tagung der Evangelischen Akademie Arnoldshain zum Thema "Quellen der Straffälligkeit und das Recht zu strafen", 11.-13.11.1983.

36) siehe Anmerkung 35).

37) So Ostermeyer, Helmut: Die bestrafte Gesellschaft - Ursachen und Folgen eines falschen Rechts, Hanser Verlag, München 1975.

38) Liszt, Franz von: Das Verbrechen als sozial-pathologische Erscheinung, in: Strafrechtliche Aufsätze und Vorträge, 2. Band, Berlin 1905/241 - bezogen auf die Rückfallstatistik und Seite 325 bezogen auf das 'gewerbsmäßige Verbrechen'.

39) Quinney, Richard: Ansätze zu einer Soziologie des Strafrechts, in: Lüderssen, Klaus/Sack, Fritz (Hrsg.): Seminar Abweichendes Verhalten II, Suhrkamp, Frankfurt, 1975/44 ff.

40) Quinney, Richard: Die Ideologie des Rechts: über eine radikale Alternative zum legalen Zwang, in: Lüderssen, Klaus/Sack, Fritz (Hrsg.) Seminar Abweichendes Verhalten I, Die selektiven Normen der Gesellschaft, Suhrkamp, 1. Auflage 1975/80 ff, hier 113.

41) So Sloterdijk, Peter: Kritik der zynischen Vernunft, 2. Band, ed. Suhrkamp, Frankfurt 1983/552

42) Siehe die hervorragende Darstellung der Aspekte bürokratischer Sozialisation bei: Bosetzky, Horst/Heinrich, Peter: Mensch und Organisation - Aspekte bürokratischer Sozialisation, Deutscher Gemeindeverlag, Verlag W. Kohlhammer, Köln et al. 1980/74-75

43) Scheerer, Sebastian: Warum sollte das Strafrecht Funktionen haben? in: Kriminologisches Journal, 1/1983/69.

44) Vgl. Wöhler, Karlheinz: Behinderung als Systemerzeugnis, in: Albrecht, Günter/Brusten, Manfred (Hrsg.): Soziale Probleme und soziale Kontrolle, Beiträge zur sozialwissenschaftlichen Forschung, Band 29, Westdeutscher Verlag, Opladen 1982/112 - 123 (Er schildert den Prozeß, wie aus einem hörbeeinträchtigten Kind ein hospitalisiertes, hörgeschädigtes und schließlich ein hörbehindertes Kind gemacht wird).

45) Voß, Michael: Über das keineswegs zufällige Zusammentreffen von Gefängnisausbau und der Einrichtung ambulanter Alternativen, in Kerner, Hans-Jürgen (Hrsg.): Diversion statt Strafe? Probleme und Gefahren einer neuen Strategie strafrechtlicher Sozialkontrolle, Kriminalistik Verlag Heidelberg, 1983.

46) Pilgram, Arno:'Decarceration'. Kritisches zu Politik und Theorie der Schließung von Gefängnissen und Irrenanstalten, in: Kriminalsoziologische Bibliografie 10/1983/40/47-65 (In diesem kritischen Übersichtsreferat wird deutlich auf Fußangeln hingewiesen).

47) Albrecht, Peter-Alexis/Bielefeld, Uli/Kersten, Joachim/Kreissl, Reinhard/Lamner, Siegfried et al.: Jugendstrafvollzug und Kriminalprävention, in: Schüler-Springorum, Horst (Hrsg.): Jugend und Kriminalität, Edition Suhrkamp, NF 201, Frankfurt 1983, Seiten 156 - 167.

48) Plack, Arno: Plädoyer für die Abschaffung des Strafrechts, List, München 1974/261.

49) Nowakowski, Friedrich: Freiheit, Schuld, Vergeltung, in: Festschrift für Theodor Rittler, Aalen 1957/79.

50) vgl. Evangelische Akademie Arnoldshain (Hrsg.) Alternativprojekte zum Strafvollzug, Arnoldshainer Protokoll 2/83, mit Beiträgen von Hans-Claus Leder und Ulrich O. Sievering.

51) Zehr, Howard/Umbreit, Mark: Victim-offender reconciliation: an incarceration substitute in: Federal Probation, Washington D.C., 46/1982/4/63-68.

52) Woods, Margaret L.: Alternatives to imprisoning young offenders: noteworthy programs, National Council on Crime and Delinquency (NCCD), 1982 (o.O.).

53) Metzger-Pregizer, Gerhard: Gesellschaftsgerichte, in: Kaiser, G./Sack, F./Schellhoss, H.(Hrsg.): Kleines Kriminologisches Wörterbuch, Herder, Freiburg, 1974/112 - 116.

54) Ellscheid, Günter/Hassemer, Winfried: Strafen ohne Vorwurf-Bemerkungen zum Grund strafrechtlicher Haftung, in: Lüderssen, Klaus/Sack, Fritz(Hrsg.): Seminar Abweichendes Verhalten III - Die gesellschaftliche Reaktion auf Kriminalität, Band 2, Strafprozeß und Strafvollzug, Suhrkamp, Frankfurt/266 ff.

55) Sixth United Nations Congress on the Prevention of Crime and the Treatment of Offenders Caracas, 25. Aug. - 5. Sept. 1980: Report prepared by the Secretariat, UN Publication Sales No. E 81 IV 4/Seiten 4-5.

56) So Shahani, Leticia: Address to the Asia and Pacific Preparatory Meeting for the 7th UN-Congress on the Prevention of Creme and the Treatment of Offenders, Bangkok, 4.-8.Juli 1983, UN Information Service, UNIS/CP/28/Seite 3.
Frau Shahani ist UN-Assistant-General für Social Development und Humanitarian Affairs, Crime Prevention and Criminal Justice Branch, Department of International Economic and Social Affairs.

57) Kaiser, Günther: Jugendkonflikte, Jugendpolitik und Jugendrecht, Zur kriminologischen Diskussion in der Bundesrepublik, in: Häußling, Josef M./Brusten, Manfred/Malinowski, Peter: Jugendkonflikte, Kriminologische Forschungen und Analysen aus neun Ländern, Enke, Stuttgart 1981/20 ff.

58) Conseil de l'Europe, Comité européen pour les problèmes criminels (CDPC), XXXII session plénière du 18 au 22 avril 1983, Recommendation sur la participation du public à la politique criminelle - application des mesures de substitution aux peines privatives de liberté, Strasbourg 1983

59) Schüler-Springorum, Horst: Societé moderne et delinquance juvenile, in: Revue Internationale de Criminologie et de police technique, 2/1983/37.

60) Hanak, Gerhard: Diversion und Konfliktregelung, in: Kriminalsoziologische Bibliografie 9/1982/H.35/1 ff. (Unter Bezugnahme auf Bianchi, H.: Das Assensusmodell, in: Kriminologisches Journal 1981).

61) Kaiser, Günther, Vorwort in: Dünkel, Frieder/Spiess, Gerhard (Hrsg.): Alternativen zur Freiheitsstrafe - Strafaussetzung zur Bewährung und Bewährungshilfe im internationalen Vergleich, Kriminologische Forschungsberichte aus dem MPI für ausländ. und intern. Strafrecht, Band 14, Freiburg 1983/V.

62) Denver Research Institute, Social Systems Research & Evaluation Division, University of Denver: Jail overcrowding and pretrial detention: an evalution of program alternatives, Denver, Colorado, September 1982.

63) Tomasic, Roman/Feeley, Malcolm M.: Neighborhood Justice - Assessment of an Emerging Idea, Longman, New York - London 1982.

64) Rusche, Georg/ Kirchheimer, Otto: Sozialstruktur und Strafvollzug,Europ. Verlagsanstalt Frankfurt 1974 (Orig.- Punishment and Social Structure, Columbia University Press, New York 1939 - das Manuskript von Rusche stammt aus dem Jahre 1933 und wurde von Kirchheimer bearbeitet. Es handelt sich um die erste Veröffentlichung des aus Deutschland nach New York emigrierten Internationalen Instituts für Sozialforschung).

Autorenverzeichnis

Heinz Cornel
Dr., Institut für Sozialarbeit und Sozialpädagogik, Frankfurt

Frieder Dünkel
Dr., Max-Planck-Institut für ausländisches und internationales Recht, Forschungsgruppe Kriminologie, Freiburg i. Breisgau

Thomas Feltes
Dr., Universität Heidelberg, Institut für Kriminologie, Heidelberg

Hans-Claus Leder
Dr., Prof., Ev. Fachhochschule Darmstadt, Darmstadt

Dieter Rössner
Dr., Prof., Universität Lüneburg, Lüneburg

Manfred Schick
Dr., Diakonisches Werk, Frankfurt

Ulrich O. Sievering
Ev. Akademie Arnoldshain, Schmitten/Ts.

Michael Voß
Dr., Universität Bielefeld, Sonderforschungsbereich Prävention und Intervention im Kindes- und Jugendalter (SFB 227), Bielefeld

Michael Walter
Dr., Prof., Universität Köln, Kriminologische Forschungsstelle des Kriminalwissenschaftlichen Instituts, Köln

Arnoldshainer Texte

Schriften aus der Arbeit der Evangelischen Akademie Arnoldshain

Band 1: Gerhard Marcel Martin (Hrsg.), **Betroffen von Gott.** Beiträge zum Dialog zwischen Theologie und Tiefenpsychologie.
1981. 79 Seiten, Paperback DM 9,80. ISBN 3-88129-407-4

Band 2: Werner Licharz (Hrsg.), **Janusz Korczak in seiner und in unserer Zeit.** Mit einem Vorwort von Erich Dautzenroth und Adolf Hampel.
1981. 184 Seiten, Paperback DM 16,80. ISBN 3-88129-435-X

Band 3: Ulrich O. Sievering (Hrsg.), **Integration ohne Partizipation?** Ausländerwahlrecht in der Bundesrepublik Deutschland zwischen (verfassungs-) rechtlicher Möglichkeit und politischer Notwendigkeit.
1981. 172 Seiten, Paperback DM 16,80. ISBN 3-88129-436-8

Band 4: Werner Licharz/Martin Stöhr (Hrsg.), **Einladung ins Lehrhaus.** Beiträge zum jüdischen Selbstverständnis.
1981. 128 Seiten, Paperback DM 14,80. ISBN 3-88129-462-7

Band 5: Ulrich Sievering (Hrsg.), **Alternativen zur Freiheitsstrafe.**
1982. 106 Seiten, Paperback DM 12,80. ISBN 3-88129-513-5

Band 6: Ulrich O. Sievering (Hrsg.), **Praxisprobleme im Asylverfahren.** Das Recht auf politisches Asyl in der Bundesrepublik Deutschland zwischen Verfassungsauftrag und Verwaltungsaufgabe.
1982. 141 Seiten, Paperback DM 16,80. ISBN 3-88129-517-8

Band 7: Werner Licharz (Hrsg.), **Dialog mit Martin Buber.**
1982. 472 Seiten, Paperback DM 48,–. ISBN 3-88129-521-6

Band 8: Werner Licharz (Hrsg.), **Wie können wir heute verantwortlich von Gott reden.** Mit einem Beitrag von Hermann Dembowski: Gott im Wort.
1982. 294 Seiten, Paperback DM 34,80. ISBN 3-88129-561-5

Band 9: Werner Licharz (Hrsg.), **Heil für die Christen – Unheil für die Juden?** Von der Notwendigkeit des Gesprächs und des gemeinsamen Zeugnisses.
1982. 124 Seiten, Paperback DM 16,80. ISBN 3-88129-568-2

Band 10: Ingeborg Milz/Hedi Steil (Hrsg.), **Teilleistungsschwächen bei Kindern und Jugendlichen.** Ein heilpädagogisches Problem in unseren Schulen.
1982. 232 Seiten, Paperback DM 28,80. ISBN 3-88129-580-1

Band 11: Ulrich O. Sievering (Hrsg.), **Schule und Praxisschock.** Beiträge zur Berufsbezogenheit der Lehrerausbildung.
1982. 244 Seiten, Paperback DM 29,80. ISBN 3-88129-581-X

HAAG + HERCHEN Verlag GmbH · Fichardstraße 30 · 6000 Frankfurt/Main 1

Band 12: Jens Harms (Hrsg.), **Das Multinationale Unternehmen im sozialen Umfeld.** Ökonomische und ethische Aspekte.
1983. 124 Seiten, Paperback DM 16,80. ISBN 3-88129-629-8

Band 13: Martin Stöhr (Hrsg.), **Leben – Zusammenleben – Überleben.** Wirklichkeit und Verwirklichung von Gerechtigkeit und Befreiung, Frieden und Liebe, Schöpfung und Hoffnung.
1983. 137 Seiten, Paperback DM 16,80. ISBN 3-88129-646-8

Band 14: Martin Stöhr (Hrsg.), **Theologische Ansätze im religiösen Sozialismus.**
1983. 123 Seiten, Paperback DM 16,80. ISBN 3-88129-647-6

Band 15: Martin Stöhr (Hrsg.), **Judentum im christlichen Religionsunterricht.**
1983. 168 Seiten, Paperback DM 19,80. ISBN 3-88129-648-4

Band 16: Martin Stöhr (Hrsg.), **Das Erbe der Bekennenden Kirche.** Der prophetische Auftrag der Kirche.
1983. 140 Seiten, Paperback DM 16,80. ISBN 3-88129-599-2

Band 17: Martin Stöhr (Hrsg.), **Abrahams Kinder.** Juden – Christen – Moslems.
1983. 176 Seiten, Paperback DM 19,80. ISBN 3-88129-683-2

Band 18: Ulrich O. Sievering (Hrsg.), **Ökologischer Landbau.** Beiträge zu seinen praktischen und geistigen Grundlagen.
1983. 172 Seiten, Paperback DM 19,80. ISBN 3-88129-704-9

Band 19: Werner Licharz, Anne-Marie Fabian, Rolf Gawrich (Hrsg.), **Dialog mit Polen. Beiträge zur deutsch-polnischen Verständigung, Nr. 1:** 40. Jahrestag des Warschauer Ghetto-Aufstandes.
1983. 106 Seiten, Paperback DM 12,80. ISBN 3-88129-707-3

Band 20: Werner Licharz (Hrsg.), **Leo Baeck — Lehrer und Helfer in schwerer Zeit.**
1983. 200 Seiten, Paperback DM 26,80. ISBN 3-88129-715-4

Band 21: Karl Heinrich Schäfer / Ulrich O. Sievering (Hrsg.), **Ausländerrecht contra Resozialisierung?** Beiträge zur Problematik straffällig gewordener Ausländer in der Bundesrepublik Deutschland.
1984. 190 Seiten, Paperback DM 24,80. ISBN 3-88129-745-6

Band 22: Ulrich O. Sievering (Hrsg.), **Politisches Asyl und Einwanderung.** Die Unterbringung von Asylbewerbern in der Bundesrepublik Deutschland im Lichte von historischer Entwicklung und Menschenrecht.
1984. 240 Seiten, Paperback DM 29,80. ISBN 3-88129-757-X

Band 23: Werner Licharz, Anne-Marie Fabian, Rolf Gawrich (Hrsg.), **Dialog mit Polen.** Beiträge zur deutsch-polnischen Verständigung, Nr. 2: Anstöße zum Lernen.
1984. 148 Seiten, Paperback DM 19,80. ISBN 3-88129-797-9

HAAG + HERCHEN Verlag GmbH · Fichardstraße 30 · 6000 Frankfurt/Main 1

Band 24: Werner Licharz (Hrsg.), **Lernen mit Franz Rosenzweig.**
1984. XVIII, 343 Seiten, Paperback DM 38,00. ISBN 3-88129-817-7

Band 25: Jens Harms, Doron Kiesel, Achim von Loesch, Bernhard Suin de Boutemard (Hrsg.), **Alternativökonomie und Gemeinwirtschaft.**
1984. 160 Seiten, Paperback DM 22,80. ISBN 3-88129-829-0

Band 26: Ulrich O. Sievering (Hrsg.), **Schulrecht — Schulpraxis.** Schule in der Bundesrepublik Deutschland und der demokratische Rechtsstaat als Grenze pädagogischen Handlungsspielraums.
1984. 253 Seiten, Paperback DM 32,80. ISBN 3-88129-837-1

Band 27: Werner Licharz, Anne-Marie Fabian, Rolf Gawrich (Hrsg), **Dialog mit Polen.** Beiträge zur deutsch-polnischen Verständigung, Nr. 3 : Anstiftung zum Frieden.
1984. 127 Seiten, Paperback DM 18,80. ISBN 88129-852-5

Band 28: Werner Licharz, Erich Dauzenroth, Adolf Hampel (Hrsg.), **Janusz Korczak in seiner und in unserer Zeit.** Das Leben gewinnen in der Begegnung mit Kindern.
2., überarbeitete und erweiterte Auflage 1984. 150 Seiten, Paperback DM 16,80. ISBN 3-88129-853-3

Band 29: Egbert Nickel / Ulrich O. Sievering (Hrsg.), **Gewissensentscheidung und demokratisches Handeln.**
1984. VI, 110 Seiten, Paperback DM 16,80. ISBN 3-88129-860-6

Band 30: Werner Licharz (Hrsg.), **Nicht Du trägst die Wurzel — die Wurzel trägt Dich.** Hanna Wolff und die Frage nach einer christlichen Identität.
1985. VIII, 99 Seiten, Paperback DM 14,80. ISBN 3-88129-880-0

Band 31: Werner Licharz (Hrsg.), **Martin Bubers Erbe für unsere Zeit.** Band 1: Ein Textbuch anläßlich des 20. Todestages Martin Bubers. — Einführungs- und Begleitband zum internationalen Buber-Symposium 1985.
1985. XII, 295 Seiten, Paperback DM 28,00. ISBN 3-88129-887-8

Band 32: Werner Licharz (Hrsg.), **Martin Bubers Erbe für unsere Zeit.** Band 2: Dialogik und Dialektik. - Beiträge eines internationalen Buber-Symposiums 1985.
1985. In Vorbereitung. ISBN 3-88129-888-6

Band 33: Werner Licharz / Adolf Hampel (Hrsg.), **Janusz Korczak: Senat der Verrückten.** Eine düstere Humoreske. Deutsche Erstveröffentlichung
1985. VIII, 98 Seiten, Paperback DM 14,80. ISBN 3-88129-893-2

Band 34: Werner Licharz, Anne-Marie Fabian, Rolf Gawrich (Hrsg.), **Dialog mit Polen.** Beiträge zur deutsch-polnischen Verständigung, Nr. 4: Zeitzeugen.
1985. 188 Seiten, Paperback DM 24,80. ISBN 3-88129-894-0

Band 35: Ulrich O. Sievering (Hrsg.), **Arbeitsmigrantenforschung in der Bundesrepublik Deutschland.** Methodenprobleme in der Datenerhebung.
1985. 255 Seiten, Paperback DM 34,80. ISBN 3-88129-914-9

HAAG + HERCHEN Verlag GmbH · Fichardstraße 30 · 6000 Frankfurt/Main 1

Band 36: Hans-Hermann Henrix / Werner Licharz (Hrsg.).
Welches Judentum steht welchem Christentum gegenüber?
1985. 129 Seiten, Paperback DM 19,80. ISBN 3-88129-924-6

Band 37: Martin Stöhr (Hrsg.), **Zur biblischen Begründung sozialethischen Handelns.**
1985. VI, 50 Seiten, Paperback DM 10,80. ISBN 3-88129-929-7

Band 38: Werner Licharz (Hrsg.), **Lernen und Lehren im Jüdischen Lehrhaus.**
1985. VIII, 90 Seiten, Paperback DM 16,80. ISBN 3-88129-939-4

Band 39: Hans-Georg Link / Martin Stöhr (Hrsg.), **Der Herr des Lebens.** Jüdische und christliche Interpretationen in der Ökumene.
1985. VIII, 177 Seiten, Paperback DM 24,80. ISBN 3-88129-951-3

Band 40: Werner Licharz / Peter Lutze / Josef Schädle (Hrsg.),
Mit geistig behinderten Menschen zusammenleben
1985. VI, 60 Seiten, Paperback DM 12,80. ISBN 3-88129-960-2

Band 41: Werner Licharz / Bruno Wilke (Hrsg.), **Juden und Christen.**
Informationen und Unterrichtsangebote für den Religionsunterricht.
1986. VIII, 193 Seiten, Paperback DM 19,80. ISBN 3-89228-040-1

Band 42: Werner Licharz / Manfred Keller (Hrsg.),
Franz Rosenzweig und Hans Ehrenberg. Bericht einer Beziehung.
1986. X, 285 Seiten, Paperback DM 38,00. ISBN 89228-055-X

Band 43: Martin Stöhr (Hrsg.), **Ziviler Ungehorsam und rechtsstaatliche Demokratie**
1986. VI, 134 Seiten, Paperback DM 19,80. ISBN 3-89228-061-4

Band 44: Martin Stöhr (Hrsg.), **Von der Verführbarkeit der Naturwissenschaft.**
Naturwissenschaft und Technik in der Zeit des Nationalsozialismus.
1986. VI, 123 Seiten, Paperback DM 19,80. ISBN 3-89228-062-2

Band 45: Gerhild Frasch/Franz Grubauer/ Doron Kiesel/Fritz-Rüdiger Volz (Hrsg.),
„Geduld, sage ich, eine Abkürzung gibt es nicht". Gespräche während einer Israel-Reise.
1987. VIII, 191 Seiten, Paperback DM 29,80. ISBN 3-89228–095-9

Band 46: Martin Stöhr (Hrsg.), **Die Erste Reformation.**
1987. VI, 103 Seiten, Paperback DM 19,80. ISBN 3-89228-109-2

Band 47: Ulrich O. Sievering (Hrsg.), **Behandlungsvollzug – Evolutionäre Zwischenstufe oder historische Sackgasse?** Problem Strafhaft – Alternative Sanktionen.
1987. VI, 328 Seiten, Paperback DM 45,00. ISBN 3-89228-110-6

HAAG + HERCHEN Verlag GmbH · Fichardstraße 30 · 6000 Frankfurt/Main 1